Plötzlich hellsichtig

Ein Erdenengel erzählt…

von

Sabrina DiAngelo

Dieses Buch widme ich einem der schönsten Engel oben im Himmel:
Meiner Mama

Besuchen Sie mich im Internet:
www.sabrina-diangelo.com

Sabrina DiAngelo: Plötzlich hellsichtig – Ein Erdenengel erzählt…

Rechte, Covergestaltung & Inhalte: Sabrina Hensler
Cover-Foto: StudioZwo Berlin, Rechte liegen bei der Autorin
Lektorat: Irene Pfeffer

kontakt@sabrina-diangelo.com
Praxis Seelenstern
Brunowstr.60
13507 Berlin
Deutschland

Selbstverlag
Berlin, Oktober 2015

Erstauflage

Druck und Bindearbeiten: Printed in Germany by Amazon Distribution GmbH, leipzig

ISBN-13: 978-1490961620
ISBN-10: 1490961623

Vorwort

Dieses Buch erzählt meine Geschichte. Es benötigte ungefähr eineinhalb Jahre, um die wichtigsten Ereignisse aus meinem Leben aufzuschreiben, die dir nun dabei helfen zu erkennen, dass alles seinen Sinn hat und es mehr gibt, als man sich vorstellen kann.

Dieses Buch soll nicht nur tiefere Einblicke in meine Vergangenheit und meinen Weg des Tanzes und der Spiritualität gewähren – nein – es soll vor allen Dingen auch eines beweisen: Wir sind alle wertvoll und haben alle unsere Aufgaben hier auf Erden! Ich erlebte bewusst und vorher des Öfteren auch unbewusst die Magie des Lebens und der Spiritualität. Ich möchte dir mitteilen, wie ich es geschafft habe, die Schicksalsschläge zu überleben, wie die ‚Geistige Welt' mich schon immer begleitet hat, so wie sie jeden Einzelnen von uns stets unbemerkt begleitet, und wie ich meinen Weg zum Glück fand.

Das Buch soll dir dabei helfen, dein Leben als wertvolle Möglichkeit zu sehen, dich voll und ganz auszuleben, dein persönliches Glück zu finden und dich selbst zu entdecken und zu entfalten – und zwar heute!

Ganz persönliche Wunder, die mir passiert sind und die ich gerne mit dir teilen möchte, zeigen, dass es auch eine andere Welt gibt! Eine Welt der Seelen*, Engel* und anderer Energien*.

Manche würde sagen, vielleicht eine Welt der Toten, aber letztendlich ist nichts wirklich tot, sondern einfach nur in einem anderen Bewusstseinszustand.

Willkommen in der Welt der Lebenden!
Willkommen in meiner Welt!

Zusatz:

Aus Respekt habe ich Namen und einige Ortsangaben verändert. Ich möchte damit die Privatsphäre einiger hier erwähnter Personen wahren. Zu diesen Personen habe ich entweder keinen persönlichen Kontakt mehr oder diese Personen bestanden darauf.

Die schräg geschriebenen Absätze in den Kapiteln sind Anmerkungen von mir, die das Geschehene aus einer anderen Perspektive zeigen oder (auch) Ratschläge und spirituelle Erklärungen bieten.
Am Ende befindet sich ein Glossar, falls dir manche Begriffe unbekannt sind.

Viel Spaß und Freude beim Lesen!

Teil 1

***

Kapitel 1

2008 – Seit Tagen nervte mich meine Seele*: „Schreib es auf! Schreib dein Leben auf! Es soll die Menschen inspirieren! Es wird ihnen helfen!“ – „Ich und Schreiben?“, antwortete ich ihr. „Ich hab schon ungefähr hundert Bücher angefangen, aber keines zu Ende geführt! Warum bitte sollte ich ein Buch über mein Leben gerade jetzt beenden können?“ Sie lächelte mich an und sagte: „WEIL ES SO SEIN SOLL!“ Ich setzte mich an den PC und legte los…meine Seele hätte mich eh nicht in Ruhe gelassen…

„2006 – Das wird auf jeden Fall mein Glücksjahr!“ hatte ich mir immer und immer wieder gesagt. Ich wusste einfach, dass ab diesem Jahr alles gut wird! Vierundzwanzig Jahre alt wurde ich nun und die sechs, wie in 2006, war meine Glückzahl!! Selbst die Quersumme aus vierundzwanzig ist sechs! Ich bin sogar am 6.6. um halb sechs Uhr morgens geboren! Es passte alles so gut zusammen. ‚Diese Zahl brachte mir schon immer Glück und sie würde mich jetzt nicht im Stich lassen‘, dachte ich mir. Später erfuhr ich, dass die sechs die Zahl der Venus ist. Was würde mich wohl erwarten?
Soviel Leid war nun schon in meinem Leben eingetreten und damit sollte Schluss sein. Was mich für interessante Fügungen auf meinem Weg, bereits von klein auf an begleiteten, erzähle ich dir jetzt; denn schon da fing alles an…

Rückblende…

Wie alles begann…Kindheit – Jugend – Schule

1964 – Bei meiner Mutter und meinem Vater war es damals Liebe auf den ersten Blick, als sie sich das erste Mal trafen. Sie kam aus Berlin und er aus Essen. Als er sie das erste Mal sah, war es gleich um ihn geschehen und er zog zu ihr nach Berlin.

Schnell wurde aus ihm, wie meine Mutter es war, ein typischer Berliner. Die Liebe zwischen ihnen war besonders und spürbar. Es gab so viele Momente, in denen ich meine Eltern auch später noch so oft so glücklich zusammen sah … küssend und tanzend! Allerdings hatte solch eine starke Liebe auch einen Nachteil: Meine Mutter liebte meinen Vater so sehr, dass sie ihm alles gab: Auch ihre Kraft und ihre Zeit. Mein Vater liebte meine Mutter so sehr, dass er ihr all das ebenfalls gegeben hätte…wenn sie es nur gefordert und zugelassen hätte. Er gab ihr immer alles, wenn sie es nur ansprach… Sie liebte ihn aber zu sehr, sprach selten Probleme direkt an und sah ihr Handeln dennoch in voller Liebe…sie opferte sich für die Familie komplett auf, weil sie damals nicht wusste, dass es auch anders gegangen wäre. Was das hervorrief, erzähle ich dir aber später…

Bevor ich 1982 auf die Welt kam, drängelten sich noch meine älteste Schwester und meine beiden Brüder vor. Zwölf Jahre nach meinem jüngsten Bruder kam ich dann endlich noch hinterher gehuscht. Schon von Geburt an war ich das kleine Engelchen in der Familie. Als Baby hatte ich bei der Geburt erst schwarze Haare, die dann innerhalb von wenigen Tagen hellblond wurden. So war dann das typische Engelsbild perfekt: Blondes Haar, blaue Augen und immer am lächeln. Meine Mutter ließ damals einen kleinen Teller aus Zinn anfertigen, der noch heute in meinem Besitz ist. Nur durch diesen Teller habe ich irgendwann festgestellt, dass ich um eine solch ungewöhnliche Zeit geboren wurde.

Woher ich weiß, dass ich ein Engel bin? Abgesehen von den verschiedenen Situationen in meinem Leben, in denen ich immer darauf hingewiesen wurde, dass ich die typischen Eigenschaften und Merkmale eines Engels besitze (nein, meine Flügel sind unsichtbar), wurde es mir auch später von verschiedenen medial begabten Menschen unabhängig voneinander gesagt. Ich liebte Engel schon immer und hatte stets einen Drang zu helfen. Ich* *wurde von allen immer Engelchen genannt und liebte einfach alle Dinge, Filme, Bücher und so vieles mehr über Engel! Ob ich der einzige hier auf Erden bin? Aber nein, nicht doch!! Es gibt unendlich viele Engel dort draußen. Vielleicht bist du, lieber Leser, auch ein Engel oder deine beste Freundin oder dein Freund? Schau mal genau hin!*

...aber zurück zu meiner Geschichte...

Ich war schon immer ein wenig anders als andere Kinder. Ich hatte schon in jungen Jahren immer das Gefühl zu wissen, wovon die Erwachsenen redeten und bei welchen Dingen sie Recht hatten und bei welchen nicht, was auch die Erwachsenen immer erstaunt hatte. Natürlich reicht das bei weitem nicht aus, um einem kleinen Spatz wie mir richtig zuzuhören, geschweige denn, mich ernst zu nehmen. Auch dann nicht, wenn man weiß, dass der kleine Spatz Recht hat. Daher respektiere ich heute kleine Kinder und höre ihnen ganz genau zu, denn von ihnen kann man noch viel lernen...
Ich war als Kind eine Seele*, die ihren Willen durchzusetzen und später zu helfen versuchte. Leider nicht immer erfolgreich. Einige Male gelang mir das jedoch. Das mit dem Durchsetzen fing schon an, bevor ich geboren wurde. Meine Mutter hörte mit dem Rauchen auf, als sie erfuhr, dass sie mit mir schwanger war. Das stellte in gewisser Art eine Hilfe dar. Sowohl für mich als auch für sie. Außerdem wollte sie keinen Alkohol mehr trinken. Sie trank zwar nie viel, aber besser nichts, als ein bisschen zu viel, nicht wahr? Damals war es noch nicht so bekannt, wie schädlich sich das Rauchen und Trinken auf Babys im Mutterleib auswirkt. Bis heute habe ich persönlich nie geraucht und auch nicht viel davon gehalten. Und Alkohol hatte ich nur in meiner Jugend ausprobiert. Ich trank hauptsächlich nur Alkopops. Mich fragte einmal eine Freundin, warum ich denn Alkopops trinken würde, woraufhin ich ihr antwortete, dass sie nicht nach Alkohol schmeckten, sondern nach Limonade.

„Warum trinkst du dann nicht gleich Limonade?“, fragte sie mich darauf. Da hatte sie vollkommen Recht und ich hörte damit auf. Mit den richtigen Argumenten konnte man mich überzeugen, was du später auch noch erfahren wirst. Aber ich nehme schon wieder alles vorweg, denn bei diesem Abschnitt meines Lebens sind wir noch lange nicht angekommen.
Um zu meinem Willen zurück zu kommen, gab es auch ein paar interessante Ereignisse, die meinen Vornamen betrafen oder sollte ich sagen, meine beiden Vornamen? Meine Eltern wussten einfach nicht, wie sie mich nennen sollten, aber es war in unserer Familie schon immer so, dass alle Wünsche früher oder später erhört worden waren. Ich war immerhin jetzt schon das vierte Kind in der Familie. Eines sonnigen Tages klingelte es an der Haustür unserer neuen Wohnung, die meine Familie kurz vor meiner Geburt bezogen hatte. Meine mit mir hochschwangere Mutter öffnete die Tür: „Ja, was willst du denn hier, kleiner Thilo?“, fragte meine Mutti unseren Nachbarsjungen. Er stand mit weitgeöffneten Augen vor unserer Haustür und hatte ein kleines Mädchen neben sich stehen. „Hallo Tante Walli“, sagte er lieb zu meiner Mutter, „Ich will dir meine neue Freundin vorstellen!“ – „Und wie heißt denn deine neue Freundin?“ Daraufhin erwiderte er voller Stolz: „Sabrina!“ ...und schon war es um meinen Namen geschehen. Meine Mutter verliebte sich sofort in diesen Namen und ab da hätte sie nichts mehr davon abbringen können, ihn mir zu geben! ‚So – den ersten Namen für mich und meinen Lebensweg hätten wir dann wohl gesetzt‘, dachte sich da anscheinend meine Seele.

Viele fragen sich, wie das mit den Seelen und Körpern eigentlich wirklich abläuft...Bekommt man die Seele bei der Empfängnis? Während der Schwangerschaft oder gar erst bei der Geburt? Wir leben in der Illusion des Getrenntseins! Eine Trennung von Körper, Geist und Seele. Denn würden wir uns dieser Illusion nicht hingeben, könnten wir erkennen, dass die Seele weder an den Körper gebunden, noch von ihm abhängig ist. Man könnte *es so erklären: Die Seele sucht sich vor der Empfängnis Eltern aus, die perfekt für ihre Wünsche für die nächste Inkarnation* sind (Bemerkung: Ja, wir haben bereits mehrere Leben gelebt). Dann wandelt die Seele stets zwischen Embryo und Lichtwelten, Himmel oder dem Paradies. Du kannst es so sehen, wie deine eigenen Vorstellungen und dein Glaube es dir erlauben. Wird man dann ‚geboren', so wandelt die Seele immer noch (meistens aber im Schlaf) zwischen den Welten, nur merkt man es als Mensch nicht mehr. Es gibt für eine solche fein stoffliche Energie, wie unsere Seele es ist, keine Zeit und keinen Raum. Wenn wir uns im wachen Zustand befinden und unsere Seele mal ‚flüchten' geht, kippen wir nicht tot um, aber es kann durchaus passieren, dass wir uns plötzlich müde oder leer fühlen. Sie kann auch, im Gegensatz zu unseren Körpern, an mehreren Orten gleichzeitig sein und muss daher nicht immer ganz den Körper verlassen.*

Zurück zu meiner Kindheit…
Solange ich klein und bei meinen Eltern war, ging es mir gut. Bevor die Schule anfing, führte ich ein schönes glückliches Kinderleben. Ich war ein ganz normales Kind: klein, niedlich und super frech. Engel hin oder her, hat man zu nette Eltern, entstehen dadurch manchmal ziemlich freche Kinder.

Wir Engel vergessen bei unserer Geburt, wie alle anderen Seelen, wer wir eigentlich sind, und lernen durch unseren Weg uns selbst kennen und durch unsere selbst auserwählte Familie die Dinge, die wir noch erfahren möchten.

Irgendwann, kaum dass ich sprechen konnte, kam ich auf die Idee, dass mir mein Name ‚Sabrina' gar nicht mehr gefällt; es fehlte etwas. „Ich mag Sabrina nicht mehr! Ich will jetzt Stefanie heißen!" Ich nervte meine Eltern solange mit dem anderen Namen, bis sie mir nachgaben. Ich fragte sie ganz genau, ob ich denn jetzt wirklich Stefanie heißen würde. „Ja, mein Bienchen."

So nannte mich meine Mutter, wenn sie mich gerade nicht Engelchen nannte, „Dein zweiter Name ist jetzt Stefanie. Damit heißt du jetzt Sabrina Stefanie!“ – „Bist du dir ganz sicher, Mama? Heiße ich jetzt wirklich Stefanie?“ – „Ja, ich bin mir ganz sicher. Hier schau...“, und sie zeigte mir die Geburtsurkunde. „Wenn du schon lesen könntest, würdest du wissen, dass hier Stefanie steht!“ – „Gut!“, antwortete ich jetzt zufrieden. Und dann sagte ich Folgendes: „Dann will ich jetzt wieder Sabrina heißen!“ Du hättest in dem Moment mal ihre Gesichter sehen sollen, lieber Leser. Meine Eltern waren erst richtig wütend, aber letztendlich einfach nur heilfroh, dass sie Stefanie nur als zweiten Namen hatten eintragen lassen. Von da an merkten sie jedoch, dass sie es wohl nicht immer leicht mit mir haben würden. Ich hatte mal gelesen, dass sich Seelen ihren irdischen ‚normalen‘ Namen aussuchen, um dahinter ihre Lebensaufgabe zu verbergen. Ich wollte wohl noch einen ‚Plan B‘ bereit halten, falls es mal brenzlig wird. Ironischerweise hatte ich für die verschiedensten Situationen danach auch immer einen ‚Plan B‘ auf meinem Lebensweg parat.

Ich hatte leider nicht immer solch eine friedliche Kindheit, als frecher Engel und mit sich liebenden Eltern.

Ich denke, dass sie meine Basis waren, um mich als Engel sicher in diese Welt zu bringen und um mir zu zeigen, dass die Liebe die tragende und wichtigste Energie auf Erden ist... die wahre bedingungslose Liebe!

Ich wurde im Alter von fünf Jahren eingeschult und schon bald darauf begann für mich die Schule des Lebens – du kannst es auch die spirituelle Schule des Lebens nennen. Ein Mädchen sprach mich auf dem Schulhof an. Leider weiß ich nicht mehr ganz genau, welcher Satz es war, der die Kinder darauf gebracht hatte, mich zu befragen, aber so ungefähr ging es los:

„Ich möchte unbedingt ein neues Barbie-Haus zu Weihnachten! Sabrina, was meinst du? Werd ich es bekommen?“ Ich hatte immer ein Kribbeln in der Brust und ein Glücksgefühl in meinen Augen, wenn ich an die richtige Antwort dachte. „Ja, das wirst du!“ war meine Antwort. Ich konnte alle Fragen mit ‚Ja‘ oder ‚Nein‘ beantworten und es stellte sich heraus, dass ich immer Recht hatte. Wie konnte ich als Kind denn wissen, dass alle Menschen zwar diese Gabe besitzen, sie aber nur bei den wenigsten so stark ist, bzw. manche sie ganz und gar vergessen oder verlernten haben? Ich wusste nicht, dass es etwas Besonderes hätte sein können, was ich dort vorführte. Ich dachte es wäre ein Spiel – ich war zu dem Zeitpunkt sechs oder sieben Jahre alt und dachte, dass alle Kinder so etwas könnten!

Eines Tages kam ein weinendes Kind zu mir und fragte, ob sich seine Eltern trennen würden. Ich bekam leider ein ‚Ja‘ und es bewahrheitete sich. Jetzt wurde das Spiel für mich bitterer Ernst, denn das Kind gab mir die Schuld. Plötzlich war ich auf dem ganzen Schulhof ‚die Hexe‘. Ich wollte dieses Spiel nie wieder spielen! Ich legte meine Gabe ab und wollte nichts mehr mit außergewöhnlichen Dingen zu tun haben. Ich wollte ab diesem Moment einfach nur ein ganz normales Mädchen, ein ganz normaler Mensch sein. Ich wollte alles rückgängig machen, aber es war zu spät... Nachdem ich die letzte ‚Vorhersage‘ gemacht hatte, verbreitete sich diese Angelegenheit rasend schnell unter allen Schülern. Seitdem konnte ich sagen, dass ich glücklicherweise sehr liebevolle Eltern hatte, leider aber keine Freunde. Entweder hatten die Kinder Angst oder einfach nur Lust mich zu ärgern. So viele Tränen vergoss ich. „Guck mal, da kommt die Hexe“, „Da ist die Dünne“, „Sabrina ist so hässlich“ und „Die ist komisch!“ und noch einige mehr solcher gemeinen Dinge wurden mir im Singsang immer hinterher gerufen. Einsam auf dem Pausenhof verstrichen die Jahre. Egal wie lieb ich war, keiner konnte mich leiden! Ja, auch Engel weinen und leiden, aber aufgegeben habe ich nie. Ich bekam damals keine Antwort darauf, warum ich so leiden musste, aber heute erkenne ich den Sinn: Es war mein altes, mit in dieses Leben gebrachtes Karma*, das ich auf diese Weise endlich entdecken und auflösen* konnte. Es hat meine Entwicklung von einem Opfer-Kind in eine starke selbstbewusste Persönlichkeit entscheidend geprägt. Mein Karma basierte auf vergangenen Leben, in denen ich nie gelernt hatte Grenzen zu setzen, zu mir zu stehen und mich so zu lieben, wie ich bin. Ich hatte mir als Seele ausgesucht, diese Erfahrung gleich in der Kindheit zu machen, um zu erkennen, dass es nichts mit mir heute zu tun hat, sondern lediglich alter ‚Ballast' aus alten Leben war.

Den Fehler suchen wir immer in der Vergangenheit – aber was die meisten Leute nicht wissen oder glauben können, ist, dass zu unserer Vergangenheit auch unsere alten Leben und die damit verbundenen Erfahrungen gehören!
Es ist immer wichtig nicht aufzugeben und durchzuhalten…die Augen zu öffnen und sein Leben selbst in die Hand zu nehmen… früher oder später…, denn damals wusste ich all das noch nicht…auch nicht, dass wir Menschen schon hunderte Male gelebt haben und das Jetzt nur ein Resultat ist, das weiter entwickelt werden will…

Meine Familie versuchte es mir zu Hause so schön wie möglich zu machen und sorgte für eine liebevolle treue Freundin: meine Katze Cindy. Als ich sechs Jahre alt war, durfte ich sie mir unter einigen Kätzchen aussuchen oder besser gesagt, suchte sie mich aus! Denn sie lief direkt auf mich zu. Es war einer der schönsten Momente in meinem Leben. Sie gab mir so viel!

Ich bin der Meinung, dass diese Katze nicht von dieser Welt stammte. Entweder ist sie auch ein Engel oder etwas anderes Überirdisches. Sie war immer sehr elegant und wirkte fast wie eine Adelige, die über alles erhaben und überlegen war. Das hört sich für eine Katze erst einmal normal an, aber wenn man sie erlebt hatte, wusste man, dass sie aus der typischen Rolle einer

Katze fiel.

Sie starb im Alter von 23 ½ Jahren und war immer für mich da. Ach, was sag ich da? Sie ist auch jetzt noch für mich da! Ich fühle sie und höre sie auch nachts durch die Wohnung tapsen.

Die Seele bleibt manchmal, auch wenn der Körper nicht mehr gebrauchsfähig ist! Egal ob Mensch oder Tier!

Die Schule war dennoch eine sehr große Last für mich, nicht was die Noten betraf, aber meine Mitschüler. Wie ich später einmal gelesen hatte: „Die besten Schüler bekommen immer die schwierigsten Aufgaben!"

Unsere Schule heißt Menschsein. Wenn wir im Leben die uns gestellten und immer schwerer werdenden Aufgaben bewältigen, haben wir das schönste und einfachste Leben vor uns. Lieber Leser, du kannst dir das nicht vorstellen? Probier es aus; gehe deine großen, hinausgeschobenen Dinge endlich an und beweise mir nach Erfolg das Gegenteil!

In der Grundschule hatte ich nur eine Freundin, die dann aber auch für über fünfzehn Jahre: Bircan, aber selbst sie betrog mich leider Jahre später um einen großen Batzen Geld. Als sie das tat, war sie sehr in ihren damaligen Freund verliebt und ich glaube, ihr war es unglaublich peinlich, dass sie mir das Geld seinetwegen schuldete und nicht auf einmal zurückzahlen konnte. Sie hatte ihn über meine Telefonrechnung angerufen, worauf hin eine Rechnung von über ein paar Hundert Euro entstand. In den Jahren zuvor war sie aber immer für mich da gewesen und beschützte mich vor den anderen. Sie versuchte mich in ihren Freundeskreis zu integrieren, aber da passte ich leider nicht hinein. Sie war in der Nachbarklasse und wohnte gleich nebenan. Ich war so glücklich, sie in meinem Leben zu haben. So musste ich in meiner Freizeit nicht einsam sein. Sie war ein Mensch mit einem sehr großen Herzen und ich kann hoffen, dass es ihr heute gut geht, da ich seit dem Vorfall leider keinen Kontakt mehr zu ihr hatte.

Ich mochte die Schule einfach nicht! Schon als Kind sagte ich einst zu meiner Lehrerin, dass ich die Schule nicht leiden konnte und ich mich auf das Berufsleben freuen würde. Ich stellte mir ein Leben mit erwachsenen Menschen vor, die ihre Arbeit verrichteten und nicht passiv lernten, sondern aktiv ihr Wissen anwendeten!

Welchen Menschen gibt es auf dieser heutigen schönen Welt denn schon, der sich lieber etwas vorsagen lässt, als sich selbst zu entdecken und zu verwirklichen?

Meine Lehrerin lachte und sagte, ich sollte später, wenn ich mal arbeiten gehen würde, Bescheid geben, wie meine Meinung dann aussieht. Bis zu diesem Zeitpunkt jetzt, und ich bin mir sicher, auch darüber hinaus, konnte ich sagen: Ich hatte Recht! Ich war nie ein Schulmensch und kann mich auch heute noch mehr mit meiner Arbeit, also dem praktischen Teil des Lebens, als mit dem theoretischen Teil, nämlich der Schule und dem Lernen, identifizieren. Ich hatte nie ein Problem damit, zu lernen und mir Wissen anzueignen, allerdings hatte ich ein großes Problem mit dem Schulsystem und damit, dass ein fremder Mensch, u.a. der Lehrer, von mir verlangte, seinen Richtlinien zu entsprechen. Das Notensystem und dieser Mensch entschieden dann über meinen Wissenstand und damit über meine Zukunft…dabei stand die ja noch gar nicht geschrieben! Ich persönlich liebte das Allgemeinwissen, allerdings nur das, wofür ich mich auch interessierte.
Ich denke aber, die Zeitspanne reichte aus, um zu wissen, dass ich es ernst meinte. *Nun denn, falls du das hier liest, liebe ehemalige Lehrerin: Ich hatte doch Recht, was meine Einstellung zum Thema Schule vs. Arbeit anging, auch wenn*

dein Weg vielleicht etwas anders war…aber zurück zu meiner Geschichte…

In dieser Phase meiner Kindheit und später in der Jugend konnte ich der anderen Welt nie wirklich entkommen, auch wenn ich knallhart versuchte, sie zu ignorieren. So hörte ich zum Beispiel bis ich fünfzehn Jahre alt war in meinem Schlafzimmer immer einen atmenden Mann. Ich konnte ihn nicht sehen, aber spüren und hören. Mein Bett befand sich direkt am Fenster und ich schlief mit dem Kopf daran. Links neben mir hörte ich jede Nacht einen Mann atmen. Er hatte eine regelmäßige Atmung. Er redete nicht mit mir und machte auch sonst keine Anstalten. Er war einfach nur anwesend. Ich hatte auch keine Angst vor ihm. Ich behielt es damals lieber für mich, weil ich spürte, dass es mir keiner geglaubt hätte. Später erfuhr ich durch ein Channeling, dass es einer meiner Geistführer und gleichzeitig ein Beschützer-Engel war…

Meine Mutter interessierten schon immer Dinge wie Pendel, Magie, Hexen und das Kartenlegen. Allerdings klappte leider nie etwas in meiner Gegenwart, das sie auszupendeln oder zu verzaubern versuchte. Daher wusste ich damals nicht, was ich darüber denken sollte, aber interessiert hatte es mich trotzdem weiterhin. Dennoch tat ich es mit einem Lächeln ab, da ich unterbewusst Angst vor der „Anderen Welt" hatte – sie brachte mir in der Schule schließlich nur Ärger ein. Meine Mutter brachte mir dennoch einmal das Kartenlegen bei. Das sah ich als ein Spiel an. Ich schwor mir auch, anderen Menschen gegenüber nie etwas von meinen Gedanken, die sich irgendwie zu dieser anderen Welt hinzogen und gleichzeitig abgestoßen fühlten, zu erzählen…ich wollte ‚normal' sein! So nahm ich das Ganze auch nicht wirklich ernst. Mein Vater hingegen war immer der Gelassene in der Familie. Er hielt sich in Sachen Erziehung ein wenig zurück und überließ das eher meiner Mutter. Er war immer ein sehr liebevoller lustiger Papa und man konnte ihn immer gut ärgern. Mit Spiritualität konnte er gar nix anfangen.

Doch liebte er meine Mutter, so wie sie war, und glaubte ihr jedes Wort.
Als ich später, mit Mitte zwanzig meinen Vater mal nach den Fähigkeiten meiner Mutter fragte, kam folgender lustiger Dialog zustande:

Sabrina: „Sag mal Papa…“

Papa: „Ja.“

Sabrina: „Mama hatte damals doch ein Pendel gehabt und Karten gelegt, oder?“

Papa: „Ja.“

(Mein Vater war nie besonders gesprächig, musst du wissen.)

Sabrina: „Hatte sie noch andere Fähigkeiten oder weißt du etwas Näheres?“

Er grummelte etwas in seinen Acht-Tage-Bart.

Sabrina: „Was?“

Papa: „Naja, ...“

…Stille…

Sabrina: „Jaaaa?“

Papa: „Manche Sachen waren janz schön unheimlich, was deine Mutter jemacht hat!“

Sabrina: „Zum Beispiel?“

Papa zögerte: „Nun ja, einmal hatte sie sich mit zwei Kerzen ins Schlafzimmer einjesperrt und wollte nicht jestört werden! Wer weiß, was sie da jemacht hat!"

Ich musste innerlich lachen.

Sabrina: „Vielleicht wollte sie sich bei Kerzenschein einfach ein bisschen entspannen und ungestört bleiben, Papa?"

Papa: „Mhh, kann sein."

Er beugte sich vor, schaute nach rechts und links, ob uns auch niemand belauschte (wir waren alleine in seiner Küche) und begann zu flüstern: „Sie hatte auch so ein Buch!" Er lehnte sich wieder zurück und seine Stimme wurde plötzlich lauter: „Aber dat jeb ich dir nicht, dat is richtig jefährlich!!! Ne, ne, dat bekommste nicht!"

Sabrina: „Welches Buch?"

Papa: „Das is blau und hat ne gelbe Schrift druff. Da steht drin, wie man jemanden um die Ecke bringt, wenn du verstehst, wat ick mein. Das – das – das kriegst du nisch." Er war ganz aufgebracht! „Damit konnte man sich och Geld zaubern…ich hab's mal mit dem Geld ausprobiert…!"

Sabrina: „Und hat's geklappt?"

Papa: „Ne…"

Er war wirklich ganz außer sich, aber ich konnte innerlich nur lächeln. Ich fand es süß, wie er mich beschützen wollte. Ich erinnerte mich gut an dieses Buch. Es hatte eine ISBN-Nummer und das gab es wahrscheinlich in jedem Buchhandel zu kaufen. Wäre es in Menschenhaut eingebunden und mit Blut geschrieben gewesen, dann hätte ich seine Sorge ja verstanden, aber so…

Einmal hatte ich als Kind einen kurzen Sprung in die andere Welt/ Dimension oder wie man es auch bezeichnen möchte. Meine Eltern hatten ein kleines Grundstück in Zehdenick gepachtet. Das war ein kleiner Ort, ungefähr sechzig Kilometer von Berlin entfernt. Darauf stand ein kleines Haus mit zwei Zimmern: einem Wohnzimmer und einem Schlafzimmer. Wir hatten auf dem Grundstück eine Garage, die mal ein alter Stall war. Wir nannten es ‚das Hexenhaus' und ich stellte mir immer vor, wenn man es umbauen und oben im Dachstuhl alles sanieren würde, wäre es ‚Mein Hexenhaus'. Dort hinauf hätte ich vielleicht mal eine Freundin, wenn ich eine gehabt hätte, mitnehmen und da viel gruseligen Spaß mit ihr haben können. Aber die einzige, die ich hatte war Bircan und die hätte nicht dorthin mit kommen dürfen.
An einem schönen Herbstabend nahmen wir unseren Grill, auf dem wir gerade noch unsere Würstchen und Steaks draußen im Garten gebraten hatten, hinein ins Haus. Da er noch eine wundervolle Wärme aussendete, mussten wir so unseren Kamin nicht entzünden. Ich weiß noch genau, wie wir drei – meine Mutti, Paps und ich – im Wohnzimmer am Tisch saßen und ‚Mensch ärgere dich nicht' spielten. Ein typisches Spiel, das in unserer Familie viel gespielt wurde. Meine Geschwister hatten damals wohl andere Pläne und kamen nicht mit nach Zehdenick. Im Wohnzimmer stand eine Zweisitzer-Couch an der Wand, ein rechteckiger Tisch und davor noch zwei Sessel. Dreist wie ich war, nahm ich natürlich die ganze Couch in Beschlag und meine Eltern hatten je einen Sessel. Plötzlich wurde ich von einer Minute zur anderen unglaublich müde. Nach jedem Würfelzug packte ich mich auf die Seite und wollte einfach nur schlafen…

„Steh auf, mein Bienchen, ich klapp dir die Couch aus, dann kannst du schlafen!", sagte meine Mutter.

Ich war mittlerweile so müde, dass ich die Augen kaum mehr aufbekam: „Nein, Mama. Ich bin so müde! Gib mir einfach eine Decke, das reicht!“ Es fiel mir sogar schwer zu sprechen.

„Nein, du stehst jetzt auf und ich mach dir die Couch fertig. So lass ich dich hier nicht liegen!“, erwiderte sie.

‚Warum machte sie so ein Heckmeck? Sie ist doch sonst nicht so!‘, dachte ich mir. Es war wirklich ungewöhnlich für meine Mutter. Denn sonst hatten sie oder Papa mich immer einfach rüber mit ins Schlafzimmer getragen, wo ich bei ihnen schlafen konnte.

Ich gab irgendwann nach: „Ist ja gut. Ich stehe ja schon auf!“ Es fiel mir so schwer aufzustehen. Woher kam bloß diese Müdigkeit? Ich stellte mich neben die Couch, wo sich ein großer Wohnzimmerschrank befand. Ich kann mich noch gut daran erinnern, meine Mutter gesehen zu haben, wie sie die Couch ausklappte und ein Laken darauf legte, dass sie gerade ausbreiten wollte, als ich mich plötzlich an einem völlig anderen Ort befand. Ich war in einem Raum, wo um mich herum alles schwarz war. Ich sah an mir herab auf meine Kleidung. Ich wusste nicht, woher ich kam und wo ich hin gehen sollte. Es war einfach nur überall Schwarz, soweit mein Auge reichte. Es war aber nicht dunkel, denn ich konnte sehr weit in die Schwärze hineinsehen. Ich hatte das Gefühl, dass ich zur rechten Zeit am richtigen Ort war. Ich stand da und tat nichts, aber ich wusste, dass das meine Aufgabe in diesem Moment war, bis ich in dieser Szenerie plötzlich eine Stimme hörte, die nach mir rief. Im nächsten Moment öffnete ich meine Augen und erkannte meine aufgeregten Eltern vor mir. Ich befand mich plötzlich draußen auf unserer Veranda auf einem Stuhl und nahm meine Eltern immer mehr und besser wahr.

„Was ist passiert?“, fragte ich die beiden, weil ich nicht

verstand, wie ich eben noch neben der Couch stand, mich in der nächsten Sekunde in einem schwarzen Raum befand und wiederum in der nächsten Sekunde auf der Veranda sein konnte. Und schon hatte ich einen Schuss Wasser im Gesicht. „Wolfgang, sie ist schon wach!“, sagte meine Mutter. Mein Vater sah so schockiert aus und wollte einfach nur helfen.
„Du bist ohnmächtig geworden. Wir haben dich rausgebracht, dich angeschrien und dir Wasser ins Gesicht geschüttet!“, sagte meine Mutter. „Papa hat dir sogar einen Klaps gegeben; hast du das alles nicht gemerkt?“

Ich verstand immer noch nicht ganz, bis mein Vater es mir erklärte: „Der Grill hat Gase freigesetzt, die du nicht vertragen hast. Deswegen bist du ohnmächtig geworden. Wir lüften gerade und können dir richtig dankbar dafür sein!“, sagte er.

Sabrina: „Wieso?“ Ich antwortete immer noch sehr geschwächt.

Papa: „Du hast uns das Leben gerettet! Wärst du nicht ohnmächtig geworden, wären Mama und ich schlafen gegangen und wir alle wären durch die Gase über Nacht vergiftet gewesen.“

Sabrina: „Dann musst du Mama danken. Hätte sie nicht darauf bestanden, die Couch auszuklappen, wäre ich gleich einfach so auf der Couch eingeschlafen und wir hätten es alle nicht gemerkt.“

Mama: „Ich wusste auch nicht, warum ich darauf bestand, aber jetzt wissen wir es!“
Mich überkam ein eiskalter Schauer…
…und wir sahen alle drei gemeinsam zu dem Grill hinüber, der jetzt etwas weiter von uns entfernt auf der Veranda stand.

Heute weiß ich, dass unsere Schutzengel meine Mutter

beeinflusst hatten, weil es für uns drei noch lange nicht an der Zeit war zu gehen…

Die komplette Grundschule und ihre sechs Jahre waren für mich das Vortor zur Hölle. Ich war froh, endlich die Schule wechseln zu können. Auf dem Gymnasium ging es mir ganz gut. Es waren liebevolle Mitschüler in meiner Klasse. Ich hatte endlich Freundinnen. Sogar gleich drei auf einmal! Eine davon war Patricia. Wir waren nach dem Abschluss immerhin noch elf Jahre befreundet – bis ich zu meiner Gabe kam… die dann leider auch etwas mit unserer Trennung zu tun hatte – aber dazu später.

Ich war so glücklich – so glücklich, dass ich das Lernen vergaß und nach sechs Monaten die Schule verlassen musste, um in eine Realschule im Berliner Wedding zu wechseln.

So ist das nun mal im Leben: Wer im Außen lebt, dem wird das Außen genommen und wer sich innerlich erfüllt, dem wird man nichts nehmen können. Weder im Innern noch im Außen!

Ich hatte gehofft, ebenso in der Realschule einen so guten Neuanfang zu starten und traf dort schließlich Amira. Auch bei den schwersten und schlimmsten Situationen im Leben sollte man immer die Augen offen halten. Denn Gott* schickt uns immer seine Liebe und Hilfe. In dem Fall war es Amira. Sie war eine der wichtigsten Personen in meinem Leben. Alle anderen kannten sich schon, einzig sie und ich waren beide neu vom Gymnasium dorthin gewechselt.
Ich mochte sie einfach vom ersten Augenblick an, als ich sie sah. Wir teilten alles Mögliche und erlebten die lustigsten Situationen miteinander. Damals war ich schon ein sehr hilfsbereiter und gerne schenkender Engel. Ich liebte es, anderen eine Freude zu machen. So kam es, dass ich ständig für sie Kakao an unserem Schulhof-Getränkestand kaufte.
Im Sommer war er schön kühl und im Winter roch er immer ein

wenig. Die Schulhof-Getränkestand-Helfer machten den in Flaschen abgefüllten Kakao in einem Wasserbad warm, wo wir, dem Duft nach zu urteilen, alle davon ausgingen, dass dieses Wasser nie gewechselt wurde. Amira hat bis heute nicht vergessen, dass ich ihr stets Kakao spendierte und ich vergaß nie diesen Gestank!
Jedoch abgesehen von dieser schönen Begegnung mit einer Seelenschwester verfolgte mich die alte Gewohnheit: Ich hatte mit den anderen Schülern wieder meine üblichen Probleme. Wieder wurde ich gemobbt und geärgert. Wo die Grundschule das Vortor war, so befand ich mich mit der Realschule gleich mitten in der Hölle! Ich wollte bei den anderen Schülern nicht mitrauchen oder kiffen, geschweige denn Alkohol trinken. Es hatte mir einfach nicht gefallen, ich wollte es auch nicht ausprobieren und zahlte wieder einen teuren Preis: Wieder wollte niemand etwas mit mir zu tun haben. Ich war wieder anders. Das wäre kein Problem gewesen, wenn ich das nötige Selbstbewusstsein gehabt hätte. Hatte ich aber nicht! Woher sollte dieses auch so plötzlich kommen? Es ging mittlerweile so weit, dass selbst manche Lehrer mich nicht mochten.
‚Warum das alles bloß?‘, fragte ich mich ständig. Auch keiner in meiner Familie konnte sich das vorstellen oder erklären: „Aber du bist doch so liebreizend und so hübsch. Warum mögen dich die anderen Kinder denn nicht?“ – „Das weiß ich auch nicht“, sagte ich unter unendlich vielen Tränen und konnte meiner Familie kein Wort glauben. Weiterhin sagten alle, wie hässlich ich sei und dumm, und mittlerweile glaubte ich das auch … Jeder einzelne Tag war eine Qual für mich, aber ich hielt durch… Ich dachte damals, dass meine Familie nur Mitleid hatte und ich wirklich hässlich und dumm sei.

So verbrachte ich in all den Jahren die meiste Zeit vor dem Fernseher, da ich kaum jemanden hatte, mit dem ich spielen konnte. Meine Eltern mussten viel arbeiten und meine Geschwister waren schon zu groß. Als Kind sah ich viele

Trickfilme und Kindersendungen, wie etwa Cinderella, die immer meine liebste Märchenfigur bleiben sollte und nach der ich meine Katze benannte. Dieses Märchen gab mir immer Hoffnung, nicht aufzugeben. Ich glaubte stets an Wunder und wartete geduldig, bis diese endlich eintreffen würden. Als Jugendliche sah ich Action, Horror, Thriller und Filme mit Terence Hill & Bud Spencer… eine typische Jugendliche eben. Ich konnte die Filme fast alle auswendig mitsprechen, was meine Freundinnen, wie Patricia und Amira, immer erstaunen ließ. Irgendwann mit Anfang zwanzig konnte ich keine zu gewaltreichen Filme mehr sehen, weil ich dadurch Angstzustände und Schlafstörungen bekam. Also ließ ich das dann bleiben.

Ich hatte immer versucht, mir meine Situation schön zu reden. Es gab aber auch einige Momente, in denen ich mich sehr gut fühlte, was ich hier gerne erwähnen möchte. So kam es, dass ich tatsächlich für zwei bis drei Monate, während der vier Jahre in der Oberschule, kurz beliebt war. Da durfte ich mich wohl eine kurze Zeit lang ausruhen! Das hatte ich einem der beliebten Mädchen in unserer Klasse zu verdanken. Ihr Name war Krümel. Na gut, sie hieß nicht wirklich Krümel. Es war nur ihr Spitzname, aber ihren echten Namen möchte ich hier nicht nennen, da ich keinen Kontakt mehr zu ihr habe und gar nicht weiß, ob es ihr überhaupt recht wäre, in einem Buch öffentlich genannt zu werden. Sie mochte mich, also mochten mich auch kurzzeitig die anderen. Sie war ein echt liebes Mädchen. Genießen konnte ich es damals trotzdem nicht wirklich, da ich Angst hatte, dass es nur ein gemeiner Scherz sein könnte. War es aber nicht… hätte ich es mal genossen!

Außerdem hatte ich damals immer Angst, mich im Unterricht vor dieser Klasse zu melden oder einen Aufsatz vorzutragen. Ganz logisch! Aber das eine Mal kam ich doch aus mir heraus und war unglaublich stolz auf mich. Das Thema dazu wird in diesem Buch und etwa zehn Jahre später noch eine wichtige Erkenntnis für mich darstellen…

„Ihr sollt ein Referat über ein Thema halten, das sowohl in der Gegenwart aktuell ist, als auch in der Vergangenheit relevant war!“, sagte meine Lehrerin im Deutschunterricht und beendete damit den Unterricht. Mittlerweile war ich schon in der neunten Klasse. Unsere Lehrerin sprach weiter, während die Masse schon zum Ausgang stürmte. „Ihr habt dafür zwei Wochen Zeit!“, rief sie noch hektisch hinterher. Ich hob die Augenbrauen und gab, wie alle anderen, ein tiefes Seufzen von mir. Was kann es nur geben, das dieser Aufgabenstellung gerecht werden könnte? Zu Hause angekommen legte ich meinen Rucksack in den Flur und stellte mich zu meiner Mutter in die Küche. Sie bereitete gerade ein typisch deutsches Gericht vor: Gulasch! Sie hantierte hier herum, wuselte da herum und schenkte mir gleichzeitig noch ein offenes Ohr für meinen Kummer: „Was ist denn los, mein Engelchen?“, fragte sie und drückte mich kurz. An der Seite meiner Mama hatte ich mich immer beschützt und geborgen gefühlt. Egal wie schlimm es im Außen für mich war, so gab sie mir immer die Liebe und Wärme, die mich stets vom Verzweifeln abhielt. „Unsere Lehrerin hat uns eine blöde Hausaufgabe gegeben!“ Ich erzählte ihr von der Aufgabe. „Und mir fällt einfach nix ein! Wenn das schon so anfängt, wie soll ich es dann noch in zwei Wochen schaffen, alles vorzubereiten und fertig zu stellen? Ich bräuchte diese Zeit wahrscheinlich allein, um ein Thema zu finden!“ Meine Mutter ging zur Essecke und bückte sich über einen der Stühle, um an das Gemüsewägelchen zu kommen, das dahinter stand. Geschickt fischte sie zwei Zwiebeln heraus und widmete sich dann wieder dem brodelnden Gulasch und mir. „Hm, wie wär’s mit der Titanic? Der Kinostart war gerade und überall in der Zeitung wird doch darüber und damit auch von damals berichtet. Ich glaube, das ist doch genau dein Thema, oder?“ Meine Mutter war ein Genie! Ich nahm sie fest in die Arme, drückte ihr einen dicken Kuss auf die Wange und sagte: „Du bist ein Schatz! Vielen Dank, Mama!“ Jetzt konnte ich es kaum erwarten, mich daranzusetzen, denn ich liebte Schiffe, das Meer und erst recht die Titanic! Ich eilte gleich ins Wohnzimmer, wo ich meinem Vater alle Zeitungen wegschnappte, um sie nach Berichten über die Titanic durchzustöbern. Er wurde fast verrückt, ständig zerschnippelte und durchwühlte Zeitungen vor sich zu haben. Ich war damals schon der Meinung, dass das vielleicht so auch besser für ihn sei.

Denn was steht letzten Endes in einer Zeitung, das den menschlichen Geist bereichern könnte? Du bist, was du liest, und was du durch Lesen an Informationen aufnimmst, wird sich automatisch in deinem Sein auswirken! Dein UnterbewusstSEIN wird automatisch zu deinem BewusstSEIN: Horror, Drama, Angst, Lügen und Ungerechtigkeit – traurig aber wahr. Es erzeugt Wut!
Manche sagen, dass Zeitunglesen zur Allgemeinbildung zählt, aber weshalb packt man dann am nächsten Tag in unsere wichtige Allgemeinbildung den Fisch ein, wie das Sprichwort es so schön sagt? Lese lieber ein Buch, informiere dich über die Geschichte oder Dinge, die für dich in der Gegenwart und Zukunft nützlich sein könnten. Das macht mehr Sinn. Manche Menschen erzählten mir von ihrer Angst, nicht rechtzeitig informiert zu sein, wenn ein Krieg, eine Krankheit oder eine andere Katastrophe ausbrechen sollte, aber mal ganz ehrlich, das bekommt man doch auch so mit, oder? Und woher kommen diese Ängste? Ja genau, aus den Nachrichten und der Zeitung! Da lebe ich lieber zwanzig, dreißig oder sechzig Jahre in Frieden, als jeden Tag mit unnützen Ängsten.

Während der gute Durchschnitt brav seine „Allgemeinbildung“ aus der Zeitung heraus liest, um mit den Tagesinformationen bombardiert zu werden, erfreue ich mich über die Allgemeinbildung, die ich in Büchern nachlesen kann. Viele Menschen sind immer schockiert, wenn sie erfahren, dass ich keine Nachrichten höre und keine Zeitung lese.
…ich bin einfach anders…

Wenn man permanent den Medien ausgeliefert ist und von schlechten Nachrichten überschwemmt wird, ist es ganz normal, dass unser Innerstes eine Resonanz darauf hat. Alles was wir in uns aufnehmen hinterlässt Spuren und kann einen Einfluss auf unser Unterbewusstsein und unsere Entscheidungen haben. Die ständigen, in Minuten wechselnden Höhen und Tiefen, mit denen wir in der Medienwelt bombardiert werden, möchte ich persönlich einfach nicht mitmachen. Seitdem ich mich auf mein Leben und mein engeres Umfeld konzentriere, fällt es mir zum einen viel leichter positiv eingestellt zu bleiben und zum anderen bin ich ausgeglichener. Das bedeutet zwar nicht, dass es definitiv allen so ergehen wird, wenn sie meinem Beispiel folgen, aber dass es mir persönlich geholfen hat und jeder Mensch tatsächlich frei ist, selbst zu entscheiden, ob er das Mitteilungskarussell mitmachen möchte oder nicht. Seitdem ich meine eigene Welt zuerst in Ordnung gebracht habe, bin ich anderen damit ein Vorbild, kann meine Projekte, wie zum Beispiel meine Videos veröffentlichen und damit Menschen helfen. Damit ist es mir möglich einiges mehr in der Welt zu bewegen, statt nur informiert zu sein und in Angst zu Hause vor der Glotze zu sitzen.

Aber zurück zur Titanic, von deren Untergang unsere Vorfahren einst in den Zeitungen gelesen haben…
Ich legte mein ganzes Herzblut in das Thema. Ich machte es nicht nur für die Schule, sondern auch weil es mir so viel Spaß machte, zu recherchieren und alles zusammenzutragen!

Und so könnte das Schulsystem auch funktionieren: Es sollte Spaß machen zu lernen und einem selbst im Leben helfen. Es gab mir viel Selbstbewusstsein, mit einem Thema vor die Klasse zu treten, was mich interessierte. Wissen einzutrichtern und dann Noten zu verteilen, bewirkt nur Stress und Angst, später kann man sich meist nur noch an einen ganz geringen Prozentsatz erinnern! Meist nur daran, was nützlich für das eigene Leben ist und einem Spaß machte! Wofür war dann der ganze Rest? Jeder Mensch ist unterschiedlich – egal ob man Kind oder erwachsen ist! Man sollte weniger ein Notensystem, als vielleicht eine andere Art von Bewertungssystem vorschlagen. Nach Abschluss eines jeden Jahres könnte man zum Beispiel ein Qualifikationszertifikat ausstellen, in dem alle Qualifikationen, positiven Eigenschaften und Stärken der einzelnen Schüler aufgelistet werden, die von den Lehrern ermittelt worden sind, statt alle gleichzusetzen, negativ zu bewerten und damit das Leben zu erschweren. Manche können dem Standard der Schüler oder traurigerweise auch dem der Lehrer eben nicht immer gerecht werden. In diesem Qualifikationszertifikat könnte zum Beispiel stehen, dass der Schüler sehr interessiert und talentiert an Kunst und Sport ist und seine Sprachlernfähigkeiten sehr stark sind. Es wäre hier egal, ob er nur in einem Fach oder in vielen sehr talentiert ist. So kann der Fokus, was aus dem Kind mal werden soll, viel besser herausgestellt werden. Die Noten werden teilweise verfälscht, weil ein Lehrer einen Schüler mehr oder weniger mag oder der Schüler die Gabe hat, das Thema auszudiskutieren. Das habe ich alles selbst und an anderen Kindern schon erlebt. Aber hier ginge man mehr auf den Einzelnen ein. Natürlich bedeutete das mehr Mühe, aber gleichzeitig geht es um unsere Zukunft, die entweder Wundervolles bereithalten oder der bereits im Vorhinein übel mitgespielt werden kann. Ein Schüler, der sich für ein Fach sehr interessiert und später in diese Richtung arbeiten möchte, muss sicherlich nicht diskutieren. Er zeigt sein Talent durch Interesse!

Ich fand so viel Infomaterial zu meinem Präsentationsthema und das Schöne an der Sache war mein eigenes Interesse, so vieles über die Titanic zu erfahren. Mein Referat füllte ich mit meinem Vortrag, Anschauungsmaterial, weitergereichten Kopien und Plakaten über die gesamte Tafel. Ich konnte gar nicht mehr aufhören zu erzählen. Ich weiß bis heute nicht, ob meine

Klassenkameraden und meine Lehrerin mit offenen Mündern zuhörten, weil sie über das Thema oder mein Wissen darüber erstaunt waren oder allein wegen der Tatsache, dass ich tatsächlich sprechen konnte. Ich glaube, vor und nach diesem Vortrag haben sie mich nie wieder in einem Thema so aufgehen sehen und so lange sprechen hören! Ich war einfach zu schüchtern. Ich wurde bei der Hälfte rabiat von meiner Lehrerin unterbrochen:

„Gut, Sabrina, das reicht. Du hast deine Eins, aber wir müssen den anderen auch die Chance geben, ihr Referat zu halten!“ Sofort regten sich die Schüler auf und meinten verständnisvoll, dass ich doch gerne mein Referat zu Ende halten könnte und dass sie doch alle das Ende hören wollten. Selbstverständlich einzig und allein aus dem Grunde, dass sie sich drücken wollten, ihr eigenes Referat zu halten. Ich hätte gerne weitergesprochen, aber Frau Hafenanwalt, sagte nur: „Wenn ihr das Ende wissen wollt, geht in den Kinofilm. Ach ja, und es wird sich hier kein einziger drücken können, sein Referat zu halten!“ Sie hatte sie mal wieder durchschaut. Ab diesem Moment liebte ich alles zu dem Thema Schiffe, Meer, aber auch alles über Inseln und Piraten noch viel mehr als sonst schon. Ich liebte Filme über diese Themen und Serien, wie ‚Das Traumschiff‘ oder ‚Fantasy Island‘ und beschloss, den Traum meiner Mutter zu übernehmen: „Weißt du, mein Bienchen“, sagte sie mir immer wieder, als wir auf der Couch kuschelten: „was ich mir wünsche, wenn ich mal alt bin und ihr Kinder aus dem Haus seid?“ Ich schüttelte den Kopf. „Ich will später mal eine Kreuzfahrt machen oder besser noch eine Weltreise über das Meer!“ Genau das war jetzt auch einer meiner Lebensträume. Da ich schon von klein auf von meiner Tante aus Westdeutschland mit in den Urlaub und damit immer mit ans Meer genommen wurde, könnte ich dieses auch nie mehr in meinem Leben missen. Noch besser, seitdem ich von dem Traum meiner Mutter wusste, beschloss ich, wenn ich später Geld verdienen würde, für eine Kreuzfahrt zu sparen und sie ihr und Papa zu schenken. Aber dazu später, denn es kommt immer anders als erwartet…

Kapitel 2
1998 – Mein Weg nach vorn

Mittlerweile war ich fünfzehn Jahre alt und begann eine Ausbildung in einer Bibliothek in Berlin. Um an diesen Ausbildungsplatz zu kommen, hatte ich mich mehrmals beworben. Seit damals, nachdem ich meine Gabe verdrängt hatte, fiel es mir immer wieder schwer zu erkennen und zu entscheiden, was ich eigentlich werden wollte. Also bewarb ich mich in allen möglichen Dienstleistungsbereichen. Ich wusste, dass ich gerne einen Beruf ausüben wollte, der mit PCs zu tun hatte, aber was sollte das sein? Ich stellte mir diese Frage wirklich oft und wäre ich ohne damals einen PC zu besitzen überhaupt in eine solche Branche reingekommen? Also bewarb ich mich einfach überall! Als Floristin, Friseurin, Bürokauffrau, Kauffrau für Bürokommunikation und als Einzelhandelskauffrau. Aber nichts wollte klappen. Schon ein Jahr bevor mein letztes Schuljahr zu Ende war, fing ich an Bewerbungsschreiben zu versenden, aber ich wurde überall abgelehnt. Amira meinte, dass sie sich in einer Bibliothek bewerben wollte. „Bibliothek? Ist das nicht sehr langweilig? Ich lese zwar gerne, aber so sehr habe ich es dann doch nicht mit dem Lesen! Das wäre, glaube ich, nichts für mich! Ich will einen Beruf, der spannend ist und wo ich an einem PC sitzen kann!“ Amira sah mich skeptisch an und fragte: „Und du meinst, das wirst du als Friseurin?“ Ich antwortete: „Das ist ja nur eine Ausweichmöglichkeit.“ Und war ein wenig peinlich berührt. „Weißt du“, sagte sie „in der Bibliothek haben die auch Computer. Bewerbe dich doch auch dort!“ ‚Die Idee war eigentlich gar nicht so schlecht‘, dachte ich. ‚Wenn die dort PCs haben, wird es vielleicht doch nicht so langweilig.‘ Also bewarb ich mich in allen möglichen Bibliotheken in Berlin. So langsam bekam ich Panik, was ich wohl machen sollte, wenn ich keinen Ausbildungsplatz bekommen würde. Damals wusste ich noch nichts über das Thema Gottvertrauen und die Macht, die dahinter steckt.

Was Gottvertrauen ist? Das Loslassen von Vorstellungen, die vielleicht nicht erfüllt werden können, weil man sich nie wirklich eine Vorstellung von der Wirklichkeit machen kann. Es ist das Loslassen von allem! Es ist das Vertrauen, das man Gott und damit sich selbst schenkt, dass für einen selbst immer das Beste eintreten wird. Das Vertrauen, dass man die richtige Entscheidung eigenverantwortlich getroffen hat oder treffen wird. Und weißt du, lieber Leser, was das Schlimmste daran ist? Im Gottvertrauen zu bleiben ist wahrlich eine große Herausforderung, aber auch dorthin zu kommen, ist nicht leichter. Sprich, man hat immer wieder gute Phasen im Leben, wenn man schnell im Vertrauen ist, aber es ist umso schwerer, ganz bewusst in dieses Gefühl zu kommen. Besonders wenn es einem gerade nicht so gut geht. Wir Menschen sind eigentlich genau das Gegenteil gewohnt, seit wir hier auf Erden wandeln und unseren Ursprung und damit uns selbst vergessen haben. Wann hast du, lieber Leser, das letzte Mal etwas gemacht, was dir Spaß und dich glücklich machte? Verrichtest du eine Arbeit, die einen anderen Sinn hat, außer Geld zu verdienen? Setzt du dich auch mal in Ruhe hin und vertraust auf dich und deine Göttlichkeit? Die meisten machen das leider nicht. Sie gehen zur Arbeit, weil sie Angst haben, sich und ihre Familie nicht ernähren zu können. Natürlich nicht jeder, aber diese Menschen leben in Hektik, weil sie Angst haben, etwas zu vergessen oder zu verpassen. Sie haben keine Zeit für Spaß und Freude, weil sie das ganze Leben viel zu ernst nehmen und Angst haben, die Kontrolle zu verlieren. Man hat Vertrauen durch Kontrolle und Angst ersetzt und was ist passiert? Wurde das Leben dadurch schöner und einfacher? Wurde es leichter? Sicher nicht! Man hat Angst, dass das Leben durch Veränderung schwerer oder schlechter werden könnte, oder findet sonstige Ausreden, damit sich bloß nichts ändert. Man gibt sich widerstandslos seinen Ängsten und dem, was die Masse denkt, hin. Man redet sich aufgrund der eigenen Angst eine schönere Zukunft durch Veränderungen schlecht, da es eventuell schieflaufen könnte.*

Aber wie hoch ist die Wahrscheinlichkeit wirklich und wie ist es mit dem Fakt, dass gerade alles schief laufen könnte? Darüber denkt man nicht nach. Der Notwendigkeit, dass alles, wie es gerade ist, sicher scheint (was es definitiv nicht ist, denn das einzige auf Erden und im Universum, was sicher ist, ist, wie wir wissen, die Veränderung!), wird größere Aufmerksamkeit beigemessen als der Wahrscheinlichkeit, dass sich alles zum Positiven ändern kann! Sogar in dem Falle, wenn die Notwendigkeit uns so zusetzt und uns krank macht. Zu dieser Notwendigkeit zählen Sätze wie: „Es ist so schwer, neue Arbeit zu finden, ich kann froh sein, dass ich überhaupt Arbeit habe!", oder „Gut, in meiner Beziehung werde ich schlecht behandelt, aber immerhin bin ich nicht allein!", oder „Mir geht es so schlecht, ich kann mir nicht vorstellen, dass etwas oder jemand das ändern kann!", oder auch „Die Welt ist schlecht! Ich kann als einziger nichts erreichen, also lasse ich es lieber gleich anzufangen, etwas zu ändern!" Beachte, dass in dem Wort Notwendigkeit die ‚Not' und in der Wahrscheinlichkeit ‚Wahr' steckt - und dennoch haben wir uns nach all den Jahrhunderten immer mehr auf das Negative statt auf das Positive verlassen und warum? Das Negative ist definitiv negativ und wird vielleicht besser, jedoch könnte das Positive negativ werden und die Enttäuschung wäre vielleicht nicht zu verkraften! Aber das ist sie! Nicht die Zukunft und Veränderungen, die einen weiterbringen können, sind schlecht, sondern das Verharren in der Angst im Hier und Jetzt, die einen dann leider in die Zukunft begleiten wird..., wenn man nichts ändert. In Wahrheit wird das Leben nämlich durch Mut einfacher. Veränderungen im Leben sind anfangs immer ungewohnt neu und scheinen schon alleine dadurch schwerer. Irgendwann hat man sich aber daran gewöhnt und es läuft schneller und einfacher. Das beste Beispiel dafür ist die Einführung von PCs und dem Internet. Wer war vor Jahren nicht alles ein Gegner davon und heute kann man ohne diese Bequemlichkeit, die man sich angewöhnt hat, gar nicht mehr sein.

Damals war ich solch ein ängstlicher Mensch, der alles andere als im Gottvertrauen war und lieber an seinen negativen Gedankenmustern festhielt. Ich hatte ständig Angst und wollte am liebsten immer die Kontrolle über alles und jeden haben! Damit hatte ich keinen effektiven Nutzen. Heute würde ich nur eine Bewerbung schreiben und damit Erfolg haben, doch nur durch meine heutige Einstellung zum Leben und zum Sein, die mir alle Türen öffnet. Damals hatte ich über hundert Bewerbungen geschrieben und dennoch…

Tatsächlich wollte es mein Schicksal, dass ich nach der hundertsten Bewerbung zu einem Einstellungstest eingeladen wurde. Dieser sollte in einer Bibliothek sein, nicht in irgendeiner, sondern in der, die mich später einstellen würde. Das wusste ich in dem Moment natürlich noch nicht. Doch war das schon ein kleiner Lichtblick.

Bevor ich zum Test ging, informierte ich mich über die Art der Einstellungstests. Man sagte mir, dass man dazu verpflichtet sei, aufzufallen und dass man das von mir erwarten würde. Weiterhin informierte ich mich, welche Aufgaben drankommen könnten und womit man rechnen müsste. Das Übliche eben.
Am Tag des Tests war ich zwar gut vorbereitet, aber unglaublich nervös. Schließlich hatten mich meine Mitschüler über Jahre hinweg als ‚dumm' bezeichnet und ich war mir nicht ganz sicher, ob ich einen solchen Test überhaupt schaffen könnte. Mit mir waren etliche andere Jugendliche im Raum. Jeder starrte konzentriert auf sein Blatt und kritzelte, was das Zeug hielt, die Antworten hin. Vorne saß eine Aufsichtsperson und las in einem Buch…was sonst? Der Raum befand sich in einem uralten Gebäude und war wirklich sehr groß: ein faszinierendes Monument mit unglaublich hohen Wänden und Säulen. Als ich mit dem Test fertig war, gab ich ihn vorne ab und hoffte, dass ich weiterkommen würde. Ich nutzte die Möglichkeit, ging in den Lesesaal und sah mir die Bibliothek im Publikumsbereich

näher an. Dort standen wirklich Computer und es sah alles recht ansprechend aus.
Einige Wochen später erhielt ich eine Einladung zu einem Vorstellungsgespräch. Vorher schaute ich mir den Lesesaal noch einmal genauer an und merkte mir das eine oder andere, das zum eigenen Betrieb gefragt werden könnte. Gleich beim Einlass, ich kam natürlich pünktlich, gab ich jedem einzelnen der Anwesenden lächelnd die Hand. Es war ein richtiges Komitee aus ungefähr sechs Personen, die auf mich warteten. Es war mir nach dem dritten Handreichen irgendwie peinlich, dass ich alle so lange mit meiner Handgeberei aufhielt. Außerdem wusste ich weder, ob man das so machte, noch konnte ich nach der Hälfte einfach aufhören. Wie hätte das denn ausgesehen? Ich setzte einfach mein Engelslächeln auf und mich selbst auf meine vier Buchstaben.
Es wurden Fragen zu verschiedenen Bereichen gestellt: wie man einen PC benutzt, was für Medien eine Bibliothek hat und warum ich unbedingt in einer Bibliothek arbeiten wollen würde. Die Fragen waren für mich als Fünfzehnjährige wirklich kein Zuckerschlecken. Dazu kam noch, dass ich im Anschluss nicht einmal selbst Fragen parat hatte. Ich nutzte eine kleine Notlüge: „Oh, mir ist da was ganz unangenehmes passiert!“ Die wohl zukünftige Ausbildungsleiterin fragte: „Und was, meine Liebe?“ – „Ich hatte so viele Fragen und die liegen jetzt bei mir zu Hause auf dem Tisch. Ich war so aufgeregt und hab sie vergessen!“ Wäre ich Pinocchio, hätte ich ihr jetzt wahrscheinlich ein Auge ausgestochen.
Einer der Männer aus dem ‚Wir-horchen-dich-jetzt-aus,-um-festzustellen-ob-du-zu-uns-passt-Komitee‘ fragte: „Und dir fällt davon keine mehr ein?“ Oh mein Gott, er hatte mich bestimmt durchschaut, …war mir das peinlich. Die einzige Frage, die mich interessierte, war wie viel Gehalt ich bekommen würde. „Leider nein.“ – „Nun gut, dann kannst du gerne später noch mal anrufen und deine Fragen stellen. Ansonsten haben wir dich jetzt kennengelernt und melden uns bei dir!“ *Ja, auch Engel können*

lügen, solange sie als Menschen auf der Erde leben. Nicht sonderlich gut, aber sie können es. Ich verließ den Raum und wusste schon wieder nicht, ob ich jetzt ein gutes oder schlechtes Gefühl haben sollte. Ich bekam infolge dieses Vorstellungsgesprächs zwei Zusagen. Eine Zusage von der Bibliothek, wo das Gespräch stattgefunden hatte, und für eine weitere Bibliothek im Süden der Stadt, die viel zu weit weg war. Ich nahm das Angebot für die nähere Bibliothek an und unterschrieb mit meinen Eltern den Vertrag. Kurz darauf erfuhr ich, dass Amira leider keine Stelle bekommen hatte. Als Amira dann aber ein Jahr später vor ihrer damaligen Ausbildungsleiterin stand, um sich zu bewerben, konnte sie diese sofort von sich begeistern. Ich gab ihr vorher noch schnell alle Infos, so dass Amira mit nur einer Bewerbung und ihrem damaligen Gottvertrauen einen Ausbildungsplatz bekam. Ich war überglücklich, dass das alles geklappt hatte! So half man sich immer gegenseitig.

Es gab damals den Beruf ‚Bibliotheksangestellte', aber wie der Zufall es wollte, wurde dieser Beruf genau dann ‚modernisiert', als ich mein erstes Lehrjahr anfangen sollte. Ich würde ‚Fachangestellte für Medien- und Informationsdienste' werden. Meine Eltern waren so stolz! Aber eines bereitete mir wieder Sorgen: Die Betriebsausbildung hatte parallel eine schulische Ausbildung... Würden die Kinder mich wieder mobben und ausschließen?

„Jetzt reicht es mir!", sagte ich vor meinem ersten Schultag an der neuen Berufsschule und beschloss, mich gleich am ersten Tag so zu benehmen, als wenn ich schon immer eine Beliebtheit unter Schülern gewesen wäre. Es war wie ein Test, den ich machte. Zu verlieren hatte ich ja nichts! Der erste Schultag kam und ich machte Witze und kam richtig aus mir heraus. Schon nach kürzester Zeit war ich absolut beliebt in der Klasse. Die Mädchen stritten sich sogar darum, wer mit mir an Projekten zusammenarbeiten würde. In der Pause liefen sie mir hinterher und hörten sich tatsächlich meine Witze an. Die Witze anderer fanden sie nicht so toll. Meine Art sie zu erzählen bannte sie und brachte sie zum Lachen. Von heute auf morgen hatte ich ein anderes Leben! Ich war eine ganz normale Jugendliche!

Es ist so interessant: was man von sich selbst denkt, glauben auch andere ... Wer sich selbst nicht liebt, möchte lieber unscheinbar bleiben. Aber im tiefsten Inneren will das eigentlich niemand: Allein sein! Wir Menschen sind nicht zum Alleinsein geschaffen. Es ist eine Option und eine Möglichkeit der Selbsterfahrung, die man machen kann, aber nur durch den freien Willen und nicht durch ein minderes Selbstwertgefühl. Ich hatte im Alter von fünfzehn Jahren schon eines der kosmischen Gesetze angewandt: Das, was du über dich selbst denkst, glauben auch andere. Man kann alles mit seiner inneren Einstellung erreichen. Wenn man zehn Jahre lang, wie ich, unbeliebt war und sein eigenes Denken dazu änderte, konnten Märchen wahr werden: Man konnte plötzlich beliebt sein!

Es war ein tolles Gefühl. Ich fand nicht nur die Arbeit im Betrieb, die übrigens meistens am Computer stattfand, toll, sondern auch die Berufsschule echt klasse! Ich war so glücklich und der Meinung, dass nun alles gut werden würde – oh, wie hatte ich mich doch getäuscht…Wie hätte das auch gehen können, wo ich doch meine alten Wunden noch nicht geheilt hatte und immer noch im Außen meine Erfüllung suchte? Bestätigung von außen bedeutet nicht, dass die Leere in einem nicht mehr spürbar ist. Das kennst du sicherlich auch. Schon bald darauf prüfte mich wieder einmal das Schicksal…

Kapitel 3
Herbst 1998 – Jetzt wird alles anders

„Komm heute bitte um zwanzig Uhr nach Hause!“, sagte meine Mutter mit einem liebevollen Lächeln im Gesicht. Ich liebte und liebe meine Mutter über alles! Ich war einfach ein Mutterkind! Sie nannte mich immer ‚mein Engelchen‘, ‚Bienchen‘ oder ‚Schatz‘. Sie trocknete mir jede einzelne Träne, die ich vergoss…

Bei der Ausbildung lief alles super und ich war wirklich sehr glücklich, dass endlich mal alles zu klappen schien. Ich wohnte von Geburt an mit meinen Eltern und Geschwistern in einem kleinen Neubau in Reinickendorf. Unsere Straße war recht klein und von vier Straßen umgeben, die die Namen der Jahreszeiten trugen. Unser Haus hatte drei Stockwerke, mit Mietern unterschiedlichster Nationen und Charaktere. Zu unserem Haus gehörte ein kleiner Minihof, den ich über alles liebte. Man kam von der Straße nur zum Haus und zur Haustür, wenn man durch einen kleinen Steingang die Treppen hinaufstieg, rechts an den Sträuchern und Blumen und links an einer Liegewiese vorbei. Man konnte rechts an der Haustür vorbei noch zu einem Minispielplatz mit einer Rutsche und einem Sandkasten gelangen. Es war alles klein und niedlich. Für mich als Kind stellte es das absolute Paradies dar. Ein Kind war ich ja nun nicht mehr.
Ich weiß noch, wie ich einmal mit zehn Jahren vom Spielplatz nach Hause lief. Ich spürte ganz plötzlich, dass jemand hinter mir herlief und dass seine Gedanken auf mich ausgerichtet waren. Ich drehte mich um und sah tatsächlich einen Mann mittleren Alters hinter mir herlaufen. Ich legte einen Zahn zu und merkte, dass er das auch tat und mich bis zu meinem kleinen Hof verfolgte. Eine Panik stieg in mir auf. Ich suchte schnell den Schlüssel und wusste, dass ich mich beeilen musste. Ich öffnete unten unsere Haustür, schlüpfte schnell in den

Hausflur und versuchte die Tür zuzudrücken, aber es war zu spät. Der Mann, der mich verfolgt hatte, war ebenfalls gerannt und versuchte nun von der anderen Seite die Tür aufzudrücken. Ich wusste, dass ich keine Chance gegen seine Kraft hatte. Er sagte: „Kleine, du kannst mich ruhig rein lassen, ich möchte hier nur jemanden besuchen!", und da ich genau wusste, dass er log, erwiderte ich, während ich weiter einen Kampf um die Tür mit ihm ausrang: „Na dann klingeln Sie doch einfach!"
Ich spürte, wie meine Kraft schwand und entschloss mich so schnell ich konnte, unsere Treppe hinauf zu rennen. Im ersten Stock angekommen, merkte ich, dass er mir nicht nachgerannt war, und drehte mich um. Er stand unten und rief mir zu: „Hab keine Angst, willst du mal meinen Schwanz sehen?" Ich wusste, dass er so etwas vorhatte und sagte ihm in einer unheimlich ruhigen Art: „Wenn sie nicht verschwinden, schrei ich so laut ich kann und dann kommen Sie in den Knast, Sie Arschloch!", woraufhin er voller Panik die Flucht ergriff. Ich lief gemütlich nach oben, erzählte meiner Familie nie etwas davon. Es war mir peinlich. So denken Kinder: Sie spüren den Unterschied von gut und böse, aber sie werden dazu erzogen, nett zu sein. Als Kind war es in meinen Augen nicht nett, über die Geschlechtsteile oder darüber zu sprechen, dass es da draußen Menschen gab, die den Kindern Angst machten oder ihnen gar böse Dinge antun könnten.

Kinder merken sich alles. Sei es drum, dass es manchmal nur im Unterbewusstsein geschieht und sie ihr Leben danach ausrichten, ohne es zu merken. Daher sollten wir von Geburt an darauf achten, dass wir unseren Kindern zuhören, Beachtung und Glauben schenken und sie richtig und rechtzeitig aufklären, wann man lieb und nett und wann man auch mal anders sein darf!

Ich habe richtig gehandelt, obwohl mir nur aufgetragen wurde, nie in ein fremdes Auto zu steigen und nichts von Fremden anzunehmen oder gar mit ihnen zu sprechen. Man hatte mir jedoch nie gesagt warum.

Man könnte Kindern auch sagen: ‚Wenn du ein komisches Gefühl hast und hinter dir eine komische Gestalt läuft (egal ob Mann oder Frau), renn weg oder zu jemandem hin, der dir helfen kann...pass aber trotzdem immer auf den Straßenverkehr auf!‘ Wahrscheinlich erzählt man so etwas unseren Kindern nicht, um sie zu schützen. Aber man sollte ihnen schon kindgerecht verdeutlichen, was passieren könnte und wie man als Kind handeln sollte und handeln darf, egal was ihr Gegenüber ihnen weis zu machen versucht.

Schon immer wusste ich, was Männer über mich dachten, ohne Ausnahme. Auch teilweise, was sie über andere, zum Beispiel über meine Freundinnen dachten und denken. Ich frage mich bis heute, ob es alle Kinder, Frauen und auch Männer können? Sicherlich, doch ich glaube, sie vertrauen nicht auf ihren Instinkt.
Aber zurück zu unserem trauten Heim. Unsere Wohnung lag im dritten Stock, mit vier Zimmern, zwei Bädern, der Küche mit einer Essecke, einem Südbalkon und zwei Fluren, die alles miteinander verbanden. Der Balkon und das Wohnzimmer gingen zur Straße hinaus, sowie mein und das Zimmer meines Bruders. Es war eine ruhige, kleine Seitenstraße. Nun ja, wenn man mal davon absah, dass man schon seine Zeit brauchte, um sich an die Flugzeuge zu gewöhnen, die im Fünf-Minuten-Takt vorbeiflogen. Aber wenn man dort aufwächst, wie ich, bekommt man das irgendwann eh nicht mehr mit. Es waren eher die Gäste, die durch die Lautstärke irritiert an die Einflugschneise erinnerten. Wie gesagt, es ist immer alles Ansichtssache!

Ich weiß noch, wie dann alles losging:
„Du kannst auch bis zweiundzwanzig Uhr draußen bleiben! Mama und Papa schlafen schon und ich werde Ihnen nichts

sagen!“, sagte mein Bruder eines Tages auf dem Balkon unserer Wohnung im dritten Stock. Er wohnte noch bei uns, obwohl er schon über dreißig Jahre alt war. Meine Schwester war schon ausgezogen, verheiratet und hatte bereits ein Kind. Mein anderer Bruder lebte in Soltau. Aber auch hier gab es einen universellen Grund dafür… „Bis zweiundzwanzig Uhr? Toll, Dankeschön!“, erwiderte ich ihm. Ich durfte länger draußen bleiben und freute mich. Ich war glücklich, dass mein Bruder auf meiner Seite stand und immer so viel für mich tat. Ich wusste damals noch nicht, was damit beginnen würde. Jeden Abend gab er mir dieses Versprechen und hielt es.

Plötzlich hatte ich eines Tages ein ungutes Gefühl. ‚Es war nicht gut, dass ich meine Eltern belog‘, dachte ich! Diese ständigen Lügen, dass ich nur, wie meine Eltern es sagten, bis zwanzig Uhr und in Wahrheit durch meinen Bruder viel länger draußen blieb, gefiel mir nicht mehr. Ich mochte es überhaupt nicht! Es war mir so zuwider, wie der Gruppenzwang in der Schule! Und so kam es eines Tages, dass ich wieder einmal unten vor unserem Haus stand, ihm jedoch diesmal widersprach: „Nein, ich komme um zwanzig Uhr nach oben!“, rief ich hoch. Ich wollte partout nicht mehr lügen! „Bleib doch bis zweiundzwanzig Uhr; beide schlafen und ich sage nichts!“, wollte er nicht nachgeben. ‚Nein‘, dachte ich mir, denn es war einfach nicht richtig: „Ich weiß, aber ich möchte Mama und Papa nicht mehr belügen!!!“

Und so fing alles an. Ich habe zu diesem Zeitpunkt nicht mehr auf meinen Bruder gehört, sondern wieder auf meine Eltern und das gefiel ihm gar nicht! Ich weiß, dass er mir nur einen Gefallen tun wollte und sicher war er verletzt, dass ich es ‚lügen‘ nannte, aber so fühlte ich in diesem Moment. Er wurde nun oft richtig wütend und er, meine Eltern und ich stritten uns seither ununterbrochen. Mein Bruder und ich hatten uns seitdem einfach nicht mehr verstanden und stritten uns ein Jahr lang so gut wie jeden Tag.

Warum reagieren Menschen mit Wut und Rache, wenn es nicht nach ihrem Willen geht oder sie sich verletzt fühlen? Weil sie selbst nicht das wollen, wovon sie versuchen, andere zu überzeugen. Und als ich seinen Weg, den Weg des Lügens, nicht mehr gehen wollte, stellte ich ihn damit selbst in Frage. Er versuchte mit seinen Emotionen meine Stärke zu unterdrücken, denn ein Nein zeigt große Stärke, habe ich später gelernt.

Meine Mutter weinte, weil unsere Streitereien immer schlimmer wurden. Jetzt, wo ich eine tolle Ausbildung hatte, die mir Spaß machte, und ich endlich Freunde hatte und damit nicht mehr traurig war, war nun der wichtigste Mensch in meinem Leben richtig traurig: meine Mutter.

Kurz zuvor starb mein Opa. Meine Oma lebte in Berlin-Wedding. Ich fand es immer toll, sie zu besuchen. Sie wohnte zwar im obersten Stock eines typischen Berliner Altbaus, aber der bekannte Weg zu ihr machte mich stets glücklich und versetzte mich in eine typische Großeltern-Stimmung. … die im Frühling mit Blüten in den Bäumen umrandete Straße und der typische, wie nannte ich ihn immer, Oma-/ Opaduft', der mir bereits entgegenkam, als ich der Haustür immer näher kam. Es roch stets nach Käsekuchen, Pflaumenkuchen und Kernseife.
Durch den Schock darüber, dass ihr Mann starb – er war allerdings schon fast neunzig Jahre alt –, wurde meine Oma bettlägerig. Ohne es hier zu wiederholen, sagte sie etwas zu meiner Mutter, das ihr keine andere Wahl ließ, als sich noch mehr um sie zu kümmern und sie zu pflegen. Da mein Vater seit Jahren arbeitslos war und er meine Mutter nur nachts durch das Austragen von Zeitungen unterstützte, musste sie sich also um den Hauptverdienst, drei Mal täglich um meine Oma und tagsüber um die Streitereien zwischen meinem Bruder und mir kümmern. Mein Vater war auch ratlos, wie er meiner Mutter noch mehr helfen könnte, da sie immer alles selbst in die Hand

nahm und sich in ihrer Lebenskraft überschätzt hatte. Das hält nämlich kein Mensch lange aus…

Kurzer wichtiger Zusatz:
Lieber Leser, es liegt immer an uns selbst, Verantwortung über unseren Körper, Geist und die Seele zu übernehmen und zu lernen Nein zu sagen. Für diesen Weg werden uns immer alle Menschen um uns herum testen. Wenn man beginnt Nein zu sagen, stößt man immer erst auf Widerstand, weil man einen eigenen Widerstand gegen dieses Wort in sich hat. Erst wenn man zu sich, zu seiner Entscheidung und zu dem ‚Nein‘ voll und ganz steht, tut es auch das Außen! Jeder Mensch braucht einen Ausgleich zum Stress und zu der Ruhe im normalen hektischen Alltag. Du stehst an erster Stelle in deinem Leben! Daraus resultiert früher oder später automatisch auch mal ein Nein gegenüber deinem Umfeld, deinen Freunden, der Arbeit, der Familie etc., aber das bedeutet ein Ja für dich selbst, deine Gesundheit, deine Entscheidung, deinen Lebensweg etc. Du bist dadurch auch nicht gleich ein schlechter Mensch! Setze es langsam mal um, denn sonst, und das kann ich dir versichern, lieber Leser, nimmt es dir erst deine Seele, dann dein Geist und letztendlich dein Körper richtig übel. Das zeigt sich dann in allen möglichen körperlichen und auch seelischen Beschwerden. Früher oder später wird alles ein Ende haben, dies und das, so oder so…aber änderst du nichts daran, so wird es sicherlich niemals besser und bleibt stets gleich…wenn, dann wird es eher noch schlechter.*

Bitte vergiss nie, dass man nicht zum Engel wird, wenn man sich ‚aufopfert‘ und dabei vielleicht noch zu Grunde geht. ‚Aufopfern‘ enthält das Wort ‚Opfer‘ und Engel sind sicher keine Opfer. Manchmal hilft man anderen auch schon, indem man sich erst einmal selbst hilft.

Kapitel 4
1999 – Was einen nicht umbringt, macht einen stärker…

„Ich kann nicht mehr!“, sagte ich im Mai 1999 zu meiner Abteilungsleiterin und erlitt mal wieder einen Zusammenbruch. Ich war jetzt sechszehn Jahre alt und mitten in meinen Entwicklungsjahren, meiner Pubertät. Seit Wochen hatte ich wegen der Streitereien zu Hause keinen Schlaf mehr bekommen, hatte meine Mutter fast jeden Abend weinen sehen und hielt es einfach nicht mehr aus. Bei der Arbeit konnte ich mich nicht mehr wirklich auf irgendetwas konzentrieren.
Mein Bruder und ich kamen einfach nicht mehr miteinander aus und nichts half, dass es besser werden konnte. Ich fühlte mich beobachtet, verletzt und gefangen. Sicherlich war ihm das nicht einmal bewusst, denn im Herzen ist mein Bruder schon immer gutherzig gewesen. Er wollte damals einfach nur geliebt werden und übte Kontrolle aus, um Sicherheit zu finden, aber als Teenager und nichtspiritueller Mensch fühlte ich mich nur bedroht und war nicht fähig Mitgefühl zu haben. Ich wollte einfach nur frei sein.

Meine Abteilungsleiterin rief schließlich beim Jugendamt an und ich beschloss, meinen Eltern endlich ihren Frieden zu geben, indem ich auszog. Ich hatte bei einer Beratung in Erfahrung gebracht, dass ich in einer betreuten Wohnung unterkommen könnte. ‚Wenn ich erst einmal ausgezogen bin, gibt es keine Streitereien mehr zwischen mir und meinem Bruder‘, dachte ich damals. Ich weiß noch, wie schlimm es war, als alles herauskam. Meine Eltern erfuhren es nicht von mir, sondern vom Amt. Ich hatte mich einfach nicht getraut, es ihnen zu sagen und wollte auch nicht, dass es wie Erpressung aussah: Mein Bruder oder ich! Also beschloss ich einfach zu gehen. Erst einmal! Ich wollte ja nur für ein paar Tage oder Wochen wegziehen und, sobald mein Bruder und ich uns wieder versöhnt hätten, wieder zurückkommen. Ich war mir immer sicher, dass es nur eine

Phase sein würde, womit ich auch Recht hatte, denn heute ist zwischen meinem Bruder und mir wieder alles OK, auch wenn wir unterschiedlicher nicht sein könnten. Aber gestritten haben wir uns seit damals nicht mehr.

Es traf meine Mutter unglaublich schwer, dass ich auszog. Ich sah in ihren Augen nun noch mehr Traurigkeit als zuvor. Sie strahlte förmlich aus, dass sie über sich selbst dachte, sie hätte versagt. Aber sie hatte nicht versagt! Ich wollte sie damit doch nur unterstützen! Mir war zu diesem Zeitpunkt bewusst, dass es keine andere Wahl gab! Irgendwann wurde der Streit mit meinem Bruder mal so schlimm, dass ich bei einem Jugendnotdienst übernachten musste. Ich hatte solch eine Panik!! Es war nur eine Nacht, aber diese Nacht war grauenvoll. In mein Zimmer kamen mitten in der Nacht drogensüchtige Mädchen, betrunken und völlig neben sich stehend. Ich hatte solch eine Angst. Ich hatte mich in dem Moment gefragt, warum ich da war. Ich hatte das erste Mal gemerkt, in was für einer beschützen Welt ich bis dahin lebte, trotz der Probleme damals in der Schule und dann mit meinem Bruder. Am nächsten Tag wurde alles geklärt, so dass ich gleich in die neue WG, die vom Jugendamt betreut wurde, einziehen konnte. Ich fuhr noch am selben Tag mit meiner neuen Betreuerin zu meinem Elternhaus…

Meine Sachen waren alle schon gepackt – meine Mutter hatte das übernommen. Sie lagen zur Abfahrt bereit, im Wagen meiner Betreuerin. Meine Mutter stand vor mir und konnte nicht aufhören zu weinen. Ich versuchte sie zu trösten: „Aber Mama, weine bitte nicht – es ist doch nicht das letzte Mal, dass wir uns sehen!“, sagte ich zu meiner Mutter. Sie hatte meinen Bruder weggeschickt, damit ich keine Angst haben musste. Sie weinte so sehr und hielt mich fest. „Ich möchte nur, dass er sich wieder beruhigt, dann komme ich sofort wieder zurück! Ich hab dich doch lieb!“, sagte ich ihr als letztes, doch sie weinte und weinte und weinte. Im Auto winkte ich ihr noch lange über die Rückbank zu – dieses Bild werde ich mein Leben lang nicht vergessen…

„…es ist doch nicht das letzte Mal, dass wir uns sehen…“

18. Mai 1999 – Ich hab dich lieb!

„Wir brauchen noch die Geburtsdaten deiner Eltern!“, sagte mein Betreuer zu mir. Also machte ich mich auf dem Weg in die Stadt und beschloss gleich von einer Telefonzelle aus meine Eltern anzurufen. Ich hatte schon immer die Tendenz, ‚in die Stadt‘ zu sagen, obwohl ein Bezirk wie Pankow, wo sich meine WG befand, in der Stadt liegt. Aber da es genau wie Reinickendorf ein Randbezirk ist, musste man immer ein Stückchen fahren, um etwas erleben zu können – und sei es, dass es vier Straßenbahnstationen durch den selben Bezirk waren. „Hallo?“, fragte meine Mutter am anderen Ende. „Ich bin's“, sagte ich stotternd und voller Trauer. Ich war so traurig darüber, wie es gekommen ist. Ich vermisste meine Eltern…besonders meine Mutter so sehr, wie eine Tochter ihre geliebte Mutti nur vermissen konnte. „Ich brauche die Geburtsdaten von dir und Papa.“ Ich starrte jetzt das weiße Handtuch an, das vor mir auf den Telefonbüchern lag. Ich hatte es mir gerade gekauft. Ich versuchte nicht zu weinen, sondern stark zu bleiben. Aus der Telefonzelle beobachtete ich gleichzeitig Paare, die mit ihren Kindern über das Straßenfest spazierten, das in Pankow gerade stattfand. Es war jetzt eine Woche her, dass ich ausgezogen war und ich meine Mutter das letzte Mal sah. Meine Mutter nannte mir mit ziemlich enttäuschter und säuerlicher Stimme die Daten. „Sei doch nicht böse Mama, es musste sein!“, versuchte ich ihr zu erklären. „Ich war tagelang aufgelöst und fand keinen Schlaf mehr. Wenn mein Bruder und ich uns versöhnt haben, komme ich wieder zurück! Versprochen!“ – „Du wolltest ja nur länger draußen bleiben und mehr Freiheiten haben!" – „Nein, Mama. Ich hatte doch alles bei euch! Ich habe es mit ihm nicht mehr ausgehalten! Ich habe Angst vor ihm!" … aber ich merkte, dass es nichts brachte. Sie war sauer auf mich. Heute weiß ich warum.

Menschen schützen sich immer mit ihrer Wut auf andere, weil sie vor dem eigenen Versagen Angst haben. Wenn sie wütend auf jemanden sind, fällt es ihnen leichter, sich nicht selbst die Schuld zu geben, obwohl sie es im Stillen trotzdem immer tun – sich selbst die Schuld für alles geben. Es fällt vielen Menschen schwer, Dinge zu ändern, die nicht gut laufen, oder Verantwortung für das Geschehene zu übernehmen. In Wirklichkeit gibt es keine Schuld, aber unser Ego bringt uns ständig dazu, uns schuldig zu fühlen, damit wir leiden und es überleben können. Es gibt lediglich Taten und Reaktionen! Es ist für jeden einzelnen wichtig, wenn mal etwas nicht so gut gelaufen ist, wieder zu sich zu kommen, sich zu sammeln und zu überlegen, was man ändern kann… – aber diese Einsicht bekam ich auch erst viel später und teilte meinen Weg mit meinem guten alten Freund, dem Ego…

Jetzt waren meine Mutter und ich enttäuscht und wütend über diese Situation, aber wie hätten wir diese ändern sollen?
Ich legte auf und sagte nicht, dass ich sie lieb habe. Ich sagte es nicht! Warum sagte ich ihr das bloß nicht? Wie schon erwähnt: Das Ego, der Freund und Helfer, ist stets bereit! Und warum das so wichtig ist, dass ich es jenes Mal nicht sagte? Seit meiner Kindheit hatte ich immer einen sich wiederholenden schlimmen Traum: An der Tür klingelte es – zwei Polizisten standen draußen und sagten mir, dass meine Eltern einen Autounfall hatten und beide tot seien. Seitdem sagte ich meinen Eltern jeden Tag, wie lieb ich sie habe, aus der Angst heraus, ich hätte vielleicht nicht mehr die Möglichkeit. Doch an diesem Tag sagte ich es nicht – weil ich selbst wütend war… So sehr kann einem das Ego schaden! Ich ging nach Hause und war einfach nur

meinen Gefühlen und meinem Ego ausgeliefert.

19.Mai 1999 – Sprachlos

Das Haus, in dem ich jetzt wohnte, war wieder ein Neubau. Wir waren in diesem Haus bestimmt die einzige betreute Wohngemeinschaft. Es lag auf einer ziemlich bekannten großen Hauptstraße in Pankow. Direkt vor dem Haus war eine Haltestelle der Straßenbahn. Die Wohnung an sich war sehr hell, groß und modern eingerichtet. Jeder hatte sein Zimmer, für alle ein Bad, das wir uns teilten, und ein Wohnzimmer mit amerikanischer Küche. Wir hatten den ganzen Tag Sonne, was nicht immer gut war. Da es gerade Hochsommer war, hielten wir es wegen dieser Hitze in der Wohnung kaum aus und versuchten immer ein Wechselspiel zwischen Lüften und bloß keine heiße Luft hineinlassen! Mich regte es immer auf, dass sich kaum einer meiner Mitbewohner für die Wohnung verantwortlich fühlte: weder fürs Aufräumen, noch für einen gefüllten Kühlschrank. So hatte ich es mir irgendwann angewöhnt, nur das Nötigste für mich einzukaufen und nur das Nötigste aufzuräumen, damit man einigermaßen leben konnte.

„Sag deinem Ex-Freund endlich, er soll aufhören hier anzurufen!“, sagte ich meiner Mitbewohnerin des Öfteren an diesem Tag, dem neunzehnten Mai. Ihr Ex hatte gerade erfahren, dass sie mit Zwillingen, schwanger von ihm war und nervte uns die ganze Zeit mit seinen Anrufen. Sie war vielleicht gerade erst siebzehn Jahre alt, aber ich hielt mich aus solchen Dingen lieber raus. Die Sonne schien wieder sehr stark und ich ließ die Jalousien herunter, damit es nicht noch heißer in der Wohnung werden würde. In meinem Zimmer standen mittlerweile die Möbel aus meinem ehemaligen Kinderzimmer. Ich hatte auch einen kleinen Balkon. Alles in allem war es sehr schön – aber meinen Schlaf fand ich hier nicht wirklich. Die WG-Mitbewohner feierten jeden Abend im Wohnzimmer eine Party und dieses Wohnzimmer lag direkt neben meinem Zimmer. ‚Aber egal, immerhin habe ich meine Privatsphäre zurück und Ruhe vor meinem Bruder‘, dachte ich damals. Nur meine Eltern, Freunde und meine Tante aus Westdeutschland (Ursel), vermisste ich sehr und nur sie kannten meine Telefonnummer. Ich wollte sicher gehen, dass mein Bruder mich nicht finden würde! Ich hatte Angst, dass von ihm dann ständige Anrufe eingehen würden. Neben meinen Eltern war meine Tante Ursel die einzig nähere Verwandte. Ich hatte zwar viele Tanten und Onkel, war aber keinem so nahe wie ihr. Sie und ihr Mann nahmen mich seit meinem sechsten Lebensjahr immer mit in den Urlaub, da meine Eltern es sich leider nicht leisten konnten, mit uns Kindern in den Urlaub zu fahren. So lernte ich als kleines Mädchen ein wenig die Welt kennen. Italien, die Türkei, Spanien und die Nordsee. Ich liebte schon von klein auf warme Länder und vor allem das Meer! Ich fand immer neue Freundinnen, die später zu meinen Brieffreundinnen wurden, und genoss das Spielen im Sand, Meer und Pool. Als Kind war ich sogar so dreist: Als meine Tante und mein Onkel vor Ort einmal ein Hotel suchten, begleitete ich meinen Onkel in eines, während meine Tante in das daneben stehende ging, um sich nach den Preisen zu erkundigen. Ich flitzte was das Zeug hielt von meinem Onkel weg, zu meiner Tante in das Nebenhotel und schrie durch die ganze Halle: „Tante Ursel, das Hotel nebenan ist viel günstiger, soll ich dir von Onkel Robbie sagen! Komm also, weg hier!“ Ihr war das richtig unangenehm, aber Kinder sind eben authentisch. Meine Tante erzählte mir später, dass ich wohl im Urlaub immer zuerst durch die Lobby und zum Pool gerast bin, um mir zuallererst eine Freundin zu suchen. Sie hatten noch nicht alle Koffer aus dem Taxi, da kam ich zurück gerannt, um zu verkünden, dass ich die erste Freundin gewonnen hatte. Ich wollte eben nichts anbraten lassen! Meine Tante hatte das lange nicht verstanden, obwohl sie meine Situation kannte. Freunde waren und sind mir heute noch so unglaublich wichtig. Es war für mich die restliche Zeit über unmöglich, all das zu teilen, was in mir vorging, da ich in Berlin so gut wie gar keine Freundschaften hatte! Im Urlaub hatte ich die kurze Zeit von zwei Wochen, um so wissen wie es ist, Freunde zu haben!

Aber zurück zur WG:
Abgesehen von den Partys, die meine Mitbewohner regelmäßig veranstalteten, dem Alkohol und den Drogen, die sie konsumierten, ließen sie mich in Ruhe und waren immer nett zu mir. Da ich oft keinen Schlaf fand, bemerkte ich schnell, dass ich dort nicht wirklich hineinpasste, allerdings wurde all das im Laufe dieses Tages völlig bedeutungslos…
„Verdammt noch mal, dieser Vollidiot von Ex-Freund soll aufhören, hier anzurufen und sie endlich in Ruhe lassen!!", schrie ich. Das Telefon klingelte am laufenden Band und meine Mitbewohnerin nahm immer ab. Sie hatte seit ungefähr zwei Stunden die Wohnung verlassen und nur mein Mitbewohner ‚Hasi' (keine Ahnung, wie sein richtiger Name war, da wir ihn alle nur Hasi nannten) und ich waren noch da. Ich sah gerade im Wohnzimmer fern, als das Telefon wieder einmal klingelte. Ich war schon wieder genervt, ging jedoch trotzdem hin, um abzunehmen. In dem Moment, als ich den Hörer berührte, wusste ich, was mir gleich gesagt werden würde und zögerte kurz. Dann nahm ich ab…:

„Hallo?", fragte ich.

„Ich bin es – Tante Ursel"

… und in diesem Moment wusste ich es ganz genau …ich wusste, was sie mir sagen würde…was jetzt kommen würde…und hoffte von Herzen, dass ich es mir nur einbilden würde…

„Setz dich hin, mein Kind…", sagte sie liebevoll.

„Was ist los?“, fragte ich.

Ich konnte mich nicht hinsetzen. Überhaupt konnte ich mich nicht mehr bewegen. Ich wusste es und wollte so sehr, dass sie doch etwas anderes sagen würde. ‚Bitte, bitte‘, dachte ich, ‚bitte, lieber Gott, lass sie etwas anderes sagen.‘

„Deine Mama ist tot...“

Plötzlich spürte ich, wie die Schutzenergie meiner Mutter von mir abließ. Ich fühlte mich kalt und allein. Ich war hilflos und geschockt – und wusste es vorher. Weshalb wusste ich es vorher? Ich konnte nicht weinen, also schrie ich. Wieso konnte ich nicht weinen? Ich hasste mich dafür. Ich dachte in dem Moment, dass ich meine Mutter vielleicht doch nie genug geliebt hätte und deswegen nicht weinen konnte. ‚Was für ein schlechter Mensch ich doch bin‘, dachte ich mir. Doch es waren der Schock und der Schmerz in mir, ich konnte nur nicht deuten, was mich zurückhielt. Ich dachte, wenn ich nicht weinte oder schrie, würden sie mich zu einem Psychiater bringen oder mir Beruhigungsmedikamente geben. Mein schlimmster Gedanke war: Alle würden denken, dass ich sie nicht genug geliebt hätte, weil ich nicht weinte. Aber ich liebte sie doch immer! Was war bloß mit mir los? Ich wollte einfach nur trauern. Was würde jetzt mit mir passieren? Wer wäre jetzt für mich da? Ich hatte doch sonst niemanden... So konnte ich damals in Zehdenick, in unserem kleinen Ferienhäuschen, einmal ihr Leben retten und doch starb sie jetzt, ...so schnell, ...allein... und ich zog aus, um ihr das Leben zu retten und dennoch war es umsonst... Ich versuchte mit aller Gewalt meine Tränen rauszudrücken... und schließlich konnte ich nicht mehr aufhören zu weinen; ich konnte das alles nicht verstehen.

Warum sie? Warum ich? Warum jetzt?

Erst wenn man so etwas selbst erlebt hat, kann man verstehen, dass jeder sein eigenes Recht hat so zu trauern, wie er möchte. Es wird oft im Außen alles Mögliche hineininterpretiert, wenn man zum Beispiel nicht weint. Aber wer legt denn fest, was richtig oder was falsch ist? Und gibt es beim Trauern eigentlich ein richtig oder falsch? Später fand ich heraus, dass richtig und falsch auch nur Illusionen sind. Bei manchen kommt die Trauer erst nach Jahren und manche trauern eben lieber allein im Stillen. Doch irgendwie muss jeder seinen Senf hinzugeben und man hört Sätze im Außen, wie: „Du musst es rauslassen!", „Sprich dich aus!", „Du musst weinen, sonst macht es dich kaputt!" oder „Du hast sie/ ihn nicht wirklich geliebt, sonst würdest du jetzt weinen!" Alle diese Aussagen sind ungerechtfertigt und üben Druck aus. Ich glaube, diese Menschen meinen es nicht böse und wollen nur zeigen, dass sie für einen da sind. Sie wissen selbst nicht, wie sie mit ihrem eigenen Schmerz oder ihrem Gegenüber umgehen können und wollen sich mit dem Schmerz des anderen ablenken, indem sie versuchen zu helfen. Manche sind in solchen Situationen einfach nur überfordert. Es ist ganz gleich, ob sie die Situation selbst schon einmal durchgemacht haben oder nicht. Auf jeden Fall sollte man niemals jemandem sagen, was er tun oder lassen, sagen oder nicht sagen soll, oder gar wie er mit dem Tod umgehen soll, oder wie man zu trauern hat. Das macht alles noch viel schlimmer. In vielen Fällen hat man zunächst gar keine Lust zu reden. Man will seine Ruhe haben und es nicht immer wieder erzählen müssen. Aufgrund dessen, dass ich leider selbst in dieser Situation war, nahm ich einen Freund, dessen Mutter verstarb, einfach nur in den Arm und hörte einfach nur zu, wenn er mal über sie sprach...erst Jahre später. Er hatte nicht geweint, aber ich spürte, dass er es richtig machte und über die Zeit hinweg alles innerlich verarbeitete. Einem anderen Freund, der seinen vierundzwanzig Jahre alten Bruder bei einem Autounfall verlor, sagte ich nur: „Ich weiß, dass du bei jedem Anruf und jeder Begegnung alles immer wieder erzählen musstest und wie belastend das ist. Wenn du reden möchtest, bin ich gerne für dich da, und wenn du dich ablenken willst, bin ich die erste, die gleich von Anfang an über etwas anderes spricht. So kannst du kurz mal abschalten. Ich frage dich nicht, wie es dir geht, weil ich weiß, dass es dir dreckig geht!" Er war mir sehr dankbar dafür, dass ich ihn dann mit anderen Themen ablenken konnte.

Eins bis zwei Stunden nach dem Anruf…
Ich saß auf einer Liege im Krankenhaus. Total geschockt sah ich mir die Wand vor mir an. Ich erinnerte mich daran, wie mein Mitbewohner meine Betreuerin und einen Krankenwagen gerufen hat, weil ich nicht aufgehört hatte zu weinen und zu schreien. Als sie mich in den Transportsitz gesetzt hatten, bestand ich darauf, mein Kuscheltier Leo mitzunehmen. Zwar war ich schon fast siebzehn Jahre alt, aber dieses Kuscheltier hatte einen besonderen Wert. Als ich damals noch in die Vorschule ging, gab es keine Noten sondern ‚Lachmännlein'. Es waren lächelnde Smileys, die unsere Lehrerin uns unter unsere Arbeiten setzte, wenn wir etwas besonders gut gemacht haben. Da ich eines Tages mit ganz vielen Lachmännlein nach Hause kam, gingen meine Eltern und ich in ein großes Kaufhaus in der Turmstraße, um mir sozusagen eine kleine ‚Belohnung' zu kaufen. Dort gab es in der Kinderabteilung ganz süße kleine Kuscheltiere. Ein Haufen von Kuscheltieren sagte mir ganz besonders zu: Es waren kleine Geparde. Ich wollte unbedingt solch einen haben und bekam ihn von meiner Mama geschenkt. Ich liebte diesen kleinen Katzenhelden so sehr und besitze ihn noch heute. Jeden Tag bewacht er mein Bett und sieht heute gar nicht so mitgenommen aus; dafür dass er zum heutigen Zeitpunkt schon über siebenundzwanzig Jahre alt ist! Jetzt auf dem Krankenbett sitzend musste ich kurz wegen dieser Erinnerung lächeln, auch die Kette um meinen Hals erinnerte mich an meine Mutter. Ich hielt sie in meiner linken Hand und sah sie mir an. Eine kleine Erinnerung an einen frühen

Sommertag vor noch nicht allzu langer Zeit: es muss erst ein oder zwei Jahre her gewesen sein. Ich weiß noch, wie ich mit meiner Mutter über ein kleines Straßenfest ging und sie wie immer zu den Schmuckständen zog. Ich liebte es, mir diese immer ganz genau anzusehen. Und da kam es, dass mein Blick sofort auf einen kleinen Anhänger mit einem blau schimmernden runden Kristall, umrandet von einer Art Kralle, fiel. Es sah aus wie ein kleines Universum. Noch bevor ich näher treten konnte, sagte mir die Verkäuferin, dass dieser Anhänger auf alle Fälle zu mir gehören würde, bzw. gehören sollte. Daraufhin kaufte ihn meine Mutti mir, zusammen mit einer silbernen Kette. Noch heute trage ich diesen Talisman um meinen Hals. Er brachte mir stets Glück, beschützte mich und erfüllte mir jeden Wunsch...auch die nicht so schönen. Doch nach dieser kurzen Phase der Erinnerung, wurde mir wieder klar, was gerade passiert war und wo ich mich befand. Ich saß da, dachte nach und versank wieder in meiner Traurigkeit... Ihre Stimme, ihr Geruch, ihre Worte – alles vergänglich. Ich fühlte mich wie von ihr abgeschnitten, als hätte uns jemand gewaltsam auseinandergerissen. Würde ich irgendwann vielleicht ihre Stimme und alles von und an ihr vergessen? Das wollte ich nicht und versuchte mich an alles zu erinnern, was mir noch einfiel.
„Wenn ich mal tot bin, wird bestimmt keiner um mich weinen“, waren oft ihre Worte, als ich kleiner war, und jetzt? Ich konnte nur mit Gewalt unter Schreien meine Tränen herausbringen. Dabei hatte ich ihr als Kind immer wieder gesagt, dass sie nie sterben darf, weil ich dann niemals mit dem Weinen aufhören könnte... Ich hatte ihr nicht mehr sagen können, wie leid mir alles tat, wie sehr ich sie lieb hatte! Auch heute noch kommen die Tränen und fließen meine Wangen entlang, in der Erinnerung an mein Versprechen, das ich ihr gab... niemals aufhören können... Damals verstand ich noch nicht, dass es ein natürlicher Überlebens-Mechanismus des Körpers ist, einen Schock auszulösen, der (manchmal) die Trauer erst später zulässt, wenn man sie ertragen kann.

Bei mir kam es Stück für Stück – Jahr für Jahr… Ich saß einfach nur da, dachte nach und verurteilte mich gleichzeitig… „Später werde ich mit eurem Papa ganz schick auf Kreuzfahrt gehen!“, sagte sie einst. „Jetzt muss ich mich erst mal um Wichtigeres kümmern. Mein Mann und meine Kinder brauchen mich! Ich muss das Geld nach Hause bringen!“ … und jetzt war sie tot – es war zu spät. Was gab es denn, das wichtiger war, als auf das eigene Leben acht zu geben? Nur wenn man am Leben ist, kann man sich glücklich machen, auf die eigenen Kinder achtgeben und an andere denken, wenn ihr das so wichtig war. Jetzt geht das nicht mehr! Sie würde nie eine Kreuzfahrt machen! ‚Hätte sie doch nur auf sich aufgepasst!‘, wünschte ich mir in dem Augenblick, als es leider schon zu spät war. Und meine Gedanken schwirrten umher und versuchten sich an Erinnerungen zu klammern, damit ich sie nicht vergessen würde. Traurig war nur, dass mir so viele Erinnerungen kamen, in denen meine Mutter traurig war. Gedanken, in denen sie über eine Zukunft sprach, die sie nie erleben würde…
„…wenn du später mal heiratest, gehst du bestimmt nicht mit mir, sondern mit deiner Schwiegermutter das Hochzeitskleid kaufen, nicht wahr?“ – „Aber Mama, das würde ich nie tun! Du bist doch meine Mama und ich verspreche dir, dass wir beide das Kleid aussuchen! Du bist für mich die beste Mama der Welt!!“ – Ein Versprechen, das ich nie halten konnte! Damals hatte ich so vieles noch nicht verstanden! Wenn ich jetzt zurückblicke, erkenne ich, dass alle Menschen um meine Mutter herum immer an sich gedacht haben. Sie waren ihr damit eigentlich ein Vorbild, aber meine Mutter wollte weiterhin lieber an andere denken, als an sich selbst.

…„Irgendwann fass ich mir ans Herz, falle nach hinten und bin einfach tot! … und was ist dann?“, hatte sie so oft gesagt und ich sprang dann immer wieder zu ihr hin und erwiderte, dass sie nie sterben würde! Sie nahm mich dann immer in den Arm, ich hatte sie so lieb. Aber diesmal war es ernst und sie war nicht mehr da, um aufzuwachen und um mich in den Arm zu nehmen.

Eine meiner Tanten erzählte mir später, dass meine Mutter drei Monate vor ihrem Tod bei ihr anrief und Karten legte. Sie erzählte ihr, dass ein Tod ins Haus stehen würde, behauptete aber, dass sie nicht wüsste, wer es sein würde. Auch in meiner Mutter steckte also eine Seherin…
Ins Krankenhaus kamen meine Schwester und ihr Mann. Sie nahmen mich mit in ihre Wohnung. Sie war wieder schwanger. Ich konnte nichts sagen. Meine Schwester weinte genauso bitterlich wie ich. Ich glaube, dass jeder sehr stark trauerte, der meine Mutter kannte, weil sie immer ein sehr liebenswürdiger, hilfsbereiter Mensch war. Im Wohnzimmer richtete mir meine Schwester die Eckcouch als Bett ein und legte mir Bettzeug und ein T-Shirt hin. Meine Schwester, ihr Mann und meine Nichte sagten mir gute Nacht und gingen schlafen. Ich war ihnen wirklich sehr dankbar, denn zu diesem Zeitpunkt hatte ich alles andere als einen klaren Kopf und wusste nicht, was ich machen oder wo ich hingehen sollte. Ich fragte mich, wie wohl mein Bruder damit zurechtkam. Er hatte sicher genau die gleichen Schuldgefühle wie ich.

Es war dunkel und ich werde nie vergessen, was dann passierte. Ich saß auf der Couch und wollte noch nicht schlafen. Gott zeigte mir plötzlich zwei Wege. Der eine führte zu einem Leben, wo ich es mir leicht machen könnte, alles aufgeben, vielleicht sogar auf der Straße landen und früher oder später sogar den Drogen oder dem Alkohol verfallen würde. Der andere Weg eröffnete mir ein tolles Leben. Ein Leben, in dem ich einen Führerschein, eine abgeschlossene Ausbildung, eine tolle Wohnung, einen tollen Job und einen liebevollen Mann haben würde. Aber dieser Weg würde überhaupt nicht einfach werden. Es wäre so, als ob ein Mensch mit gelähmten Beinen anfangen müsste zu laufen. Es wäre ein Weg, bei dem ich oft verzweifelt sein würde und allein, aber die Belohnung wäre: Erlösung. Ich wählte den schweren Weg. Ich wählte ihn für meine Mutter. ‚Sie hätte es bestimmt auch so gewollt!‘, sagte ich mir damals. Ich wusste, dass ich etwas aus mir machen wollte und dass ich mein Leben niemals selbst beenden wollen würde. Meine Mutter musste mich doch zu einem Sinn und Zweck auf die Welt gebracht und hier zurückgelassen haben. Ich wusste, dass ich so viel Schönes nicht erleben könnte, wenn ich aufgäbe. Ich beschloss ein Leben zu führen, in dem ich jeden einzelnen Tag genießen würde, weil jeder Tag der letzte sein könnte. Ich wollte Menschen ein Vorbild sein! Meine Mutter war mir traurigerweise ebenfalls ein Vorbild – wie man es nicht machen sollte … und ich schwor mir, immer weiter zu machen und nie aufzugeben – egal, wie schlimm es in dem Augenblick auch scheinen mag.

Ich beschloss kurze Zeit später gleich wieder in die Berufsschule zu gehen und meine Ausbildung wieder aufzunehmen. Ich bat meine Ausbildungsleiterin darum, niemandem etwas zu sagen, da ich einfach Ablenkung brauchte. Ich hoffte, dass es bis dahin keiner wusste und ich unbemerkt einfach weiter machen könnte. Aber es ging sofort mit dem schweren Weg los. Denn zu meinem damaligen Bedauern hatte sie es bereits meinen Mit-Azubis aus dem Betrieb gesagt, damit sie sich auf mich einstellen konnten…sie meinte es wirklich nicht böse und ich nahm ihr das auch nicht übel. Allerdings hatte leider jemand von ihnen wohl nicht still halten können und plötzlich wusste meine ganze Klasse von meinem Schicksalsschlag. An meinem ersten Schultag sah ich in allen Gesichtern gleich die Trauer, die ich selbst in mir hatte. Es war schrecklich! Ich wollte doch einfach nur weitermachen. Ich ging gleich wieder aus dem Klassenzimmer auf das Mädchenklo und weinte. ‚Würde dieses Weinen jemals wieder aufhören?‘, dachte ich mir. So wie ich beim Telefonat nicht weinen konnte, hatte ich danach das Gefühl, es nie mehr stoppen zu können. Ich hörte überall diese Stimmen: „Alles OK?“ – „Es wird schon wieder!“ Aussagen, die mir nicht gerade weiterhalfen. Ich würde weinen und weinen und weinen... Ich wollte aber leben! Damals war ich unglaublich wütend auf alle. Ich wollte, dass alles normal weitergeht und war wütend, dass man mich nicht verstand. Heute weiß ich, dass sie mir einfach nur ihr Mitgefühl zeigen wollten. Sie meinten es nicht böse. Außerdem wusste ich selbst nicht, wie ich reagiert hätte, wenn ich an ihrer Stelle gewesen wäre. Wahrscheinlich genau wie sie, aber damals habe ich nicht verstanden, warum sie mich nicht einfach alle in Ruhe gelassen haben. Meine Beliebtheit, meine Anerkennung, alles war mir jetzt egal. Ich wollte meine Mutter zurück und kein Mensch dieser Welt konnte sie ersetzen! Mir wurde klar, wie unwichtig Beliebtheit war und wie oberflächlich und vergänglich! Hingegen bedeutete die Anwesenheit meiner Mutter für mich damals alles und das wurde mir genommen.

Mein Vater sagte, sie hätte an ihrem Todestag einen neuen Tischgrill ausprobiert und hatte Steaks mit ihm darauf gebraten. Meine Mutter konnte vor großem Hunger nicht warten und wollte das Steak schon vorher essen. Sie meinte noch, dass es scharf sei, fasste sich ans Herz und sackte nach hinten. Genau auf die Art, mit der sie mir jahrelang in ihren (etwas makaberen) Späßen Angst gemacht hatte, starb sie dann...Kein Wunder, dass ich später Vegetarierin* und dann sogar auch Veganerin* wurde!

Die Ärzte sagten damals, dass es ein Herzinfarkt war. Meine Mutter hatte viel Stress und kurierte sich von ihren Krankheiten nie aus. Sie hatte Erkältungen, wiederholt Bronchitis und Lungenentzündungen und ist trotzdem weiter arbeiten gegangen. Und wofür? Für einen Hungerlohn! Ihr damaliger Chef von der Zeitung drohte ihr, sie zu kündigen, wenn sie wegen Krankheit fehlen würde. Da sie unsere Alleinverdienerin war, gab sie ihm immer wieder nach. An dem Tag, als meine Mutter den Infarkt hatte, kam gerade mein Bruder nach Hause und fand meinen Vater über meine Mutter gebeugt. Er hörte ihn schon von draußen nach ihr rufen. Mein Vater versuchte meine Mutter wiederzubeleben und mein Bruder rief immer wieder die Feuerwehr an. Er hatte unserer Mutter eine Kette gekauft, die sie sich wünschte, und wollte sich bei ihr für alles entschuldigen. Auch das konnte er ihr niemals sagen und die Kette ihr niemals geben. Der Krankenwagen kam mit vierzig-minütiger Verspätung und meiner Mutter konnte nicht mehr geholfen werden.

Meine Mutter wollte uns damals aus der anderen Welt ein Zeichen hinterlassen. Genau in dem Moment, als sie verstarb, klingelte bei meinem Vater immer wieder das Telefon und obwohl mein Bruder und mein Vater panisch auf den Krankenwagen warteten, so nahm mein Bruder immer wieder ab. Aber auf der anderen Seite meldete sich niemand. Es klingelte immer wieder, aber es war niemand dran. Mein Bruder ließ dann das Telefon klingeln und sagte laut in den Raum: „Ich nehme jetzt nicht mehr ab!" Und in dem Moment wurde das Klingeln des Telefons unheimlicherweise immer langsamer, bis es schließlich ganz aufhörte. Ja, du liest richtig: Langsamer, nicht weniger. Wir nehmen an, dass es Mama war, die uns zeigen wollte, dass es ihr gut ging.
Auch bei mir meldete sie sich einige Tage später. Es war nach ihrem Tod, am zweiten Tag in der Berufsschule, als ich traurig und immer noch unter Schock mit der S-Bahn zur Schule fuhr. Es war früh am Morgen. Ich fragte mich gerade, warum ich mich nicht von ihr verabschieden konnte, als mir plötzlich mein Traum aus der vorangegangenen Nacht einfiel:

In dem Traum befand ich mich allein im Wohnzimmer meiner Eltern. Plötzlich stand meine Mutter vor mir. Im Traum wusste ich nicht, dass sie gestorben war, doch wusste ich, dass irgendetwas nicht stimmte. Ich fragte sie: „Mama, was machst du denn hier? Ich glaube, du darfst gar nicht hier sein! Müsstest du nicht woanders sein?" Doch im Traum fiel mir einfach nicht ein, wo das sein sollte. Ich konnte sie sehen, hören und sogar ihr

Parfum riechen. Sie nahm mich in den Arm und sagte: „Du wolltest dich doch von mir verabschieden, mein Bienchen! Deswegen bin ich hier! Mach dir keine Sorgen, es ist alles gut, so wie es ist und ich habe dich ganz doll lieb. Ich liebe dich, meine süße kleine hübsche Tochter!“ Ich konnte sie leibhaftig in meinen Armen spüren, wie sie mir sanft über meinen Rücken und meine Haare strich, und riechen konnte ich sie – sie duftete so angenehm nach der mir bekannten Mama. Und nun konnte ich es ihr doch noch sagen: „Ich hab dich lieb und es tut mir so leid, Mama!“ – „Da gibt es nichts, was dir leidtun müsste! Wie gesagt, es ist alles gut, Bienchen.“ Sie hielt mich den ganzen Traum über in den Armen, bis ich wach wurde. Nun saß ich in der S-Bahn und fing inmitten der vielen Menschen an zu weinen. Mir war egal, was sie über mich dachten, aber ich konnte nicht glauben, dass ich diesen Traum hatte – wie echt er schien und wie schön es war, mich doch noch von ihr verabschieden zu können… sie zu fühlen, zu umarmen, zu riechen und ihr zu sagen, dass ich sie lieb hatte. Später erzählte mein Vater mir, dass meine Mutter immer gesagt hatte: „Wenn alle Kinder aus dem Haus sind, kann ich sterben.“ Mein Bruder war zwar nicht aus dem Haus, aber sie wusste innerlich, dass er auf eigenen Beinen stehen konnte und erfüllte ihre eigene Prophezeiung.

Meine Freunde waren über den Tod meiner Mutter natürlich schockiert und wussten nicht, wie sie mit mir umgehen sollten. Keiner hatte damit gerechnet. Ich wusste selbst nicht, was ich glauben sollte und fühlte mich so schuldig. Als ich dann nach einigen Tagen das erste Mal Amira in der Nähe ihrer Wohnung traf, nahm sie mich liebevoll in den Arm. Sie sagte nur: „Ich nehme dich jetzt mal mit zu mir, dann trinken wir einen Tee und ich erzähl dir mal was!“ Ich fühlte mich so leer. Wir setzten uns in ihr Zimmer und dort erzählte sie mir das erste Mal von Engeln, und dass sie schon einige Bücher über Reinkarnation* und andere spirituelle Themen gelesen hatte. Da ich mich, seit ich klein war, von solchen Themen fernhielt, kannte ich mich überhaupt nicht aus. Dennoch hatte mir eines von dem, was sie mir damals sagte, Hoffnung gegeben: „Es gibt Engel, Sabrina, und die kümmern sich jetzt um deine Mama. Sie ist nicht allein und sie ist bestimmt nicht böse auf dich. Ihr geht es sicher gut!“ Das gab mir unglaublich viel Kraft und Hoffnung! Heute weiß ich, dass es die Wahrheit war und dass meine Mutti jetzt mein Schutzengel ist! Ab dem Moment fing ich an, mich mit Engeln intensiver zu beschäftigen. Ich kaufte mir Accessoires, Bücher, Bilder und noch viele andere Dinge, die mit Engeln zu tun hatten! Ich wollte schließlich wissen, ob meine Mutti in guten Händen ist!

Zur Beerdigung kamen die verschiedensten Freunde, Verwandten und Kollegen meiner Mutter. Ich kann mich heute eigentlich kaum noch an etwas erinnern. Ich hatte ein langärmliges schwarzes Oberteil mit Chiffon-Ärmeln an und darunter einen langen schwarzen Rock. Seit ich ungefähr zwölf Jahre alt war, trug ich fast nur Schwarz. Tante Ursel und ihren Mann machte das immer verrückt. Sie versuchten Farben in mein Leben zu bringen, nur meine Mutter respektierte immer meinen Wunsch, gerne Schwarz zu tragen. Es war modern und heute weiß ich, dass Schwarz die Farbe des Versteckens ist. Die meisten Menschen tragen Schwarz um weniger aufzufallen! Außerdem ist es eine Schutzfarbe, damit man unscheinbar wirkt. Ich wollte damals nämlich weder gesehen werden, noch mich selbst ansehen. Ich hatte Angst davor, enttäuscht zu sein über das, was mir dann offenbart werden würde.

Das ist es, was in vielen Menschen vor sich geht, doch eine Berechtigung hat dieser Gedankengang nicht! Es ist nur unser Ego, das uns das einreden will! Alle Menschen sind gleich, wir alle sind im Herzen reines Licht. Doch wo das Licht zu seiner vollen Größe ausgedehnt wird, hat ein Ego keinen Platz mehr. Deswegen ist es bei uns. Bei negativen Dingen und betreffenden

Situationen, Gedanken und Selbstvorwürfen ist es immer besonders laut und findet einen behaglichen Platz, um in uns zu gedeihen.

Aber zurück zu meiner Geschichte…

Als ich also in diesem schwarzen Gewand am Grab meiner Mutter stand, stellte sich eine Bekannte zu mir. Sie umarmte mich liebevoll und sagte mir, wie schön ich doch sei, und dass ich aussehen würde wie ein Modell. Du kannst mir glauben, lieber Leser, das Letzte, was ich an diesem Tag hören wollte, war ein oberflächliches Kompliment! Ich weiß, dass sie mir einfach nur ein Kompliment machen wollte. Doch diese Erinnerung, veranlasste mich dazu, kein schwarz mehr zu tragen. Teilweise konnte ich das einhalten. Bedenklich waren nur solche Momente, in denen mein Schrank mir zuflüsterte, dass ich mal wieder waschen müsste und meine schwarze ‚Not-Hose' und mein schwarzes ‚Not-Shirt' eine letzte Rettung darstellten. Fast alle anderen schwarzen Dinge habe ich seitdem aus meinem Schrank verbannt. Außer einem schwarzen Jackett und zwei Paar schwarzen Schuhen. Es war jedes Mal eine wirkliche Überwindung für mich, schwarz zu tragen, bis ich irgendwann wirklich jegliche schwarze Kleidung aus meinem Kleiderschrank verbannt habe! Seit diesem Tag habe ich sogar schon eine Vision meiner eigenen Beerdigung gesehen. *Keine Sorge, lieber Leser, nicht in dem Sinne, dass man nun Angst haben müsste.* Es war mehr ein Wunsch als eine Vision: Denn dort erfüllten die Menschen, die ich zu Lebzeiten geliebt hatte und die mich liebten, meine letzten Wünsche: Ich wollte, dass jeder Weiß trägt, und dass sich alle freuen und mich täglich in der Sonne sehen! Dass sie sich daran erinnern, wie lustig ich war und dass ich nie wirklich weg sein würde, sondern einfach nur woanders, auf einer anderen Ebene.
Nach dem Ereignis auf dem Friedhof begab es sich, dass sich der Erdenengel Sabrina aus solch einem tragischen Erlebnis den

Farben der Welt zuwandte und zweifelsohne Weiß zu ihrer Lieblingsfarbe wurde. Denn die Wolken sind weiß und in ihnen wohnte nun meine geliebte Mama.

Als ich einmal, wie ich es öfters tat, ganz in Weiß gekleidet an einem U-Bahnhof, an einem betrunkenen Herren auf der Bank sitzend vorüber wandelte, machte dieser Mann riesig große Augen und schrie über den ganzen Bahnhof: „Ein Engel! Danke Gott, dass ich hier noch mal einen echten Engel sehen durfte!" Ich war ganz schön peinlich berührt und machte schleunigst, dass ich weg kam. Auch Rosa und Rot zähle ich zu meinen Lebensfarben. Die Farben des Herzens, der Liebe und Leidenschaft.

Farben tragen, wie alle anderen Dinge im Leben, ihren Anteil zum Karma und zum Verständnis bei. Jede Farbe hat ihren Bereich, ihre Energie und ihren persönlichen Ausdruck. Farben können sogar heilen. Man handelt nach altem Klischee, dass Mädchen gerne Rosa und Jungs gerne Blau tragen, jedoch kein Schwarz!

Nach meiner Schwarz-Phase trug ich in meiner Jugend gerne Blau, egal ob als Kleidung, Schmuck oder Rucksack. Interessanterweise verhielt ich mich damals wie ein Junge. Ich half zu Hause gerne beim Möbel zusammenbauen oder bei Problemen mit elektronischen Geräten. Bei Umzügen schleppte ich mitunter die schwersten Sachen. Manches Mal fuhr ich den Umzugswagen, trug nur Hosen (blaue Jeans) und hatte nie Probleme einen Stadtplan zu lesen. Heute sieht das ein wenig anders aus. Ich merkte irgendwann, dass ich nicht von einer Seite ‚beherrscht' werden, sondern gerne einen Ausgleich im Leben haben wollte. So trug ich später alles, was Frauen eben tragen: Röcke, weibliche taillierte Kleider; ich hob keine schweren Dinge mehr, wenn ich nicht musste, und integrierte, wie gesagt, die Farben Rot und Rosa in mein Leben. Aber mit dem Lesen von Stadtplänen hatte ich auch später keine Probleme. Die Farbe Blau verstieß ich nicht völlig aus meinem Leben. Meiner Meinung nach, leben wir Menschen in einer dualen* Welt, die von uns immer ein Gleichgewicht verlangt. So hatte ich später zum Beispiel eine rote Wand und eine blaue Couch in meinem Wohnzimmer. Hauptsache farbenfroh!

Juni 1999 – Die Begegnung

Es war ein heißer Sommertag und ich wollte gerne den Mann treffen, der immer an der Seite meiner Mutter gestanden hat. Also traf ich mich eines Tages mit meinem Vater. Ich erinnere mich noch genau, ihn vor mir stehen zu sehen: Er trug ein buntes Hemd und eine feine schwarze Hose. Er war mir so bekannt und doch fremd. Er war zwar immer ein Teil von uns und sehr liebevoll, doch war ich ein Mutterkind, und mir fiel zum ersten Mal auf, dass ich mich nie richtig auf ihn konzentriert hatte. Zu schade, weil er wirklich ein ganz wundervoller und liebevoller Papa war. Und obwohl er meine ganze Kindheit und Jugend hindurch immer bei mir war, kam er mir wie ein Fremder vor und wir mussten uns erst wieder neu kennenlernen. Sehr schnell konnte ich ein tolles Verhältnis zu meinem Vater aufbauen. Er war schon immer ein herzensguter Mensch – manchmal mit zu viel Herz. Er hatte die Tendenz (das lag wohl in der Familie), immer erst an andere und erst dann an sich selbst zu denken… dann aber nur mit einem schlechten Gewissen. In anderen Dingen jedoch kam er gar nicht auf die Idee, an andere zu denken, und hatte zum Beispiel nie Existenz- oder Mangelängste. Jedenfalls wirkte er immer so. Da war er mir wirklich ein Vorbild… denn er war, wahrscheinlich deshalb unter anderem, stets kerngesund.
Irgendwann kam es dazu – es könnte zu Weihnachten gewesen sein –, dass ich wieder meinem Bruder begegnete. Ich wusste, dass es irgendwann so kommen würde, denn alles aus unserer Vergangenheit holt uns irgendwann ein. *Keiner kann der*

Vergangenheit entfliehen. Ich hörte Gerüchte, dass mein Bruder der Ansicht war, ich sei Schuld am Tod unserer Mutter, weil ich ausgezogen war und sie das nicht verkraftet hatte. Aber wer wusste denn schon, ob man diesen Behauptungen glauben konnte. Ich hatte damals auf jeden Fall Angst, ihm zu begegnen und hätte alles geglaubt.

Aber eines kann ich dazu mit Sicherheit sagen: Wie leicht es doch in dieser Welt ist, Schuldzuweisungen zu tätigen, anstatt sich in Selbstverantwortung zu üben! Wenn ich etwas weiß, ist es folgendes: Wenn man jemanden anklagt, zeigt man nur, dass man mit sich selbst und der Welt nicht im Reinen ist und sich selbst anklagt.

Damals wusste ich das natürlich noch nicht. So klagte er mich und ich ihn an. Ich habe mich dennoch meiner Angst gestellt, denn keiner von uns beiden war Schuld…
Jetzt war ich wieder in der alten Wohnung und begrüßte ihn: ‚Hallo!'. Es war ein mulmiges Gefühl. Ich hatte ihm bereits alles verziehen, aber vergessen konnte ich es nicht. Es hatte viele Jahre gedauert, ihm wirklich alles so zu verzeihen, ich meine, auch im Unterbewusstsein, so dass ich es in gewisser Art und Weise vergessen konnte. Später erfuhr ich bei einem eigenen Channeling*, dass unsere Seelen eine Absprache hatten: und zwar mich stärker zu machen, unabhängig, damit ich mir nichts gefallen lasse und dazu musste er Dinge tun, in denen ich genau das üben konnte. Und auch die Absprache, mich aus dem Haus zu bringen, damit meine Mutter gehen konnte, gehörte dazu… Als ich auszog, spürte meine Mutter, dass ich nun bereit war, auf mich selbst aufzupassen und konnte die Erde verlassen. Die Seele meines Bruders hatte all das Karma auf sich genommen, mit dem was er uns antat, um mich stärker zu machen und damit ich lernte Grenzen zu setzen. Es war hart, aber die Wahrheit. Außerdem fand ich heraus, als ich ihm nach Jahren endlich verzeihen konnte, dass ich mir damals meinen eigenen Auszug

selbst nicht verzeihen konnte, weil ich glaubte, dass das der Grund für den Tod meiner Mutter war. Ich hatte irgendwann auch das geschafft. Ich selbst konnte es erst lange nicht glauben: Es ging nie darum, was er getan hat, sondern was meine Seele lernen wollte! Denn wer hört schon gerne, dass er selbst für sein Leben, wie es gelaufen war und wie es gerade läuft, verantwortlich ist?

Auch wenn dieser Weg nicht unbedingt der leichteste war, kann ich dir, lieber Leser, sagen, dass ich meinem Bruder heute für diese Erfahrung und diesen Weg wirklich dankbar bin. Ich danke dir, lieber Bruder. Ich wünsche solch eine Erfahrung wirklich niemandem, doch mir hat sie gezeigt, dass die Seelen, die einen am meisten lieben, oft die sind, die sich in unserem Leben als unsere härtesten Herausforderungen zeigen und für die schwierigsten Aufgaben bereitstehen. Meine Mutter konnte nun endlich ins Licht gehen, ihre Lebensaufgabe hatte sie hier auf Erden erfüllt: unter anderem mich groß zu ziehen, bis ich auf eigenen Beinen stehen konnte.

Ungefähr ein Jahr später zog ich wieder mit meinem Vater zusammen. Zwischenzeitlich hatte ich ab und zu irgendwelche Jungs in meinem Alter kennengelernt. Ich suchte Nähe und Frieden, doch konfrontierten sie mich zu sehr mit Oberflächlichkeiten.

Natürlich, denn Nähe und Frieden geschehen im Innern und nicht im Außen! Das wissen nur die meisten nicht.

Meinen achtzehnten Geburtstag, der später folgte, feierte ich im Sommer am Wannsee. Es gab viel zu essen, gutes Wetter, viel zu trinken und es gefiel allen, außer mir selbst. Letzten Endes war es zu oberflächlich...zu viele Leute, die nicht meine Freunde waren, aber ein Glücksgefühl darüber hervorbringen sollten, dass ich nun viele hätte, waren anwesend. Das ging wohl nach hinten los! Wirklich schön fand ich, dass wir bis zum nächsten Morgen für ein paar Stunden nur noch zu fünft am Lagerfeuer saßen…es war herzlich und das zählte ich als meinen wirklichen achtzehnten Geburtstag!

Bei meinem Vater fand ich mich plötzlich in der Rolle meiner Mutter wieder. Ich ging arbeiten, machte den Haushalt und kochte. Jeden Tag musste ich aufräumen, da mein Dad nicht unbedingt der ordentlichste war. Er war ein liebenswürdiger Kerl, aber für meine Verhältnisse manchmal einfach zu gemütlich. Er erwartete nie etwas von mir, doch hätte ich mich nicht wohl gefühlt, wenn ich diesen Teil nicht übernommen hätte. Es gibt nämlich so etwas wie ein ‚Ahnenkarma'. Das ist das Karma, das wir von unseren Vorfahren übernehmen. Natürlich passierte mir so etwas, denn vom Karma meiner Ahnen hatte ich mich damals noch nicht getrennt und folgte automatisch ihren alten Mustern. Weiterhin hatte ich immer noch nicht Nein sagen können oder gelernt, dass ich das Recht hatte, mich mal zurückzulehnen. Darauf wollte mich die Seele meines Vaters, durch sein Verhalten hinweisen. Hier war er mir ein Vorbild, doch ich verstand es nicht und ackerte, was das Zeug hielt.

Es gibt immer Menschen, die machen, und Menschen, die es mit sich machen lassen. Schuld gibt es nicht, aber Verantwortung für das eigene Leben! Nicht über das Leben des anderen, auch wenn man schnell dazu tendiert, das zu glauben. Niemand kann dem anderen sagen, was richtig oder falsch ist, weil man immer nur selbst am besten weiß, was für einen richtig ist…mal abgesehen davon, dass es nicht wirklich ein Richtig oder Falsch gibt! Menschen wie mein Vater und ich entspringen zwar derselben Familie, haben aber dennoch ganz unterschiedliche Wege.

Später wusste ich, was damit gemeint war, aber zu diesem

Zeitpunkt wollte ich einfach nur helfen, ihm ein besseres Leben zuteilwerden zu lassen und ihm ein bisschen den Schmerz darüber zu nehmen, dass er die Frau verloren hatte, die er immer über alles liebte.

Doch tat ich das für ihn oder für mich selbst?

Einige Zeit später kam das Thema Auszug aus dem Elternhaus erneut auf den Tisch. Aber weder von meinem Vater noch von mir. Ich hätte mich nie getraut auszuziehen, da ich Angst hatte, dass mein Vater dann, wie meine Mutter, auch sterben würde. Mein damaliger Freund und heute ebenfalls einer der wichtigsten Menschen in meinem Leben, mein bester Freund Toni, half mir eine Wohnung zu suchen und ich zog schließlich aus. Er sah, wie sehr ich gelitten und die Rolle meiner Mutter übernommen hatte. Damals bekam ich viele verurteilende Blicke der Nachbarn meines Vaters. Sie sagten mir, wie herzlos ich wäre, meinen Dad da einfach alleine zu lassen. Da ich jedoch in die Nähe zog, machte ich mir keine Gedanken; genau so etwas will man einfach nicht hören! Heute weiß ich, dass sie nur das aussprachen, was meine innerste Angst war: Ich hatte Angst, dass man mich für egoistisch und herzlos halten würde, wenn ich an mich dachte – das war das gleiche Schema meiner Mutter: Immer erst an alle anderen denken, bis es zu spät ist und man sich verausgabt und nicht mehr kann. Das ist eine typische Engel-Eigenschaft! Mein Dad nahm mir das absolut nicht übel. Er fand es schade, doch war er nie ein Mensch, der mir etwas verboten hätte! Wie gesagt, dachte er auch immer erst an andere, als an sich…außer es kam mit seiner eigenen Bequemlichkeit in Konflikt. Er war immer ein sehr herzlicher Mensch…eigentlich sind das alle in meiner Familie und generell alle Menschen auf der Welt, im Grunde ihres Herzens,… nur hat jeder eben eine andere Art, das zu zeigen!

Warum die Nachbarn so schlecht redeten? Nun ja, abgesehen

davon, dass sie Nachbarn waren, die gerne tratschen, drückten sie mein schlechtes Gewissen aus. Wenn man reinen Gewissens ist, strahlt man so eine Ruhe und Gewissheit aus, dass andere die Entscheidung einfach akzeptieren. Hat man aber ein schlechtes Gewissen, so drücken sie genau dieses aus. Die Erklärung, warum es so schwierig ist Entscheidungen für sich selbst zu treffen ist folgende: In dem Wort Entscheidung ist das Wort Scheidung enthalten; ein Mensch steht an dem Punkt, wo etwas zu Ende geht und muss sich in diesem Fall von etwas oder jemandem trennen. Auch wenn etwas Neues bereit steht, ist in jedem Menschen dennoch eine große Urangst loszulassen. Die volle Verantwortung zu übernehmen, egal was passiert, ist nicht immer leicht. Es kann gut oder schlecht ausgehen. Es gibt keine falschen Entscheidungen, denn je nach Seelenreife, wählt man den Weg, für den man nun bereit ist. Seinen Frieden darin zu finden, ist die wirkliche Herausforderung und genau das schreckt uns zurück, eine Entscheidung zu treffen. Man muss sich nicht immer sofort entscheiden, aber wenn der Zeitpunkt da ist und die Unentschlossenheit zu bedrückend wird, ist es mehr als überfällig eine Entscheidung zu treffen. Hinterher geht es einem meist immer besser! Und genau das ist wichtig: Es soll dir immer besser gehen!*

Kapitel 5
2001 – Der Test war wohl noch nicht bestanden... es geht weiter...

Zwischenzeitlich hatte ich meine Ausbildung abgeschlossen und wurde in der gleichen Bibliothek mit einem befristeten Arbeitsvertrag übernommen. Meine Mutter wäre stolz gewesen! Die Bibliotheksmitarbeiter meinten, es wäre seit Jahren nicht mehr vorgekommen, dass sie so viele tolle Azubis auf einem Haufen hatten – mal abgesehen von meinem schriftlichen Notendurchschnitt, der nicht so positiv ausfiel. Allerdings war mir ja seit der Grundschule bewusst, dass ich eher der Praxis-Mensch als der Theoretiker war. Bei der mündlichen Prüfung schloss ich besser ab. Ich bekam eine Zwei. Nun ja, hätte ich eine richtige Wortwahl getroffen, hätte ich die Eins erhalten. Dieser Fehler war schon damals wieder ein Wink mit dem Zaunpfahl. Meine Prüferinnen stellten mir zur Benutzung der Bibliothek einige Fragen. Ich begann die Antwort mit der Redewendung: „Ich glaube, es war...“. Die Prüferin sagte mir, ich hätte sagen müssen, dass es so ist! Die Antwort war richtig, aber die Aussage, dass ich es nur glaubte und nicht wusste, stellte meinen Wissensreichtum in Frage. Mit der Aussage, dass es so ist, auch wenn die Antwort falsch gewesen wäre, hätte mein Ausbilder ein Problem gehabt und nicht ich. Schon an dieser Stelle wurde ich mit der Thematik ‚Selbstbewusstsein‘ konfrontiert.

Stets schicken uns, ich nenne sie gerne so, die ‚Heiligen Mächte‘ Zeichen. Das Zeichen damals hieß: ‚Höre und vertraue auf dein Wissen und glaube an dich, denn dann werden die anderen dir ebenfalls glauben können!‘

Nun gut, das wusste ich damals noch nicht, aber Note hin oder her, letzten Endes war nur eines in dem Moment wichtig: Ich hatte bestanden! Als Geschenk zur abgeschlossenen Ausbildung bekam ich von meiner Tante den Führerschein, den ich bei meiner ersten Fahrprüfung mit Bravur bestand. Bei meiner Prüfung hatte ich sehr gezittert, und als der Prüfer meinte, ich hätte es geschafft, brach ich so stark in Tränen aus, dass mein Fahrlehrer mich nach Hause fahren musste. Selbst zu Hause konnte ich nicht aufhören zu weinen. Auch später wusste ich nicht, wie ich diese Prüfung bestanden hatte, so aufgeregt wie ich war, aber anscheinend sollte es so sein! Ich kann mich noch daran erinnern, dass ich mir immer gesagt hatte, dass ich schon bestehen würde! Obwohl ich damals doch eher eine Pessimistin war, hatte ich wieder einmal ein universelles Gesetz angewendet, ohne es zu wissen: Fokussiere dich auf das, was du willst, nicht auf das, was du nicht willst. Ich sagte mir immer: Ich will bestehen, statt: ich will nicht durchfallen.

Es ist unglaublich interessant auf mein Leben zurück zu blicken und zu erkennen, dass wir Menschen, ob wir es wollen oder nicht, ob wir daran glauben oder nicht, immer wieder die universellen Gesetze anwenden.

Zu dem Zeitpunkt war es mir in jedem Falle recht. Alles schien in Ordnung in meiner Welt, die ich mir nun aufzubauen versuchte. Die Welt und der Weg, den ich zu gehen beschloss, lagen nun vor mir und schienen wunderschön…nur dem war nicht wirklich so. Eine der nächsten großen Prüfungen stand mir noch bevor…

*

In der damaligen Beziehung mit Toni war ich noch sehr labil und still, wie ein schüchternes Mädchen eben. Ich hatte mich nie getraut irgendetwas zu sagen und zu ‚kontern‘ war mir völlig fremd! Ich war total schüchtern! Seine Freunde mochten mich nicht wirklich, was es mir nicht sonderlich leicht machte; sein bester Freund sagte mir sogar einst, dass ich es gar nicht wert sei, mit Toni zusammen zu sein. Kein Wunder! Weder mochte ich mich damals selbst, ganz gleich, wie hübsch ich anscheinend anderen erschien, noch hatte ich das geringste Wertgefühl!

Was man in sich trägt, zeigen einem immer die Menschen und Situationen im Außen.

Heute sieht das anders aus, doch damals suchte ich immer Bestätigung im Außen, statt in mich zu gehen. Darunter litt ich ungemein, denn es brachte mich nicht wirklich voran. Tonis Freundeskreis konnte mich einfach nicht leiden und schon wieder flossen sehr viele Tränen. Wieder fragte ich mich, warum... ich war lieb und nett, aber ich brauchte gar nicht erst den Mund aufzumachen, man verurteilte mich bereits. Ich war Tonis erste Freundin und alle seine Freunde hatten Angst, dass er jetzt nicht mehr jeden Tag für sie da wäre. Und anstatt sich für ihn zu freuen, wurde ich dort einfach nicht anerkannt. Aber das war ja noch human!

Als ich nach der Ausbildung meine Arbeit aufnahm, wurde ich zum Teil in der Kinder- und Jugendbibliothek und zum Teil in der Erwachsenenbibliothek eingesetzt. Was nach der Schule für drei Jahre (während der Ausbildung) aussetzte, fing hier wieder von vorne an: Ich wurde weiter gemobbt! Damals dachte ich einfach, dass Kinder grausam seien und es nicht an mir liege, jetzt in der JuBi (Jugendbibliothek) waren es aber erwachsene Frauen! Meine Kolleginnen...Teilweise sogar die, die kurz vor ihrem Rentenalter standen. Ich hatte meine Aufgabe noch nicht begriffen. Es ging also weiter. Mir wurde die doppelte und dreifache Menge an Arbeit auferlegt. Ich bekam als einzige in der ganzen Bibliothek doppelte Dienste, obwohl das damals nicht mal erlaubt war. Die Kolleginnen dort, die es auf mich abgesehen hatten, sagten mir unbegründet, wie eingebildet ich wäre – dumm, und dass mein Kleidungsstil unmöglich wäre, weil ich damit die Leser ‚anmachen‘ würde. Dabei benahm und kleidete ich mich wirklich normal. Man beschimpfte mich sogar als blöde Kuh und Zicke, natürlich immer mit einem gemeinen Lächeln, um glauben zu machen, dass es nur ‚Spaß' sei. Egal wie tüchtig, ordentlich und schnell ich arbeitete, egal wie schäbig oder angepasst meine Kleidung war und wie höflich ich war, man sagte mir jedes Mal, wie aufreizend angezogen und faul ich sein würde und zu nichts taugte. Ironischerweise erinnerte mich das schon damals irgendwie an die Cinderella-Story, die, wie bereits erwähnt, mein Lieblingsmärchen war. Nur statt der bösen Stiefschwestern hatte ich böse Arbeitskolleginnen!

Leider sieht die Realität nicht vor, dass ein Prinz auf einem edlen weißen Ross dahergeritten oder eine Fee angeflogen kommt, die alles übernehmen und uns retten! Wir müssen in unsere eigene Verantwortung kommen und merken, wer uns gut tut und wer uns nicht gut gesonnen ist. Das ist aber gar nicht so leicht, in einer Welt, in der wir erzogen werden, immer nur lieb und nett zu anderen zu sein. Nein, man muss lernen für sich einzustehen! Vielleicht kann man das nicht von heut auf morgen, aber man muss es Stück für Stück zu sich holen und leben. Du lebst für niemand anderen, außer für dich selbst. Sogar deine Kinder, wenn du welche hast, sind eigenständige Lebewesen und nach dem Aufwachsen für sich selbst verantwortlich. Manchmal verläuft es aber auch ganz anders...

Jedenfalls schlug mir das alles aufs Gemüt und ich wurde oft krank. Ich hatte oft eine Bronchitis, Erkältungen und immer wieder Magenprobleme. Das sind typische Symptome für jemanden, der sich der Situation nicht stellen möchte und gegen seinen Willen handelt. Einmal musste ich wegen Atemnot sogar ins Krankenhaus. Ich bin arbeiten gegangen, obwohl ich krank war und nichts wurde anerkannt – genau wie bei meiner Mutter. Ich habe so sehr um die Anerkennung der Kollegen gerungen, allerdings völlig umsonst. Man hatte mir nur immer wieder gesagt, dass ich wahrscheinlich bald wieder ‚krank feiern' würde, weil ich so faul bin. Ich konnte mich damals einfach nicht wehren... Ich konnte einfach nichts dazu sagen. Ich hatte einfach nie den Mut, den Mund aufzumachen. Jeden Abend habe ich geweint. Immer wieder war ich einfach sprachlos, wenn mir etwas Gemeines gesagt wurde. Ich hatte schließlich Angst zum Dienst zu gehen und bekam sogar Zitteranfälle am ganzen Körper, immer wenn ich beim Pförtner gesehen hatte, dass besagte Kolleginnen schon da waren. Ich wollte doch einfach nur nett sein und meine Arbeit machen. In jeder Frühstückspause wurde ich von den eigenen Kollegen geärgert und mit Lästern und Rassismus konfrontiert, mit allem, was ich so sehr hasste. Schon von klein auf an mochte ich Menschen unterschiedlichster Nationen und Religionen und sah niemals einen Unterschied zwischen ihnen und mir. Ich wusste, dass das Thema Rassismus nur ein Abgabeversuch der Eigenverantwortung war und zum größten Teil auf ein eifersüchtiges, grundloses Egoverhalten zurückzuführen ist. Aber mich hörte niemand dazu an. Keiner wollte meine Meinung hören, da ich, laut ihren Aussagen, noch so jung sei und keine Ahnung hätte und überhaupt viel zu blond für solche intelligenten Gespräche sei und der Lebenserfahrung von weit über vierzig- und fünfzigjährigen Kollegen und Kolleginnen gar nicht standhalten könnte. Meine Güte, war ich ein Opfer! Jeden Tag sah ich auf die Eintragungsliste und fing an zu zittern, wenn ich wieder las, dass die ‚Mobbing-Kolleginnen' wieder da waren...drei Jahre machte ich das mit und langsam lief mein Vertrag aus. Ich verstand einfach nicht, warum es war, wie es war. Heute ist alles glasklar...

Kapitel 6
2004 … mein Leben ändert sich

Es war Sommer und heiß draußen. Mein Arbeitsvertrag würde genau noch genau zwei Monate laufen. Ich wusste nicht, ob ich dann eine Verlängerung bekommen oder arbeitslos sein würde. Die Arbeitslosigkeit sah im Vergleich zu dem Job, in dem ich gemobbt wurde, recht verlockend aus!

Man hofft ja immer, dass alles anders wird, wenn man den Ort wechselt. Wie der Begriff ‚Neustart' schon sagt. Ein neuer Start, nach dem alles neu und anders ist, sozusagen. Aber da liegt man vollkommen falsch, denn unser Karma, das sich einfach nicht abschütteln lässt, und unsere Lebensaufgaben folgen uns überallhin…Sogar ins nächste Leben!

In der Erwachsenenbibliothek fühlte ich mich sehr wohl. Dort war es so, wie man es sich vorstellt. Man ging hin, um zu arbeiten, und half sich gegenseitig! Alle waren sehr lieb und nur das gab mir Hoffnung. Meine Abteilungsleiterin in der Erwachsenenbibliothek stand mir oft zur Seite und tröstete mich, wenn ich wegen der JuBi mal wieder weinte oder Angst hatte. Aber ganz gleich, wie viel Beistand ich bekam, es nützte nichts, denn ich war einfach schon ein Wrack! Mein Leben erschien mir damals wie die Hölle, obwohl die ganze Zeit über unsichtbare Engel an meiner Seite standen, denen ich später für diese wundervolle Erfahrung sehr dankbar war. Natürlich nahm ich sie in einem solchen schlechten seelischen Zustand überhaupt nicht wahr. Aber die Erfahrung, die nun folgte, hat aus mir das gemacht, was ich heute bin…

Ich bereitete gerade in der Jugendbibliothek, wie jedes Mal vor dem Dienst, den Verbuchungstresen vor. Ich hatte immer zig Dinge gleichzeitig zu erledigen, die man in neun Stunden am Tag einfach nicht schaffen konnte und lieferte trotzdem immer alles ordentlich und pünktlich ab. Diesmal musste ich an diesem Vormittag die Bücher einsortieren, den Verbuchungstresen vorbereiten, alle PCs anschmeißen, die Hilfskräfte einarbeiten und zuweisen, die uns beim Einstellen der Bücher halfen und ein Projekt für die Direktion fertig stellen und das alles in zwei bis drei Stunden. Langsam hatte ich mich daran gewöhnt. Schlimm waren für mich nur, wie erwähnt, die ständigen Beleidigungen und Sticheleien. Es war immer noch ein ständiger Kampf – ohne Aussicht auf Frieden. An diesem Tag hatte ich keine gute Laune. Ich war mit dem falschen Bein aufgestanden und das passierte mir äußerst selten. Normalerweise war ich trotz der einen oder anderen Tragödie in meinem Leben ein Mensch, der morgens immer mit einem Lächeln aufstand und sich auf den Tag und den Sonnenschein freute. Ich stand dort also allein am Tresen, um alles in Bewegung zu bringen. Natürlich kamen die Kolleginnen an solchen Tagen immer später, da sie ihrer Meinung nach ohnehin viel zu viel machten und ich zur Abwechslung auch mal etwas tun könnte…jeden Morgen – jeden Tag! Ich weiß noch, dass ich ein ganz komisches Gefühl hatte, ich spürte so viel Wut in mir. Das Gefühl stieg auf, sodass mir plötzlich alles ganz egal wurde. Ich stand also da, als Claudia B. – Mobbing-Anführerin ‚Number One'!! – ihren Auftritt hatte…

Claudia B.: „Guten Morgen. Wir müssen ja jetzt immer ‚Guten Morgen' sagen, sonst geht wieder jemand petzen." Und lachte mich, ohne mich eines Blickes zu würdigen, von der Seite herabwürdigend an. „Da wir hier jetzt außerdem immer fragen müssen, ob noch Hilfe gebraucht wird, bin ich hier. Also, schaffst du es zu arbeiten oder was? Ich hab noch einiges im Büro zu erledigen!"

Diese Regelung wurde damals eingeführt, da der Abteilungsleiterin auffiel, dass die ‚Gemütlichkeit' und ‚Unhöflichkeit' langsam zu offensichtlich wurden und die Möglichkeit bestand, dass es irgendwann die Direktion mitbekam.

Ich: „Es wäre ganz lieb, wenn du noch die paar Bücher einstellen könntest, dann könnte ich schnell die Dokumente für die Direktion fertigmachen und gleich hochbringen. Mit dem Tresen bin ich fast fertig!"

Sie verfiel in ein herabwürdigendes Lachen, als wenn ich ihr einen schlechten Witz erzählt hätte...

Claudia B.: „Ha, ich mach doch nicht deine Arbeit! Soweit kommt's noch! Damit du gar nichts mehr machen brauchst, was? Hättest du jetzt gesagt, ich könne noch was am Tresen fertigstellen, dann hätte ich vielleicht darüber nachgedacht, das zu tun, aber einstellen? Wofür hältst du mich? Das ist ja lächerlich – ich bin dann im Büro!" (Obwohl sogar die Abteilungschefin selbst regelmäßig beim Büchereinstellen mithalf und das jeder machen musste!)

Es hatte mir in diesem Augenblick einfach gereicht! Der letzte Tropfen im Fass brachte es nun zum überlaufen... All die Jahre Mobbing, seit meiner Kindheit, seit der Schule, die Freundschaften von Toni und nun seit drei Jahren auch noch die Kollegen – dies alles sollte an diesem Tag ein Ende haben...

Ich: „Halt deine Schnauze, Claudia!! Halt deine Klappe!!! Wenn du nicht vor hast mir zu helfen, dann frag nicht! Wir sind hier nicht bei ‚Wünsch dir was'! Wir sind hier auf der Arbeit und das scheinst du vergessen zu haben!"

Kurze Anmerkung: Wie gesagt, vor dem damaligen Tag hatte ich mir immer alles gefallen lassen und nie widersprochen, geschweige denn, für mich eingestanden! Weder dort noch sonst irgendwo. Und heute weiß ich, dass Aggressivität und Beleidigungen nichts im Leben ändern oder heilen, aber damals war es schon zu spät, eine andere Möglichkeit zu finden. Dazu sollte man es wirklich nicht kommen lassen! Man sollte seinen Ärger immer gleich klären, statt Angst zu haben und zu denken, denken, denken, dass es irgendwann vielleicht besser wird. Es wird nie besser, wenn man seinen Ärger nicht klärt. Es ändert sich nichts, wenn man selbst nichts ändert!

Claudia B.: „Sag mal, wie redest du eigentlich mit mir? Aber was erwartet man denn schon von jemandem wie dir? Hab Respekt vor mir! Du hast überhaupt kein Recht, so mit mir zu reden und überhaupt hast du keine Rechte!"

Sie war sichtlich geschockt, verließ aber nicht ihre übliche Bahn der Respektlosigkeit. Diese Frau hatte nie Respekt vor irgendjemandem! So wirkte sie jedenfalls, da ich nicht als Einzige unter ihr litt. Selbst meine Abteilungsleiterin hatte Angst vor ihr! Das muss man sich mal vorstellen! Und dennoch war es eine karmische Absprache, denn es gab auch vereinzelt Praktikanten und Kollegen, bei denen sie richtig nett war, sogar bei ausländischen Kollegen und das, obwohl sie ja ihren Standpunkt dazu offen gelegt hatte. Diese hatten dann wohl ihr Karma in Bezug auf das Thema Mobbing, bei Claudia B. schon in alten Leben geklärt!

Ich: „Ich rede mit dir, wie ich es will! Das machst du ja auch und ich habe keinen Respekt mehr vor dir! Vor jemandem wie dir kann man keinen Respekt haben! Alle hassen dich hier und haben Angst vor dir! Ist dir das eigentlich bewusst? Ach ja, und ich habe übrigens genau die gleichen Rechte wie du, ob es dir nun passt oder nicht!!"

Ich habe seitdem, nie wieder mit jemanden so geredet. Alles Angestaute kam nun auf einmal heraus. Heute weiß ich, dass es nix bringt, seinen Ärger an anderen Menschen raus zu lassen. Man muss ihn schon selbst heilen. Man kann seinem Gegenüber dennoch seinen Standpunkt nett näher bringen.

So langsam sah ich pure Wut in ihr aufsteigen und die Kollegen näherten sich aus den Ecken. Sie wunderten sich alle darüber, was los war, da ich inbrünstig auf Claudia einschrie und sie zurück auf mich. Allerdings hielten sie einen großen Sicherheitsabstand. Keiner hatte sich jemals getraut, Claudia die Meinung zu sagen, da ihr Verhalten und ihre Art immer mit ihrem Alter entschuldigt wurden und eben alle Angst vor ihr hatten!

Claudia B.: „Das glaub ich aber nicht! Komm du erst mal in mein Alter! Vorher hast du sowieso nichts zu sagen!"

Siehst du, lieber Leser, hier wurde mal wieder das Alter angesprochen. Das versuchen viele, um zu rechtfertigen, warum sie denken, sie hätten mehr Wissen, als du oder das Recht, dich schlecht zu behandeln. Heute weiß ich, dass jeder Mensch von Geburt an bis zum Tod Lehrer und gleichzeitig Schüler ist! Lebenserfahrung lässt sich nicht in Jahren messen, sondern an Erfahrungen im Leben ...aber lies weiter, was ich wie aus der Pistole geschossen antwortete:

Ich: „Wir sind gleichwertige Kolleginnen. Wir haben den gleichen Job und du bist nicht meine Chefin! Im Gegensatz zu dir, habe ich außerdem eine abgeschlossene Ausbildung und ich habe damit viel mehr Ahnung als du! Ach ja, und da du seit Jahren immer auf das ‚Alter' anspielst: Da hast du Recht, da unterscheiden wir uns wirklich in einer Sache: du hast mehr Falten am Hintern und im Gesicht als ich und mehr nicht!"

Sie war verständlicherweise völlig außer sich! Nie in ihrem Leben wurde so mit ihr geredet – Nie in meinem Leben, hatte ich so mit jemandem geredet. Ich wurde erzogen, immer höflich zu sein und Älteren nicht zu widersprechen. Aber zehn Jahre

Schulmobbing und drei Jahre auf der Arbeit waren einfach zu viel! In diesem Moment war mir alles egal! Es war mir egal, was die anderen sagen würden, ob ich diese Person gerade verletzte und ob ich rausgeschmissen und damit arbeitslos werden würde. Dies alles war mir in dem Moment egal!

Und es war der Moment, in dem ich mit dem Thema ‚Selbstliebe' begann. Ich dachte nun an mich und stand für mich ein. Heute mache ich das natürlich freundlicher und sofort, nicht erst nach Jahren, wenn plötzlich alles herausplatzt und ich damit jemanden verletzen könnte. Grenzen zu setzen geht nicht nur über Gewalt. Das ist eine Energie, die einem selber noch im Prozess schadet. Grenzen kann man zuerst durch innere Klarheit und dann dargebrachte Klarheit für sein Gegenüber setzen.

Sie war völlig überfordert und fing an zu stottern…

Claudia B.: „Du..– Du..– Du bist einfach eine missratene Göre – Kkkein Anstand – unhöflich und einfach nur faul und schlecht! Ich habe es immer gewusst!"

Mittlerweile war ich schon ruhiger.

Ich: „Ja, und? Wen interessiert's?", fragte ich jetzt schon fast gelassen, was sie nur noch rasender machte. „Halt lieber dein Maul, da kommt eh nur Schwachsinn raus!!! Ich werde mir nie wieder etwas von dir sagen lassen, nur damit du es weißt!!"

Auftritt einer weiteren Kollegin: Brigitte D. (Sie war immer lieb zu mir, hatte sich aber, so gut es ging, immer aus allem rausgehalten.)

Brigitte D.: „Was ist denn hier los? Die Einsteller haben gesagt, dass ihr euch gleich an die Gurgel geht!"

Claudia B.: „Diese Person hat mich beleidigt und es wird Zeit, dass ihr endlich mal Manieren beigebracht werden, wo sie sonst nichts kann!“

Ich: „Sag mal, Brigitte, hörst du das auch? Ich höre die ganze Zeit nur ‚Purk Puck Pörck Puck Puck‘“ (Nachahmung eines Huhns)

Brigitte D.: „Aber Sabrina, so kannst du doch nicht …“

Ich unterbrach auch sie sofort…

Ich: „Doch, genauso das kann ich! Sie macht das seit Jahren mit mir und allen anderen. Sie beleidigt und schikaniert alles und jeden und bekommt endlich zurück, was sie verdient!“

Da war sie erst einmal ruhig. Ich war wieder total wütend, legte die Unterlagen für die Direktion auf den Tresen und ging in den Nebenraum zum Pult, um mich zu beruhigen. Claudia B. folgte mir. Sie versuchte von einem hysterischen Moment zum anderen plötzlich professionell zu klingen…

Claudia B.: „Sabrina, deine Arbeit ist drüben noch nicht fertig!“, sagte sie zickig und versuchte dazu auch noch gelassen zu klingen. „Da liegen noch Unterlagen auf dem Tresen und wir öffnen gleich!“

Ich: „Wow, toll Claudia! Dann weißt du ja, was du zu tun hast! Beweg deinen Hintern und räum es weg und labere mich nicht von der Seite an!“

Du kannst mir glauben, im Nachhinein habe ich mich wirklich gewundert, was ich für Ausdrücke kannte und wie ich mich doch tatsächlich verhalten konnte, wenn mir der Kragen platzte. Ich hätte das nie für möglich gehalten! Wobei ich in Bezug auf

Heute, oder sogar gleich nach dieser Erfahrung, von mir sagen kann, dass sich eine solche Umgangsform gar nicht erst bei mir breit machte oder wiederholte. Aber so ist es im Leben.

Auch wenn wir es manchmal nicht glauben oder wahrhaben mögen, es stecken immer beide Seiten in uns:

Das Gute – Das Böse
Das Nette – Das Unhöfliche
Das Hübsche – Das Hässliche
Das Fleißige – Das Faule
Etc.

Und erst wenn wir beide Seiten in uns akzeptiert und kennengelernt haben, diese zulassen und vielleicht sogar lieben, eventuell auch ausleben, bekämpfen wir die Illusion der Dualität. Die Verdrängung ist oft der Grund für viele Krankheiten. Wir unterdrücken uns dann nur selbst. Das bedeutet aber nicht, dass ein ‚Amoklauf' gerechtfertigt ist, sondern dass ein solcher vorher zu verhindern ist, indem man seinem Inneren stets Gehör schenkt. Wenn ich vom ‚Ausleben' spreche, meine ich zum Beispiel, dass wir anderen Menschen sagen dürfen, dass sie uns ungerecht behandelt haben, auch wenn sie es als unhöflich empfinden, dass wir es so wahrnehmen und aussprechen. Wir dürfen uns auch mal ausruhen, ‚faulenzen' und auch ungeschminkt auf die Straße treten, wenn uns danach ist. Das Resultat, wenn wir beide Seiten in uns anerkennen und bewusst wahrnehmen oder sogar ausleben, sind Authentizität und innerer Frieden. Außerdem finden wir dadurch heraus, wer wir eigentlich sind. Leben wir in Authentizität, können wir in Liebe mitteilen, was uns stört, und müssen nicht unkontrolliert ausbrechen, wie ich es auf dem Arbeitsplatz erlebte. Wenn wir das nicht machen, dann drückt unser Körper aus, was wir unterdrücken!*

Bei mir waren es damals:

Migräne: Ich hatte mir immer einen Kopf darüber gemacht, wo der Fehler bei mir lag, statt zu mir selbst zu stehen, zu handeln und es endlich anzusprechen...

Erkältung: Ich hatte die Nase voll, meine Wut steckte in meinem Hals fest, und anstatt meine Gefühle anzuerkennen und für mich einzustehen, schluckte ich alles herunter, in den ...

Magen: wo sich alles angesammelt hatte und mir Schmerzen bescherte!

Und zu guter Letzt: Jeder von uns hat ein Fass in seinem Inneren und früher oder später, wenn wir nicht daran arbeiten, ist es voll, ob wir wollen oder nicht! Und an meinem Beispiel siehst du, was dann dabei herauskommen kann...das ist nicht immer schön, kann ich dir sagen!

Claudia B.: „Ich werde dieses Gespräch der Chefin melden! Du wirst nicht ungestraft davonkommen!“

Ich: „Suuuper!“, sagte ich mit einem fröhlichen Lächeln auf meinen Lippen. „Dann brauch ICH das ja nicht mehr machen! Ich bin mir sogar sicher, dass du diesmal die Wahrheit sagen wirst!! Und jetzt verschwinde nach oben, du bist hier unten keine Hilfe! Hier wird gearbeitet!“

Sie atmete noch einmal aus Empörung durch die Nasenlöcher tief ein und verschwand! Aus den Ecken kamen dann die Kollegen. Eine verbeugte sich sogar vor mir und meinte, wie toll sie es fand, dass ich mich allein dem ‚Drachen‘ gestellt hatte! War mein Handeln nun naiv oder voll Gottvertrauen? Ich bekam später die Antwort. In dem Moment ging es mir jedenfalls das erste Mal nach Jahren endlich wieder richtig gut: seelisch und körperlich! Jegliche Last, die ich über Jahre in mir und auf meinen Schultern trug, war wie weggesprengt. Ich war in dem Moment frei, oder besser gesagt, frei von meiner Angst, nicht perfekt zu sein.

Etwa eine Stunde später kam meine Abteilungsleiterin zu ihrem Dienst. Ich begrüßte sie mit einem freundlichen Lächeln und einem: „Guten Morgen, Katrin!“

Katrin G.: „Guten Morgen. Sag mal stimmt das, was Claudia gesagt hat?“

Ich: „Wenn sie über unser intensives Gespräch heute Morgen geredet hat – was ich mal annehme –, dann sicherlich ja!“

Katrin G.: „Aber Sabrina, du kannst doch nicht …“

Schon wieder dieses ‚Was ich kann und was nicht!‘

Ich: „Stopp! Und ob ich kann! Diese Frau hat mich drei Jahre lang gemobbt, schikaniert und terrorisiert, beleidigt und gedemütigt und keiner von euch hat den Mund aufgemacht! Ihr alle habt es zugelassen und jetzt habe ich ihr all das zurück gegeben, was sie mir antat. Du hast alles mitbekommen und nie etwas gesagt! Damit bist du nicht besser als sie! Hast du dazu noch etwas zu sagen? Denn sonst interessiert es mich nicht! … Nicht mehr!“

Sie war absolut geschockt und überlegte, denn auch sie kannte mich nur als ruhiges, liebes, nie widersprechendes Mädchen.

Katrin G.: „Ja, ich habe etwas zu sagen… es tut mir leid!“

Ich: „OK. Ich hab hier noch einiges zu tun, sonst noch was?“

Katrin G.: „Nein.“

Und auch sie ging.
Am gleichen Tag ging ich noch zum Personalrat und warnte ihn vor, dass ich sehr beleidigend war, aber es dafür einen Grund gab. Das soll nicht heißen, dass Beleidigungen OK sind, wenn man einen Grund hat! Ich erklärte dem Personalrat, was mir in den vorherigen drei Jahren passiert war und warum ich mich nicht mehr unter Kontrolle hatte. Ich traute mich endlich über alles zu reden und wollte direkt zur Direktion. Kurze Zeit später bekam ich einen Termin bei unserer Direktorin. Sie war ebenfalls schockiert, was für Zustände in der JuBi herrschten und sagte, dass sie es sehr mutig von mir fand, dass ich mich getraut hatte, etwas zu sagen. Sie sagte ebenfalls, dass ich nicht der erste Fall sei. Ich war erbost und sagte vorwurfsvoll, dass dann endlich mal was unternommen werden sollte!! Natürlich redeten die Kolleginnen in der JuBi deswegen erst einmal kein Wort mehr mit mir. Eine kurzweilige Kollegin Elke H. stand mir als Einzige zur Seite. Sie redete mit allen und machte ihnen klar, dass sie die Schuld bei sich selbst suchen müssten und sie den genauen Grund kannten, warum es so weit kam. Die JuBi-Kollegen redeten noch von ‚Abteilungs-Zusammenhalt‘. Nach einer Weile beruhigten sie sich und sprachen wieder mit mir. Frau Claudia B. wurde zur Direktion gerufen. Es gab für sie keine Konsequenzen, da sie ohnehin einige Tage später in Rente ging. Natürlich redete sie seit der Auseinandersetzung nie wieder ein Wort mit mir.
Kurz vor Ende meines Vertrages bekam ich die Nachricht, dass ich eine unbefristete Halbtagsstelle in der Erwachsenenbibliothek, wo ich mich damals so wohl fühlte, haben könnte. Ich nahm das Angebot gerne an, war allerdings sehr verwundert. Wer würde denn schon jemanden unbefristet einstellen, der vor kurzem noch Probleme gemacht hatte?
Ein Monat nach Beginn meines neuen Arbeitsvertrages wollte mich die Direktorin sehen. Ich war mit der Ausbildung

mittlerweile sechs Jahre in dem Betrieb und bekam eine Urkunde. Anscheinend war das typisch für den Öffentlichen Dienst! Wer bekam denn sonst schon eine Urkunde fürs Arbeiten? Nun saß ich also vor der Frau Direktorin. Sie fragte mich als erstes, ob ich verliebt wäre, da ich so glücklich aussah. Ich sagte ihr, dass das daran liegen würde, dass ich nicht mehr in der JuBi arbeitete und daher so unglaublich glücklich war! Außerdem fragte ich, weshalb ich einen Vertrag bekam, trotz dem ich doch die JuBi ‚angeschwärzt' hatte. Sie meinte, dass man Mobbing nicht unterstützen dürfte und ich für meinen Mut belohnt wurde. Sie sagte, dass sie über die Fehlzeiten verwundert war, aber es damit einen Sinn ergab und sie keinen Grund sah, mir diese Stelle nicht zu geben, da die Erwachsenenbibliothek sehr begeistert von mir war.

Ja, so geschieht es im Leben. Die Angst hindert einen immer nur am richtigen Leben! Stellt man sich ihr, wird man belohnt, wird sie Teil des Lebens, wird man bestraft! Später fand ich heraus, welche karmische Absprache zwischen der Seele von Claudia B. und meiner getroffen wurde. Es war auf seelischer Ebene ganz anders, als ich dachte, und so ist es eigentlich immer im Leben. Ich hatte ihre Seele um Folgendes gebeten:

Sabrinas Seele: „Bitte, liebe Seele von Claudia B., trieze mich bei unseren Begegnungen in diesem Leben so sehr, dass ich endlich lerne Grenzen zu setzen. Ich musste das sehr früh lernen, damit ich es auf den Rest meines Lebens anwenden kann und mir weder vorher das Leben nehme, noch mein Körper durch den seelischen Druck vor die Hunde geht, so wie in meinen unzähligen vorherigen Leben!"

Sie hat mir damit sozusagen das Leben gerettet. Ihre Seele hatte dadurch für alles, was sie mir angetan hatte, unglaublich viel Karma auf sich genommen, sie hatte erkannt, dass damit wieder ein Licht mehr auf der Erde angehen würde, und mir diesen

Gefallen getan.

Ihre Seele hatte sich diesmal inkarniert, um folgende Lernaufgabe zu erledigen: Sie konnte sich nicht vorstellen, dass, wenn sie ihre Meinung sagt und einfach so ist, wie sie ist, das andere Menschen verletzten könnte! So haben sich viele Seelen, die nie gelernt hatten, an sich zu glauben und Grenzen zu setzen, bei ihr angemeldet, ihr zu begegnen und dies zu lernen.

Sie sagte als Seele: „Ach du meine Güte, das wird kein Zuckerschlecken, denn wir sind uns ähnlicher, als wir denken werden. Und wie ich dir, Lichtwesen, weh tun könnte, weiß ich auch noch nicht. Bitte bedenke nach deiner Inkarnation, was ich hier für dich tue. Ich mache das aus Liebe, aber das wirst du vergessen und mich erst einmal verfluchen! Ich muss wirklich böse sein, weil du es schnell lernen möchtest. Wofür brauchst du das?“

Sabrinas Seele: „Ich habe gemerkt, dass man einfach nicht glücklich werden kann, wenn man immer nur an andere denkt, keine Grenzen setzt und sich alles gefallen lässt. Das blockiert mich und ich wünsche mir so sehr glücklich zu sein. Bisher habe ich immer im Außen das Glück gesucht, aber ich verstehe, dass Glück eine Tat ist! Mit allem, was man tut oder nicht tut, macht man sich glücklich oder unglücklich, sogar wenn man sich nur ‚Gedanken macht‘. Es liegt in meiner Verantwortung, die Dinge zu ändern, wenn mir etwas nicht passt. Das möchte ich unbedingt lernen!“

Claudias Seele: „Na gut, dann finden wir gemeinsam heraus, was ich tun kann, um dich für den Rest deines Lebens von dieser Last zu befreien: von deinem niederen Selbstwertgefühl und den Menschen, die du in dein Leben ziehst und die deine Grenzen überschreiten!“

Sabrinas Seele: „Vielen, vielen Dank!!!“

Dann erzählte ich ihrer Seele von all meinem Schmerz, Karma und noch offenen Wunden: mangelndes Selbstwertgefühl und wenig Anerkennung, das Gefühl der Unsichtbarkeit, das Gefühl, dass ich meine Grenzen nicht kenne und die seelischen Verletzungen dadurch, dass jemand auf schlimme Weise diese Grenzen überschreiten kann. Nur durch diese schlimmen Dinge, wenn sie diese in mir hoch holen wird, kann ich es endlich lernen! Dafür würde ich als Dankeschön einen Teil ihres Karmas auflösen und ins Licht senden. .

Sabrinas Seele: „Falls es aber mit dir nicht klappen sollte, liebe Seele Claudia B., und ich meine Lektionen durch dich nicht lerne, muss ich jetzt mal weiter schauen, dass ich noch andere Seelen finde, die mir das auf eine noch schlimmere Art und Weise beibringen!“

Das legten wir alles in einem Seelenvertrag* fest und ich habe es dadurch geschafft!

Liebe Claudia B.,
ich danke dir von Herzen, als Seele und als Mensch! Denn dank dir bin ich seitdem nur noch einem Menschen begegnet, der mich behandeln wollte, wie du es einst getan hast. Es war wie ein letzter Test! Aber bei dir hatte ich meine große Prüfung bestanden und lernte all das, was wir vereinbarten! Seitdem gab es niemanden mehr, der mich zu mobben versuchte, gemein zu mir war, meine Grenzen derart überschreiten wollte oder mich beleidigte. Und wenn es doch mal vorkam, wusste ich nun, was zu tun war: sachlich eine Grenze setzen und meinen Wert klar darlegen. Gott segne Dich!!

Ich hatte endlich ein bisschen Gottvertrauen und stand zu mir!

Danach kam nur noch ein Mensch in mein Leben, der versucht hatte, mich genauso zu unterdrücken, wie damals Claudia oder meine Mitschüler.
Kurz nach der ganzen Sache mit Claudia B. wollte mich eine sehr große Telefongesellschaft verklagen. Man erzählte mir etwas von einem Vertrag, den ich aber nie dort abgeschlossen hatte. Nur wie sollte ich das gegenüber einer großen bekannten Telefongesellschaft beweisen? Ich war damals wirklich verzweifelt und wieder kam ein rettender Engel zur Hilfe: Mona! Ich kannte sie damals kaum. Sie arbeitete mit mir in der Erwachsenenabteilung der Bibliothek und kannte mich stets nur gut gelaunt. Als ich aber damals die Nachricht der Telefongesellschaft las, wonach diese eintausend Euro von mir einforderte, die ich nicht hatte, war ich tagelang tieftraurig. „Was ist denn los mit dir?“, fragte sie mich eines Tages. Ich erzählte ihr davon und, ohne zu zögern, bot sie mir an, mir das Geld zu leihen. Ich nahm sie beiseite und sagte: „Bist du verrückt? Du kennst mich doch gar nicht und willst mir das Geld leihen? Ich könnte das nie annehmen!“ Sie antwortete: „Das stimmt, wir kennen uns kaum, aber du hast so eine liebe Art an dir und ich habe das Gefühl, dass du ein sehr ehrlicher Mensch bist! Du wirst mir das Geld sicher irgendwann zurückzahlen und, guck mal, ich habe es und du brauchst es, weil dir sonst deine Sachen gepfändet werden! Und wenn ich es doch nicht zurückbekomme, egal, es ist nur Geld!“ Ich stand sprachlos vor ihr und musste erst einmal nach Luft schnappen, bevor ich ihr antwortete: „Das ist unglaublich nett von dir! Aber du solltest aufpassen! Nicht, dass man dich ausnutzt, meine Liebe! Ich werde dein Geld nicht nehmen, bin dir aber für dein Angebot absolut dankbar und weißt du was?“ – „Was?“, fragte sie mich. – „Ich drehe den Spieß jetzt um und verklage die! Ich nehme mir einen Anwalt und werde gewinnen. Ich weiß zwar noch nicht wie, aber die bekommen keinen Cent von mir!“ Sie lächelte und sagte: „Viel Glück, aber falls du das Geld doch brauchen solltest, bin ich gerne für dich da!“

Danach recherchierte ich, was das Zeug hielt. Ich spielte von klein auf mit dem Gedanken, später vielleicht einmal Anwältin zu werden, um mich für andere einzusetzen, daher machte es mir zudem noch Spaß! Mona hatte mir mit ihrem Angebot so viel Mut gemacht, dass ich Vertrauen fasste und nun einen großen Ansporn hatte. Ich rief einen Anwalt an und er bestätigte mir am Telefon, wovor ich Angst hatte: Ich hatte keine Chance! Ich legte auf, hatte aber kurz danach das Gefühl, dass dieser mir einfach nicht glaubte und ich einen anderen finden müsste. Ich fand gleich danach eine Anwältin, rief sie an und wurde von ihr in ihre Kanzlei eingeladen. Sie glaubte mir und ließ mich eine polizeiliche Anzeige gegen die besagte Telefongesellschaft machen. Daraufhin erklärte mir die Polizei, dass schon zig Fälle dieses Unternehmens wegen Betruges vorliegen würden. Ich hatte nun mehr Selbstvertrauen und ich gewann den Fall! Die Gesellschaft musste sogar meine Anwaltskosten zahlen und entschuldigte sich bei mir!

Und was sagt uns das? Halte dich an Menschen, die an dich glauben und glaube an dich selbst, auch wenn die Chancen nur sehr klein sind! Dann schaffst du alles! Danke, Mona und danke, liebe Anwältin!

Kapitel 7
Juni 2004... wie das Schicksal so spielte und damit alles einen Sinn ergab

„Hast du die geschenkt bekommen oder woher hast du die?“, fragte ich Amira überglücklich. Es war der 6. Juni 2004 und damit mein zweiundzwanzigster Geburtstag. Es war gerade kurz nach Mitternacht und meine Freunde übergaben mir die Geschenke. Ich feierte in einem kleinen Lokal in meinen Geburtstag hinein und wollte unbedingt meine Liebsten um mich herum haben. Amira übergab mir einen DIN A5 großen Umschlag, in dem sich jede Menge Eintrittskarten befanden. „Das erzähle ich dir ein anderes Mal – jetzt freu dich erst einmal darüber!“, sagte sie. Es waren zwei Eintrittskarten für die Tanzshow eines Modern Dance Tanzpaares in Berlin: ‚Christina und Serano Banudis‘. Ihre Show hieß: ‚The Living Flower‘. Außerdem waren noch jede Menge Karten für den Vorraumverkauf für Tanzutensilien etc. drin. Ich war total überwältigt. Ich hatte schon von diesem außergewöhnlichen Tanzpaar gehört, aber was und wie sie tanzten, wusste ich nicht. Einmal war ich Serano sogar persönlich begegnet. Ich schlenderte mit Amira über eine Tanzmesse, als ich an einem Stand hängen blieb, der sehr schöne Kostüme zum Verkauf anbot. Ich steuerte geradewegs darauf zu und berührte eines der Kleider sanft mit meinen Fingerspitzen. Es war ein wunderschönes dunkelblaues Tanzkleid. Dieses glitzerte in allen Regenbogenfarben und war über und über mit Pailletten bestickt und machte das Kostüm als Ganzes nicht nur zu einem wunderschönem Einzelstück, sondern auch noch zu einem unglaublich schweren! So kam es, dass sich dieses Kleid durch meine leichte Berührung mit den Fingerkuppen sofort verselbstständigte und in Richtung Boden zusteuerte. In Zeitlupe, wie man es sich bei einem Film vorstellen würde, sah ich mich mit einem entsetzten Gesichtsausdruck auf den Boden schmeißen, um es vielleicht noch zu retten. Nun ja, eigentlich hatte ich mich nur hingehockt, doch liebte ich schon immer die Dramatik und erzählte die Geschichte gerne so. Auf jeden Fall bekam ich es an einzelnen Zipfeln gerade noch zu fassen, was das Ganze verschlimmerte, da geschmückte Kleidungsstücke es gar nicht mögen, nur an Fäden festgehalten zu werden. Sofort entstehen Schäden, um es den Zerstörer in Ewigkeit büßen zu lassen! Natürlich wurde ich zu allem Überfluss im gleichen Moment vom Standbesitzer angesteuert und von seinen tiefen braunen Augen ohne Worte zur Schnecke gemacht. Wenn Blicke töten könnten, hätte es sicherlich viele Tote um diesen Stand herum gegeben. „Ich mach das!“, sagte er in einem südamerikanischen Akzent mit durchbohrender Stimme. „Oh, äh, entschuldige...ich meine natürlich: entschuldigen Sie!“, stotterte ich ihm entgegen und hoffte nur, dass er sich mein Gesicht nicht merken würde. Ich vertrete nämlich die Meinung, dass man sich immer zweimal trifft und diese Begegnung würde mir sicher nicht zu Gute kommen! „Ich kann auch helfen, hm, nun ja, tut mir leid!“, und von ihm kam einfach nur ein „Nein, ich mach!“, mit einer Handgeste, die bedeuten sollte, ich solle mich am besten gleich vom Acker machen, wenn ich nicht zerfleischt werden wollte. „OK, dann sorry noch mal und, ähm, schönen Tag noch!“ Ich wusste, wie rot ich im Gesicht plötzlich ausgesehen haben musste, stand auf und ging zu Amira. Serano kniete noch am Boden und grummelte etwas Unverständliches in meine Richtung. Mann, war das peinlich! Und ich wusste damals natürlich noch nicht, welcher besonderen Seele ich gerade begegnet war, die mein komplettes Leben verändern würde...

Aber zurück zu meinem Geburtstag: „Du kommst natürlich mit – das ist dir ja wohl klar!“, sagte ich zu Amira, nach dem ersten Erstaunen über diese tollen Tickets und einer langen Umarmung. „Sorry, Süße, aber da bin ich mit meiner Mom und meiner Schwester auf Gran Canaria. Du wirst bestimmt jemanden finden, der mit dir dahin geht.“ Ich machte mein

Schmollgesicht und sie erzählte weiter: „Ich find das auch richtig schade – aber du kannst mir dann ja erzählen, wie es war." ‚Na toll!', dachte ich in dem Moment. Ich teilte eben schon immer gerne alles Tänzerische mit ihr. Sie hatte mich ja erst zum Tanz gebracht! Amira tanzte schon seit ihrer Kindheit und ich sah ihr zu Hause immer gerne dabei zu. Sie und ich schauten uns immer als Kinder die uralten orientalischen und Bollywood-Tanzfilme an. Am liebsten tanzten wir den Orientalischen Tanz! Irgendwann forderte sie mich mal auf, einfach loszutanzen. Nach einem wiederholten ‚Nein' meinerseits, traute ich mich dann doch und sie war davon völlig überwältigt. Ich hatte ja davor immer gedacht, dass ich nicht tanzen könnte, weil ich Deutsche bin. Jemand erzählte mir einst, dass Deutsche kein Taktgefühl besäßen und nicht tanzen könnten. Doch dort zeigte sich mal wieder der Beweis für die Reinkarnationstheorie: Ich konnte wellenförmige Bewegungen und Bauchwellen, die ich nie erlernt hatte, ganz zu schweigen davon, dass ich von klein auf die orientalische Musik liebte! Amira nahm mich gleich darauf mit in die Tanzschule und es war um mich geschehen!

Doch konnte sie bei der Show leider nicht dabei sein und erzählte weiter: „Ich habe die beiden auch noch nicht tanzen sehen. Alle Welt redet immer von ihnen – naja, du kannst mir dann ja einen ausführlichen Bericht erstatten.", erklärte sie und zwinkerte mir zu. Ich legte die Karten erst einmal auf einen kleinen Tisch direkt hinter mir, wo alle Geschenke aufgebahrt waren, und wusste in diesem Moment noch nicht, was ich in Wirklichkeit für einen Schatz geschenkt bekommen hatte! Würde diese Szene verfilmt werden, würden die Karten nach dem Hinlegen kurz golden aufblitzen und ein nebelig-weißer, gespentischer Schatten würde dahinter vorbeiflitzen.

Meine Geschenke waren allesamt wundervoll an diesem Geburtstag.

Ich habe oft im Leben die Erfahrung gemacht, dass man dann wunderschöne Geschenke bekam oder großartige Erlebnisse und Erfahrungen durchlebte, wenn man keine Erwartungen hatte! Heute weiß ich, dass es nichts anderes ist, als einfach Gottvertrauen zu haben. Es ist in dieser Welt des Massendenkens nicht sonderlich einfach, jedoch schaffe ich es, wie jeder einzelne Mensch, es doch ab und zu rein intuitiv geschehen zu lassen. Es ist jedes Mal wie ein Wunder, doch wird es erst zu einem, wenn man genauer hinsieht – wie das Leben selbst ein Wunder ist.

Es sind einige Tage vergangen und ich konnte nicht mehr warten: „Nun erzähl schon! Wie bist du an die Karten gekommen? Schließlich haben sie einen Wert von über hundert Euro. Die verschenkt man doch nicht einfach so!?“, fragte ich Amira und wollte endlich eine Antwort. Wir saßen gerade bei ihr zu Hause und waren ungestört. Ihr damaliger Mann saß im Arbeitszimmer und wir konnten wie immer unser stundenlanges Quatschen genießen, da er selten seinen PC-Tempel verließ. „Das ist eine ganz interessante Geschichte!“, fing Amira an. „Meine Schwester arbeitet, wie du weißt, am Flughafen Tegel beim Check-in. Christina und Serano standen eines schönen Tages genau dann, als sie Dienst hatte, an ihrem Schalter und wollten bei ihr einchecken. Du kennst meine Schwester. Sie hat keine Ahnung von der Tanzszene, noch kennt sie irgendjemanden außer uns beiden, die tanzen. Sie hatte die beiden aber sofort erkannt und gefragt, ob sie nicht dieses bekannte Modern Dance Tanzpaar seien.“ Ich legte meine Stirn erstaunt in Falten und Amira fuhr fort: „Ja genau, meine Schwester Britney! Sie muss die beiden in irgendeiner Zeitschrift abgebildet gesehen haben, die bei mir aufgeschlagen lag. Auf jeden Fall hatte Christina ihr dann zustimmend geantwortet und sie gefragt, ob sie auch tanzt. In ihrer lustigen lockeren Art hat Britney ihnen dann gebeichtet, dass sie mit Tanzen überhaupt nichts anzufangen weiß, aber dass ich schon seit Jahren den orientalischen Tanz und ein bisschen Modern

Dance praktiziere. Christina erkundigte sich nach meinem Namen und sagte, nachdem Britney ihn ihr genannte hatte, dass sie mich wohl kenne.“ Über meine Lippen kam in diesem Moment nur ein Geräusch, das sich wie „Boah!“ anhörte. „Die beiden hatten total viel Übergepäck, was ja eigentlich richtig teuer war, und Britney hatte einen ihrer ‚Gute-Tat-Tag-Flashs‘ und hatte ihnen alles erlassen! Das wären ein paar Hundert Euro gewesen, musst du dir vorstellen! Die beiden waren natürlich total verblüfft und dankbar und fragten nach unserer Adresse. Sie wollten uns ein kleines Dankeschön per Post zukommen lassen und da Britney sich überhaupt nicht für Tanz interessiert und außerdem mit mir und Mama zu der Zeit auf Gran Canaria sein wird, sind die Karten jetzt dein! Herzlichen Glückwunsch! Also kann man eigentlich sagen, dass du sie Britney zu verdanken hast.“

„Meine Güte … was für ein Zufall!“, sagte ich und war einfach nur erstaunt. „Wer weiß, wofür das noch gut ist!?“ Das war alles schon sehr merkwürdig auffällig. Hatte ich schon erwähnt, dass ich damals noch an Zufälle glaubte? Die gibt es nämlich in Wirklichkeit gar nicht! Heute ist mir das Wort ‚Zufall‘ völlig fremd geworden, aber man fing ja irgendwann mal an…. meistens mit ‚zufälligen Schicksalswendungen‘.

Die Veranstaltung sollte wenige Tage später stattfinden. Die Vorführung war im Juni 2004 – ein Samstag – genau zwei Wochen nach meinem Geburtstag. Ich war schon ein wenig aufgeregt, aber nicht übermäßig. Bis dahin hatte ich mit Amira schon einige Tanzveranstaltungen gesehen, die alle nicht besonders aufregend waren. Erst später würde auch der Orientalische Tanz, in dem ich bereits Unterrichtsstunden nahm, einen sehr wichtigeren Stellenwert in meinem Leben einnehmen. Zu diesem Zeitpunkt war ich noch nicht ganz Feuer und Flamme und schaute mir erst einmal den Modern Dance an.

Ich hatte das Gefühl – wie soll ich es sagen –, ich fühlte mich sehr durcheinander, dass ich anscheinend Talent zum Tanzen besaß,... obwohl ich Deutsche war! Heute weiß ich, dass es völlig egal ist, in welcher Nation man geboren ist, da wir unsere Seelen-Talente nie vergessen oder verlieren und damit unsere Erinnerungen an die alten Leben; in denen man zum Beispiel eine Tänzerin gewesen war. Etwas, das unsere Leidenschaft ausmacht und uns glücklich macht, ist unauflösbar in unserer Seele gespeichert. Es spielt dabei keine Rolle, welchen Körper wir wählen!

Ich mochte Schulsport oder andere typische Sportarten nie. Aber das Tanzen liebte ich von Anfang an und hatte damit endlich einen Sport für mich gefunden, der mir Spaß machte, meinen Körper fit hielt und so viele Überraschungen für mich in der Zukunft bereit hielt.

Wie gesagt, war ich erst einmal eher am Lernen interessiert und an den Facetten vom Tanzen allgemein. Daher kam auch mein plötzliches Interesse an Modern Dance. Ich war verwirrt, als mich schon wenige Jahre später eine Freundin und ehemalige Arbeitskollegin Elke fragte, ob ich nicht Tanz unterrichten wolle. ‚Ich und Unterrichten und das so schnell? Nun gut – es hatte mir Spaß gemacht, anderen nach dem Unterricht die Bewegungen zu erklären und es fiel mir sichtlich leicht…‘, dachte ich damals, aber unterrichten? Von vielen hörte ich dann immer wieder den Satz: „Seit Jahren versuche ich diese Bewegung zu erlernen. Nie habe ich sie verstanden und du erklärst es mir einmal und ich kann sie endlich! Du solltest Tanzlehrerin werden!“ Wow, das war natürlich ein tolles Gefühl, aber wirklich bereit war ich damals noch nicht. Ich wollte noch mehr lernen und hatte das Gefühl, dass ich einfach noch zu wenig wusste und selbst noch nicht genug gelernt hatte. Lange Zeit habe ich überlegt, ob es ein Fehler war. Aber das war es definitiv nicht! Heute weiß ich, dass ich für das Unterrichten damals noch nicht bereit war, denn die Entscheidung zu warten,

resultierte aus meinem Gefühl heraus!
Gefühle sind unsere Verbindung zu Gott und wir sollten wieder lernen auf sie zu hören und Gottvertrauen zu haben.

Sicherlich spielte mein damaliges geringes Selbstwertgefühl eine Rolle, aber wenn ich jetzt zurückblicke, war es nur eine sehr kleine Rolle und nicht wirklich ausschlaggebend.

Das Gefühl (göttlichen Ursprungs) ist immer stärker als das Ego (menschlichen Ursprungs).

Anfang 2004 rief mich plötzlich meine damalige Tanzlehrerin und Studiobesitzerin eine halbe Stunde vor Unterrichtsbeginn an und fragte, ob ich Amiras damaligen Kurs vertreten könnte. Ich saß gerade in der U-Bahn und hatte meine Tanzklamotten dabei, da ich selbst zum Unterricht wollte, allerdings als Schülerin. Ich wollte zu diesem Zeitpunkt Unterricht nehmen und nicht geben. Amira fühlte sich eher bereit zu unterrichten, sie konnte aber an dem Tag die Klasse nicht übernehmen. Ich fühlte mich geehrt, aber das, was es nach sich zog, war wieder einmal eine Lehre für mich…

„Aber ich habe überhaupt nichts vorbereitet und noch nie unterrichtet, was soll ich mit denen denn machen?“, fragte ich sie. Ich wusste nicht, ob ich zu- oder absagen sollte. „Mach mit ihnen irgendetwas. Dir fällt sicherlich etwas ein. Ich kann mit ihnen jetzt schon mal die Aufwärmübungen machen und du machst dann einfach weiter. Musik bekommst du von mir. Das wäre wirklich super lieb von dir, da wir sonst alle wieder nach Hause schicken müssten und das ist nicht so schön!“ Da ich es mir mit ihr nicht verscherzen wollte, da ich selbst großes Interesse hatte, an dieser Schule irgendwann einmal zu unterrichten, und ich zu diesem Zeitpunkt noch nicht den Mumm hatte Nein zu sagen, gab ich nach. Die Situation, in der ich gefragt werde zu unterrichten, hatte ich mir immer anders vorgestellt, denn wer möchte schon gerne ins kalte Wasser geschmissen werden? Ich wollte das damals auf jeden Fall nicht! Mit jedem Schritt, mit dem ich dem Tanzstudio näher kam, wurde ich nervöser! Ich kam in den Raum hinein, begrüßte mit einem Lächeln kurz meine Lehrerin und bewegte mich hinter den Tresen, wo man sich schnell umziehen konnte. Sie hatte gerade das halbe Warm-up hinter sich, als ich wagemutig auf sie zutrat, um zu zeigen, dass ich bereit war. Ich hatte mich vorher, im Laufe der Jahre nie richtig mit Aufwärmübungen, Unterrichtskonzepten oder so etwas beschäftigt. Ich wollte, wie gesagt, vorher einfach noch selbst einiges lernen. Sie stellte mich kurz den Schülern vor und ging dann zur Anlage, um das nächste Lied für mich anzumachen. Ich stellte mich vorne in die Mitte vor die Schüler und machte die erste Bewegung, die mir einfiel, als ich meine Lehrerin plötzlich von hinten hörte: „Das haben wir schon gemacht, mach was anderes.“, rief sie mir als letztes zu und schloss die Tür hinter sich. Plötzlich stand ich ganz allein vor den Schüler und hatte einen kompletten Blackout! ‚Nun gut‘, dachte ich mir, ‚es ist alles halb so schlimm und keiner wird mich auffressen! Werden sie doch nicht, oder?‘ Ich versuchte den Unterricht so gut wie möglich zu gestalten, war aber immer noch sehr aufgeregt, was die Schüler sichtlich merkten. Was soll man unter den Voraussetzungen denn erwarten? Ich erinnere mich noch daran, dass ich versucht habe, mit ihnen unter anderem im Kreis eine Tanz-Improvisation zu üben. Anhand der Gesichter merkte ich schnell, dass sie davon überhaupt nicht begeistert waren! Im Endspurt und nach einem kleinen Stretching war ich einfach nur froh, dass der Unterricht hinter mir lag und ich vor Aufregung nicht an einem Herzkollaps gestorben bin. Einige der Schüler sagten mir beim Rausgehen, dass es ihnen sehr gefallen hat, manche fragten, wo ich sonst noch unterrichten würde und manche sind einfach gegangen. „Und, wie ist es gelaufen?“, fragte mich meine Lehrerin nach dem Unterricht. Nachdem ich ihr alles erzählt hatte, sagte sie, dass sich das toll anhört und ich jetzt ja immer der Ersatz für Amira sein könnte. Ich hatte ein gutes Gefühl, wurde aber nach Wochen eines Besseren belehrt.

Es waren einige Wochen seit diesem Moment und damit seit meiner ersten Lehrstunde vergangen. Mir war immer wieder mal aufgefallen, dass in dieser Tanzschule eine Vertretungslehrerin gesucht wurde und die Studiobesitzerin vor mir oft ausgesprochen hatte, dass sie unbedingt einen Ersatz finden musste, aber gefragt hatte sie mich komischerweise nicht mehr. Es kam mir sehr seltsam und auffällig vor, da ich ihr gegenüber ausdrücklich erwähnt hatte, dass ich Zeit hätte. Sie ging aber nicht auf mich zu. Ich war total durcheinander und erzählte es immer wieder Amira. Es direkt ansprechen wollte ich nicht, da sie mich jederzeit fragen konnte und ich schon ahnte, dass etwas nicht stimmte. Irgendwann beichtete mir dann Amira, dass es einen Grund dafür gab, warum ich nicht mehr als Vertretung angefragt wurde. Es waren wohl nach der damaligen Tanzstunde zwei Schülerinnen zur Chefin gegangen und hatten sich beschwert, dass es ihnen überhaupt nicht gefallen hätte. Es waren zwei von acht, aber das hatte ihr schon gereicht. Ich war am Boden zerstört und das war auch der Grund, warum es mir Amira nicht sagen wollte. „Ich wusste, dass du es sofort persönlich nimmst und wieder an dir zweifelst! Genau das wollte ich vermeiden!“, sagte sie mir mitfühlend und ich dachte nur daran, wie man so etwas nicht persönlich nehmen könnte. Sie fuhr fort: „Schau mal, du hast selbst gesagt, dass es einigen richtig gut gefallen hat. Es gibt immer Schüler, die nicht zufrieden sind, das hatte ich auch schon!“ Aber ich hörte ihre Worte kaum. Da ich zu diesem Zeitpunkt eh noch ein sehr niedriges Selbstwertgefühl hatte, bestätigte mir diese Situation nur wieder, dass ich einfach für nichts gut genug war. Das dachte ich jedenfalls damals von mir selbst.

Wie schon erwähnt, zeigt uns das Außen immer, was wir in unserem Innern mit uns herumtragen. Wenn wir nicht von uns überzeugt sind, sind es andere auch nicht! Unser Ego sagt dazu nur: „Ich habe es doch gewusst! Hier ist der Beweis, dass ich nichts wert bin!" Aber ist es diese Aussage allein wirklich wert? Nur um das hinterher sagen zu können? Jahre später begriff ich, dass es ein viel schöneres, besseres und einfacheres Leben ist, wenn man an sich glaubt, egal was andere davon halten, und sich akzeptiert, wie man letztendlich ist: VOLLKOMMEN und gleichzeitig völlig UNVOLLKOMMEN. Denn wir sind einfach, wie wir sind. Wenn wir aufhören uns zu bewerten, indem wir anfangen, diese ständige Bewertung bewusst wahrzunehmen und abzulegen, dann werden wir auch nicht mehr bewertet. Und wenn doch, sind wir unabhängig von der Meinung anderer. Natürlich ist das nicht von heute auf morgen zu schaffen, aber es ist ein Weg, für den man sich jeden Tag aufs neue freiwillig entscheiden kann..., auch wenn man den anderen Weg schon so gewohnt ist... Und siehe da, was war plötzlich im Außen passiert, als ich an mir zweifelte? Man sah mich, wie ich mich selbst sah. Da war ich doch tatsächlich ein ‚Opfer', wenn ich das mal so sagen darf. Später ‚programmierte ich mich um' und entschied mich für den Weg der Selbstliebe und des Glaubens an mich selbst. Das Außen stellte sich auf mich ein und sah urplötzlich auch das Positive in mir...so einfach und gleichzeitig so schwer war es... Der Rest meines Lebens wurde dadurch viel einfacher. Natürlich waren damals die Umstellung und die Unwissenheit, ob das wirklich was bringen würde, schwer..., aber das eine sage ich dir: JA, SELBSTLIEBE BRINGT ETWAS!! – DIR UND JEDEM MENSCHEN AUF DIESER ERDE!

Verständlicherweise fand ich das damals alles unglaublich ungerecht, da ich meiner Lehrerin entgegengekommen war und keinerlei Vorbereitungszeit hatte, geschweige denn vorher schon einmal unterrichtet hatte. Aber stand ich für mich ein und hatte ich etwas gesagt? Nein, natürlich nicht! Ich wollte lieber für mich selbst meckern und jammern, wie schlecht die Welt doch zu mir war: Soviel Ungerechtigkeit in meinem Leben, die ich nicht zu verstehen vermochte. Ein ganzes Jahr lang hatte ich mich darüber geärgert und immer wieder überlegt, warum das Leben so ungerecht zu mir war, warum es mir nicht mal leicht gemacht wurde und ich nicht bekam, was ich wollte.

Natürlich nicht! Ich hätte damals nie daran geglaubt, dass ich es leicht haben könnte. Warum sollte ich es denn leicht haben?

Zu diesem Zeitpunkt hatte ich noch keine Ahnung, was geschehen würde, und dass ich ein Jahr später erkennen würde, dass es keine Ungerechtigkeit war, sondern das Beste, was mir passieren konnte! Als ich ein Jahr später erkannte, was ich damit für ein Glück hatte, wurde mir alles klar. Ich hätte mir das ganze Jammern und Leiden ersparen können! Doch zu diesem Zeitpunkt hatte ich kein Gottvertrauen und trug diese seelische Belastung lange mit mir herum.

Wir kennen das ja alle, nicht wahr? Wenn dir etwas Schlimmes widerfährt und du es dir einfach nicht erklären kannst, dann lasse los. Später, wenn du zurück blickst, könnte sich vielleicht herausstellen, dass es das Beste für dich war und du dir, wie ich zum Beispiel, ein Jahr lang völlig umsonst Sorgen gemacht hast. Wenn man mitten im Geschehen steht, hat man meist keinen Überblick, was das alles soll. Es ist dann meist einfacher loszulassen und die Logik auf später zu vertagen, denn die Zukunft hält in den meisten Fällen immer ein ‚Aha!!' bereit!

Aber dazu später…

Es war soweit und der Abend, für den mir Amira die Karten geschenkt hatte, war gekommen. Die Show sollte in einem Theater in Berlin stattfinden. Die Aufführung stand nun bevor und ich hatte doch noch jemanden gefunden, der Lust hatte, mich zu begleiten. Wir betraten das Gebäude. Da sich meine Freundin Elke, die nette Kollegin aus der damaligen

Jugendbibliothek, für Tanz interessierte, mir so oft bei meinen Betriebsproblemen beistand und mir oft genug half, meine Kostüme zu gestalten und zu nähen, fragte ich sie. Sie hatte Zeit und Lust und wir freuten uns gemeinsam auf diesen schönen Abend. Ich fragte mich, was mich erwarten würde, und sie fragte sich dasselbe. „Weißt du, ich habe immer noch nicht den Lehrer gefunden, der mir das zeigt, was ich gerne lernen möchte! Ich will mich bewegen, als würde ich mit meinem Körper die Musik machen. Als würde sie direkt aus meinem Körper kommen“, erzählte ich ihr und wir warteten gemeinsam auf unseren Plätzen auf den Beginn der Show. Ich fragte mich fortwährend, ob die beiden wohl auf unsere Plätze sehen und feststellen würden, dass Amira und Britney nicht gekommen waren, und es persönlich nehmen würden. Ich hatte einfach nur gehofft, dass sie das nicht tun würden und ich damit peinlichen Fragen aus dem Weg gehen könnte. Es gab nämlich, nun ja, wie soll ich es sagen, in der ‚Tanz-Szene‘ immer sehr schnell Missverständnisse, die dann zu einem richtigen Tanz-Szenen-Bürgerkrieg ausarten konnten!

Das Licht ging aus…

Ein Vorhang, mit einem wundervollen Garten abgebildet, hing geschlossen vor uns. Wir saßen in der dritten Reihe und hatten von der Seite aus einen super Blick. Im Publikum saß auch ein sehr bekannter Tänzer und Choreograph für Modern Dance aus Ägypten, der extra für diese Show und für Christina und Serano angereist war. Er saß in der Mitte, ganz weit vorne und genoss damit natürlich den besten Ausblick. Er war ein kleiner grauhaariger schlanker Mann. Er gehörte zu den bekanntesten und besten Tänzern aus Ägypten, auch wenn er schon älteren Semerstes war! Sanfte Geigenmusik ertönte aus den Lautsprechern hoch über uns. Es hörte sich mehr nach Klassik als nach Modern an. *Selbst jetzt, während ich das hier schreibe, habe ich zu dieser Musik gegriffen und höre sie mir an, um mich an diesen Tag zurück zu erinnern.* Wir wussten nicht, was wir

gleich erleben würden, aber es fing schon gut an…
Plötzlich wurde die Musik sehr impulsiv, immer schneller und man hörte Trommeln. Von den Stars des Abends war jedoch nichts zu sehen. Dann erklangen mir bekannte Rhythmen verbunden mit einer sanften Geigenmelodie. Der Vorhang öffnete sich und heraus traten Christina und Serano…

Die Menge schrie und jubelte. Ich schaute mich im Publikum um und war kaum minder überwältigt, welches Schauspiel sich mir dort bot. Ich sah ihn und wusste, dass dieser Tänzer mein Lehrer sein würde. Jede Bewegung ließ mich glauben, dass die Musik aus seinem Körper und nicht aus den Lautsprechern zu kommen schien. Ich fand es unglaublich, wie ‚Mann' sich so bewegen konnte. Nie zuvor hatte ich so etwas gesehen, aber er lebte das Ziel, das ich erreichen wollte, seit ich zu tanzen anfing. Ich war einfach sprachlos. Sollte es wirklich so sein? Sollte ich tatsächlich das Glück haben, endlich den richtigen gefunden zu haben, der mich ausbilden sollte? Genauso hatte ich mir diesen Tanz immer vorgestellt, aber es nie an irgendjemandem gesehen. Ich schaute ihnen einfach nur gebannt zu. Die Tänzerin, seine Frau Christina, tanzte ebenfalls wundervoll, aber war kein Vergleich zu ihm. Ich sagte es sofort Elke, die neben mir erfreut auf ihrem Sitz saß. Ich sagte ihr, dass er mein Tanzlehrer sein sollte, und sie lächelte mich einfach nur an. Jeder Tanz der aufgeführt wurde, schien mir besser als der vorherige. Elke und ich folgten völlig gebannt der atemberaubenden Show!

In der Pause sagte sie einige interessante Dinge zu mir: „Das ist ja einzigartig, wie dieser Mann sich bewegen kann!! Einfach klasse! Aber tut mir Leid, seine Frau kann da nicht mithalten! Auch manche Kostüme haben gar nicht gepasst und ganz ehrlich, Sabrina, du tanzt da viel besser als sie und würdest an seiner Seite auch besser aussehen!" Ich war schockiert und fand das völlig unglaubwürdig. Mit einem Gefühl zwischen: ‚Sie ist meine Freundin, klar, dass sie das sagt! Ob sie das wirklich so meint?‘, und: ‚Das kann sie gar nicht ernst meinen!‘, sagte ich zu ihr: „Elke, das sind Weltklasse-Tänzer! Ich finde das ja lieb von dir, als gute Freundin, aber diese beiden tanzen seit, glaube ich, fast zwanzig Jahren und sind überall bewundert! Ich bin da noch lange nicht soweit, obwohl ich gesehen habe, dass sie nicht so gut tanzt wie er, aber ich auf keinen Fall besser als sie!“ – „Schätzchen, nimm ein paar Monate Unterricht bei diesem Mann und du bist ganz fix viel besser als seine Frau. Erinnere dich an meine Worte, wenn es soweit ist…“ Ich konnte ihr natürlich kein Wort glauben. Ich wurde gerade erst als Tanzlehrerin verstoßen und außerdem fand ich zu diesem Zeitpunkt, sowieso jeden anderen besser als mich.

Wir sahen uns die zweite Hälfte der Show an und wurden erneut mit unglaublichen Tanzdarbietungen bezaubert. Er machte Akrobatik und sonstige ungewöhnliche Dinge, die mir teilweise tänzerisch gar nicht möglich schienen! Es war einfach unglaublich und ich konnte es kaum abwarten, bei ihm anzufangen. Ein halbes Jahr später sollte es soweit sein…

Kapitel 8
Dezember 2004 – Auf Wiedersehen und Hallo

Unter Tränen sagte ich meiner alten Tanzlehrerin, dass ich in wenigen Wochen bei ihr aufhören würde. Es tat mir wirklich leid, da sie meine erste richtige Tanzlehrerin für Orientalischen Tanz und eine wirklich liebe Seele war. „Du hörst aber nicht ganz auf mit dem Tanzen, oder? Du machst weiter, ja!?“, fragte sie mich. Ich fühlte mich bei dieser Frage, ehrlich gesagt, sehr wohl. Sie regte in mir die Hoffnung, dass sie in mir doch mehr sah und dass aus mir noch etwas werden würde. Das bedeutete mir eine Menge und es fiel mir damit umso schwerer dort aufzuhören. Ich sagte ihr, dass es mir sehr leid tat aufzuhören und ich auf jeden Fall weiter machen würde. Ich sagte ihr, dass ich mich jetzt erst einmal dem Modern Dance widmen und zu Serano gehen würde. Sie lächelte, sagte, dass sie ihn kannte, es eine gute Idee war, und wünschte mir alles Liebe. Sie meinte auch, dass ich gar nicht weinen bräuchte und dass alles nicht so schlimm sei. Sie war wirklich eine sehr liebe Seele!

Was meine Arbeit anging, hatte ich mir neben der Bibliothek einen Nebenjob beschafft. Ich arbeitete als Bedienung in einem kleinen Laden namens ‚Suppentreff‘. Es war ein vegetarisches Standcafé und ich überlegte zu der Zeit bereits wirklich, ob ich nicht endgültig aufhöre Fleisch zu essen. Denn bis zu diesem Zeitpunkt ernährte ich mich noch wie die Durchschnittsdeutsche: Viel Fleisch… zum Frühstück, Mittag und auch abends aufs Brot noch eine Wurst rauf. Ich hatte aber einen Sommer zuvor zu viele Tierreportagen über Massentierhaltung, Küken auf dem Laufband und Käfighaltung gesehen, sodass mir seitdem immer schlecht wurde, wenn ich Fleisch aß. An Weihnachten beschloss ich einfach mal das Fleisch wegzulassen und, siehe da, meine Übelkeit verschwand.

Das Unterbewusstsein trimmt einen immer darauf, nur das zu *tun, zu sagen und zu essen, was man wirklich möchte oder man bekommt die Nebenwirkungen zu spüren, ob man will oder nicht. Bei mir war es die ständige Übelkeit und heute bin ich meinem Unterbewusstsein unendlich dankbar! Es tut mir einfach nur Leid, wie unmenschlich die Menschen andere Lebewesen behandeln, Massen an Tieren töten, wovon noch nicht einmal die Hälfte verwertet, verkauft, geschweige denn verzehrt wird! Heute lebe ich aus diesen Gründen sogar schon vegan* und liebe es! Man ist eben, was man isst. Außerdem verhalf mir diese Lebensweise, wie sich im Nachhinein herausstellte, zu meinen Fähigkeiten. Heutzutage kann man wirklich problemlos auf jegliche tierische Produkte verzichten und lebt zudem viel gesünder! Außerdem klärt es die geistigen Kanäle, wenn man sich vegetarisch/ vegan ernährt. Meine Fähigkeiten sind um das Doppelte und Dreifache gestiegen, als ich meine Ernährung auf vegane Lebensmittel umgestellt habe. Vieles fällt mir nun leichter! Selbstverständlich achte ich darauf genug Vitamine und Mineralien etc. zu bekommen. Darauf darf der Körper nicht verzichten.*

Nachdem ich damals erst einmal Vegetarierin geworden bin, bekam ich ungefähr ein Jahr später eine starke Mandelentzündung. Es lag nicht an meiner Ernährung, sondern eher an der Überlastung, die ich mir mal wieder antat. Die Ärztin verschrieb mir Antibiotika, wie in den Jahren zuvor, wenn ich Angina hatte. Dieses Mal reagierte mein Körper allerdings allergisch darauf und ich fand mich eines Morgens mit lauter roten Flecken am Körper vor. Nachdem sich meine Ärztin das angesehen hatte, sagte sie mir, dass ich wohl allergisch auf Antibiotika reagieren würde. Ich antwortete ihr, dass es das erste Mal sei und dazu riet sie mir Folgendes:

Ärztin: „Ich muss Ihnen leider eine schlechte Nachricht mitteilen!“

Sabrina voller Panik: „Und was genau?"

Ärztin: „Da Sie allergisch auf Antibiotika reagieren, müssen Sie ab sofort auf Fleisch verzichten! Die Tiere werden damit regelrecht gemästet. Es könnte passieren, dass Sie dann auch Ausschlag beim Fleischessen bekommen."

Ich lächelte sie an und erzählte ihr, dass ich bereits ‚zufällig' seit einem Jahr Vegetarierin war.

Stell dir mal vor, lieber Leser (außer du bist ebenfalls bereits Vegetarier oder Veganer), du liebst Fleisch und deine Ärztin teilt dir mit, dass du sofort damit aufhören müsstest! Es wäre wahrscheinlich am Anfang erst einmal eine Qual für dich, oder? Aber so war es für mich keine schlechte Nachricht, sondern eine Freude! Interessant ist auch, dass Ärzte und Wissenschaftler darüber informieren, wie ungesund tierische Produkte bzw. Fleisch für den Menschen sind, aber natürlich niemals offiziell!

Mein Zahnarzt sagte mir einst, dass unser Gebiss dafür geschaffen sei, dass wir Fleisch essen und übergab mir ein Buch, wo ich das nachlesen sollte. Es war ein Lexikon für Zahnärzte. Ich fing laut an zu lachen, woraufhin er mich nach dem Grund fragte.

Sabrina: „Weil hier steht, dass der Mensch weder mit den Zähnen noch mit dem Organismus dafür geschaffen sei, Fleisch und tierische Produkte aufzunehmen und zu verdauen. Unser Gebiss und Organismus vertragen am besten Obst, Gemüse, Nüsse, getrocknete Früchte usw." Er nahm das Buch in die Hand und wurde richtig rot im Gesicht, kannst du dir vorstellen. Wenn man erst einmal recherchiert, erfährt man die Wahrheit. Interessant ist, dass mein Körper erst durch die vegetarische Ernährung sensibel gegen Antibiotika geworden ist. Denn wenn man es nicht gerade in der Not braucht, ist es sehr schädlich und mittlerweile gibt es viele Möglichkeiten, die dir Antibiotika ersparen. Frage einfach mal deinen Arzt danach oder wende dich an einen Arzt, der sich in diesem Bereich auskennt. In Amerika ist es seit Jahren verboten, damit Werbung zu machen, dass Milch gesund für den Menschen sei. Wir in Deutschland sind in dieser Hinsicht wirklich sehr ‚rückständig'. Aber immerhin gibt es immer mehr vegane und vegetarische Restaurants, Webseiten, Informationsmöglichkeiten und in Berlin auch endlich einen veganen Supermarkt seit 2011!

Ich war so froh, dass mich meine Seele damals in meinem Wunsch unterstützt hat, mich ab sofort vegetarisch zu ernähren und mich auf den richtigen Nebenjob hinwies. Der ‚Suppentreff' war nicht weit von meinem zu Hause entfernt, jedoch war der Job sehr schlecht bezahlt. Ich lief jeden Donnerstag die Müllerstraße, an der ich damals wohnte, in Richtung der Markthalle herunter und arbeitete einige Stunden dort, um danach noch vier Stunden in der Bibliothek zu arbeiten. Selbst bei Regen oder Schnee musste ich draußen unter einem kleinen Vorsprung Kuchen verkaufen. Mir war eiskalt und innerhalb eines halben Jahres, während ich diese Arbeit verrichtete, verdiente ich gerade mal insgesamt drei Euro Trinkgeld zusätzlich. Ich war froh, dass ich einen Nebenjob hatte, aber wirklich gereicht hatte es mir nicht. Ich konnte damit und mit meinem Bibliothekslohn meine Miete und Rechnungen gerade mal so bezahlen. Da hörte es aber schon auf. Ich wünschte mir wirklich sehr, irgendwo im Warmen arbeiten zu können und dafür mehr Geld zu bekommen... Meine Familie lebte aber schon immer in dem Glauben, dass man schwer für sein Geld arbeiten müsste. Wen wundert es daher, dass ich dieses Muster übernahm? Damals dachte ich, dass das Leben eben schwer sein und ich mich damit abfinden müsste.

Heute kann ich dir, lieber Leser, sagen, dass es nicht so ist! Man kann sich immer dafür oder dagegen entscheiden. Jetzt fragst du dich sicher, ob das wirklich so einfach ist, nicht wahr? So leicht ist das gar nicht, denn um das eigene Leben zum Positiven zu verändern, muss man Verantwortung für sich übernehmen und sich ständig seinem schlimmsten und stärksten Gegnern stellen: sich selbst und damit auch seinem Ego! Damals sah ich mein Ego noch als Gegner und als einen unabhängigen Teil von mir an, der stärker schien als ich. Doch auch das ist ein Teil von uns. Es hat viele Jahre an Erfahrung gebraucht, um festzustellen, dass negative Gedankenmuster, Selbstmitleid und Kummer, die durch das Ego entstehen, zu viel Energie kosten, unnötig sind und uns nur von unserem eigentlichen Weg abhalten. Dem Weg des Glücks, der Erfüllung und des inneren Friedens! So hatte ich mich irgendwann entschlossen, als ich genug von der Negativität hatte, einfach mal die andere Seite auszuprobieren:

Positives Denken
Selbstliebe
Fröhlichkeit

Das gab mir Energie, statt sie mir zu nehmen, und führte mich zum absoluten Erfolg.

Damals allerdings hatte ich wohl von der Negativität noch nicht genug. Vorerst wäre mir damals schon eine Verbesserung lieber gewesen. Am liebsten wollte ich eine Arbeitsstelle, wie etwa in einem Büro, im Warmen und wenn das noch ginge, natürlich gerne mit mehr Gehalt! Das sollte mein nächstes Ziel sein… Ich wusste, was ich wollte, aber nicht, wie ich das bekommen sollte, daher war ich erst einmal dankbar überhaupt etwas zu haben.

Dankbarkeit bringt einen immer weiter, weil man das, was da ist, zu schätzen weiß. Überspringt man die Dankbarkeit, weil man immer nach Größerem strebt, so bleibt man ewig ein Jäger.

Man jagt nach dem Glück... dem Glück, das immer in allem vor uns liegt und weiterhin nicht erkannt wird. Dankbarkeit gibt dir inneren Frieden und macht dich vom Jäger zum Finder und erfüllt dich! Der Jäger bleibt immer Jäger, weil er nie genug hat. Er ist schlecht gelaunt, gestresst und frustriert. Aber der dankbare Finder entdeckt jeden Tag etwas, worüber er dankbar ist und sich freuen kann, wofür ihm das Universum immer mehr sendet. Es ist egal, ob man dankbar über eine Situation, einen Menschen oder einen Gegenstand ist. Man kann sogar über etwas Negatives dankbar sein, da wir es mit neuer Distanz, im anderen Licht erneut betrachten und prüfen können, da wir in vielen Situationen keinen wirklich guten Überblick darüber haben, ob etwas tatsächlich positiv oder negativ ist. Wenn wir dann zurückblicken, erkennen wir, dass es vielleicht gar nicht negativ war! In diesen Fällen haben wir uns völlig umsonst geärgert und in der negativen Energie gesuhlt. Wenn wir daraufhin Dankbarkeit empfinden, wird die Situation als etwas Positives erkennbar. Wir können im Negativen die Möglichkeit des eigenen Wachstums sehen, loslassen und erst einmal abwarten, aber dennoch dankbar sein.

Kapitel 9
März 2005 – Die Neue

„Und sind die beiden denn auch da? Jemand sagte mir, dass sie ständig auf Tournee sind und dass der Unterricht oft ausfällt“, fragte ich die Sekretärin an meinem ersten Tag bei der Tanzschule von den Banudis. Heute würde es also so weit sein. Ich würde meine erste Probestunde bei Serano Banudis nehmen. Das Tanzstudio befand sich auf einem Hinterhof. Außen und innen war alles verglast. Wenn man das Studio betrat, war links gleich der Anmeldetresen und rechts ein kleines Büro, ebenfalls nur durch eine Glaswand von dem Foyer getrennt. Etwas weiter vorne, links befanden sich eine Tür und ein kleines Fenster zum Tanzsaal und geradezu der Umkleideraum.

Die Frau hinter dem Tresen sah mich ziemlich verwirrt an und meinte, dass Christina und Serano wohl noch oft genug da sein würden. Es war ein bisschen unhöflich, wie ich fand! Dennoch entschloss ich mich einen Vertrag abzuschließen. Ich wusste damals noch nicht, was ich mit meiner Unterschrift besiegeln würde, und dass diese Sekretärin noch zu meinem letzten Test zu dem Thema ‚Mobbing‘ beitragen würde. Ich lächelte und ging zum Umkleideraum. Ich betrat ihn und stellte fest, dass dieser sichtlich klein war. Die Mädchen waren ganz aufgeregt und legten sich Make-Up auf. Außerdem war die Luft von verschiedenen Deos und Parfüms erfüllt. Ich verstand das ganze Trara überhaupt nicht. Meine Güte, es war doch nur Tanzunterricht! Ich verstand nicht, welchen Unterschied es machen würde und warum man sich hübsch machen sollte… nur weil es ein Mann war? Hatten die Damen noch nicht mitbekommen, dass dieser schon verheiratet war? Eine der Tänzerinnen ging sogar in einem richtigen Tanzkostüm in den Tanzsaal. Ich hatte daraufhin kurz überlegt, ob es vielleicht gar kein Unterricht war, sondern eine Tanzprobe? Aber dann hätte mich die Sekretärin doch vorher informiert. Ich beschloss, mich umzuziehen und mich anschließend hinter den Mädels einzureihen, die auf dem Weg zum Tanzsaal waren. Der Unterricht sollte um dreizehn Uhr beginnen – es war an einem Mittwoch.

Bis zu diesem Zeitpunkt, muss ich gestehen, war ich noch nicht wirklich fanatisch hinsichtlich des Tanzens. Ich hatte bei meiner letzten Lehrerin oft gefehlt und meine Nachholstunden nie wirklich komplett genommen. Es war nie eine richtige Ambition und Disziplin bei mir vorhanden. Irgendwie hatte mir etwas gefehlt, aber ich wusste nicht, was es war.

Der Tanzsaal, in dem ich nun stand, war sehr schick dekoriert und überall hingen Bilder von Christina und Serano und außerdem ein sehr schönes altes ägyptisches Bild einer berühmten Tänzerin aus dem Orient. Ich fand es sehr außergewöhnlich, denn in einem Modern Dance Studio erwartet man anders gekleidete Tänzerinnen oder Modern Dance Sequenzen auf den Bildern! Ich empfand es als recht angenehm, da ich parallel bereits den Orientalischen Tanz mit ganzem Herzen verfolgte. Der Name der abgebildeten Tänzerin war Samia Gamal. Heute weiß ich das alles. Damals konnte ich mir weder Namen noch Gesichter merken. Das kleine Fenster neben der Eingangstür zum Tanzsaal war dazu gedacht, dass Besucher, den Tanzschülern von draußen zuschauen konnten. Direkt gegenüber dieser Tür befand sich eine lange Spiegelwand. Leider war in der Mitte des Saals eine breite Säule zum stützen der Decke angebracht und verdeckte damit dem ein oder anderen leicht die Sicht zum Tanzlehrer. Ich war gespannt, was sich mir bieten würde, und war lustigerweise schon völlig siegessicher. Schließlich tanzte ich schon seit Jahren und war auch mal Mitglied in einem Nachwuchsensemble. Ich war damals schon oft auf der Bühne und konnte es kaum erwarten zu zeigen, was ich drauf hatte. Ich platzierte mich als Neuling höflicherweise in der hintersten Reihe und wartete ungeduldig auf den Anfang der Stunde. Würde er bemerken, wie gut ich war? Mich vielleicht sogar daraufhin ansprechen? Serano betrat hinter mir den Raum, ging auf die Musikanlage links hinten in der Ecke zu und meine erste Stunde in der Fortgeschrittenen-Klasse von Serano Banudis sollte beginnen…

Mein erster Eindruck: Ich hatte das Gefühl nichts zu können! Ich hatte mich noch nie so schlecht gefühlt! Und das schon nach dem Warm-up! Nach der zwanzig-minütigen Aufwärmung dachte ich daran, wie peinlich es meinerseits war zu glauben, dass ich das drauf hätte. Danach sollten wir Bewegungskombinationen, Drehungen und andere Tanzschritte in die Diagonale tanzen. Zum Schluss zeigten die Schüler, die schon länger dabei waren, die Choreographie. Mir blieb sofort der Mund offen stehen. Bewegungen und Schritte, wie ich sie nie zuvor gesehen hatte. Ich wusste, dass es viel Arbeit werden würde, irgendwann genauso gut zu sein, wenn ich doch gerade noch ein tänzerisches Desaster darstellte. Doch freute ich mich zu diesem Zeitpunkt, dass ich mich angemeldet hatte. Ich wusste seit dieser ersten Stunde, dass ich unglaublich viel lernen würde und musste, aber ich wusste damals noch nicht, wie viel es wirklich sein würde und dass es nicht nur ums Tanzen gehen würde…

Mittwochmittags um dreizehn Uhr nahm ich meine Tanzstunden, und wenn der Unterricht mal ausfiel, holte ich ihn mittwochabends oder donnerstags nach. Falls ich doch mal aus eigenem Verschulden fehlte, fiel mir sofort auf, wie viel ich verpasst hatte und wie schwierig es war, wieder aufzuholen. Die Kombinationen gefielen mir so gut, dass ich sie aufschrieb und täglich übte. Stück für Stück wurde ich immer ein wenig besser. So ambitioniert war ich beim Tanzen bisher noch nie, ich konnte nicht genug davon bekommen…

Kapitel 10
Mai 2005 – ein letzter Test...

Es war ein Mittwoch. Der Unterricht bei Serano war wieder einmal mordsanstrengend. Nach seinem Unterrichtskonzept zu urteilen, kam ich mir manchmal ein wenig wie beim Militär vor. Gott sei Dank ging es nicht nur mir so. Alle Tänzerinnen gingen frisch und glücklich rein und kamen durchgeschwitzt und völlig geschafft wieder heraus. Ich merkte, wie schnell ich mich einfinden konnte. Ich liebte seinen Unterricht und die Möglichkeit, dabei noch so viel mehr über den Tanz zu lernen. Er erzählte ab und zu Geschichten über berühmte Tänzerinnen und Tänzer, sowie Einzelheiten über die Geschichte des Tanzes. So waren für mich zwei Fliegen mit einer Klappe geschlagen. Ich bekam nicht nur die Praxis, sondern auch die Theorie spannend nähergebracht. Ich konnte mir diese Geschichten sofort einprägen, was mir leichter fiel, als sie irgendwo nachzulesen. Eigentlich kann man das so ausdrücken: ‚Buy one, get one free!' Einst wurde es in dem folgenden Zitat erklärt:

Erzähle es mir und ich vergesse.
Zeige es mir und ich erinnere.
Lass es mich tun und ich verstehe.
(Konfuzius, chinesischer Philosoph, 551 – 479 v. Chr.)

Wie üblich zwängten die Tänzerinnen und ich uns nach dem Unterricht in unsere Kleidung, was mit durchgeschwitztem Körpern und angeschwollenen Gliedmaßen nicht unbedingt leicht war. Leider gab es in der Tanzschule keine Duschen! Nach dem Unterricht wollte ich mich von Christina verabschieden, die gerade am Empfang saß und bemerkte dabei plötzlich ein Schild mit der Aufschrift ‚Aushilfe gesucht'.

„Sagt mal, ist das noch aktuell?", fragte ich sie und die Bürofrau.

„Natürlich! Wir haben bald wieder unsere große Show und brauchen jede Unterstützung, die wir bekommen können. Hast du denn Erfahrung im Bürobereich?“, fragte mich Christina direkt.

‚Aha‘, dachte ich mir, ‚dann machen sie also jedes Jahr die Show, bei der ich sie und ihren Mann damals das erste Mal gesehen hatte!‘

„Ja!“, sagte ich sofort erfreut. „Ich bin Fachangestellte für Medien- und Informationsdienste!“… ‚Ich wusste schon immer, dass mir diese Arbeit irgendwann noch mal was nützen würde‘, dachte ich mir in diesem Moment.
Schließlich hatte ich während der Ausbildung alles Mögliche zum Thema Büro gelernt. Ich hatte unglaubliches Glück, denn meine Ausbildung bot mir mehr Wissen über ‚Office-Management‘ als der Beruf der Bibliotheksassistentin. Organisation, Recherche, Ordnung, Eventmanagement, PC-Arbeiten als auch Foto- und Webdesign ermöglichten mir in diesem Moment den ersten Schritt in die Selbstständigkeit der freien Marktwirtschaft. Ich drückte die Daumen und hoffte, dass ich Christina von mir und meinen Kenntnissen überzeugen könnte.

„Kurz gesagt, habe ich meine Ausbildung in einer Bibliothek gemacht…“, nahm ich den Faden wieder auf, als Christina und die Bürofrau bei dem Begriff ‚Fachangestellte für Medien- und Informationsdienste‘ fragende Gesichter machten, „…und kenne mich am PC, im Büro und Eventbereich richtig gut aus. Wenn ihr also wollt, könnte ich gleich anfangen!“, und lächelte den beiden optimistisch und selbstbewusst zu. Nein, ich fand wirklich nicht, dass ich mich aufdrängen würde…

„Das hört sich ja super an!“, sagte mir Christina sofort. „Dann würde ich vorschlagen, dass du einfach Montag mal für ein, zwei Stündchen vorbeikommst und wir sehen weiter. Es sind wirklich nur ganz einfache Büroangelegenheiten, die erledigt werden müssen!"

Super! Ich freute mich riesig über diese positive Aussage. Ich konnte kaum glauben, dass sie mich gerade einlud dort zu arbeiten! Ich ging nach Hause und fühlte mich wie auf Wolke Sieben. Nach mir hatte sich noch jemand für den Bürojob gemeldet, aber ich dachte, dass ich sicherlich bessere Chancen hatte, da das andere Mädchen schon sichtlich schwanger war und auch meinte, dass sie nicht allzu lange helfen konnte. ‚Mensch', dachte ich, ‚wenn das klappt, kann ich endlich bei diesem Suppenladen aufhören!' Ich machte diese Arbeit wirklich nicht gerne. Mir fiel auf, dass ich überhaupt nicht für die ‚Lebensmittelbranche' und für die Bedienung geschaffen war. Ich war und bin eine Künstlerin und damals zusätzlich noch ein Büromensch, aber sicher nicht jemand, und das wurde mir bei dieser Arbeit eben klar, der mit Lebensmitteln herumhantieren wollte. Ich liebte eher diese zu verzehren.
Das Wochenende verging und an meinem ersten Tag bei der Tanzschule Banudis musste ich nur stempeln. Es war nicht besonders anregend, aber im Vergleich zum draußen Kuchen Verkaufen viel besser. Ich wollte mich gar nicht beschweren. Von Natur aus war ich schon immer ein sehr geduldiger Mensch und hatte eh das Gefühl, dass da irgendwann noch mehr auf mich zukommen würde als stempeln! Nun ja, das erste, was am nächsten Morgen auf mich zukam, war ein ganz schlimmer Muskelkater in meinem ‚Stempelarm'! Mein nächster Wunsch war gleich, nie wieder stempeln zu müssen! Eine Sache war aber immer noch nicht geklärt, und zwar was ich an Gehalt bekommen würde. Schon wieder diese blöde Frage – wie beim Vorstellungsgespräch für meine Ausbildung damals. Ich hatte schon mit der Sekretärin gesprochen, aber sie wusste es auch nicht. Ich hoffte, dass es nicht weniger als fünf Euro waren und dass es vielleicht sogar sechs Euro wären. ‚Aber was würde ich

machen, wenn es doch weniger wäre?', fragte ich mich und fand die Zeit schrecklich lang, bis man mir endlich sagte, wie viel es letzten Endes war. Wer würde sich nicht bei einer einfachen Arbeit wie dem Stempeln darüber Gedanken machen?

Sind wir doch mal ehrlich: letztlich fragen wir uns alle, was unsere Arbeit und Energie dem Gegenüber eigentlich wert sind. Außer vielleicht die einzigartigen Seelen unter uns, die für sich selbst ihren unvergleichbaren Wert bereits erkannt haben. Denn die lassen ihn nicht festlegen, sondern legen ihren Wert selbst fest und dann heißt es, salopp gesagt, nur: ‚Friss oder stirb!'.

Bei diesem Selbstwertthema war ich damals noch nicht angelangt. In solchen Momenten ging mir damals immer die Geduld aus, wenn ich erst einmal etwas für jemand anderen gemacht hatte und schließlich warten musste, bis ich erfahren würde, was ich dafür bekam. Ich hatte dummerweise der Sekretärin gesagt, dass ich bei dem Suppentreff nur fünf Euro verdiente. Ich hatte mich darüber so geärgert, weil ich dachte, dass sie mir dann vielleicht doch weniger geben würden, als sie vorhatten.

„Christina hat gesagt, dass es acht Euro die Stunde sind und dass ich dir alles zeigen soll. Dann arbeiten wir jetzt also zusammen!", sagte sie einige Tage später, als ich zum zweiten Probetag erschien. Selbst die Probetage wurden mir bezahlt! Acht Euro! Ich war so überglücklich! Ich hätte mir damals nie vorstellen können, dass ich so viel Geld verdienen würde und das auch noch in einer warmen Tanzschule. Ich fragte, ob sie mich jetzt immer bräuchten, weil ich dann bei Gyps, meinem Chef aus dem Suppentreff, gekündigt hätte. „Du solltest nichts übereilen! Wir brauchen dich auf jeden Fall bis zur Show, wissen aber nicht, wie es dann weiter geht", sagte die Bürofrau dazu. An dieser Frau gefiel mir etwas nicht. In ihrem Gesicht war eine verbitterte Ausstrahlung, die mir Unbehagen bereitete.

Aber ich beschloss, nicht mehr darüber nachzudenken. Ich war viel zu glücklich, als dass ich mir über so etwas Gedanken machen wollte.

Ich kündigte in derselben Woche meine Stelle im Suppenladen.

Es war von meiner Seele nie vorgesehen, dass ich für ewig im Suppenladen arbeiten sollte. Die Seelenabsprache lag einzig darin, dass ich dort den Start in die vegetarische Ernährung erlerne, was auch geklappt hat. Aber wann weiß man, was sein soll oder ob man etwas richtig oder falsch gemacht hat? Wenn man aufhört zu werten und sich anschaut, was es einem gebracht hat, denn genau dazu benötigen wir unsere Erfahrungen. Das, worüber wir uns beschweren, ist nur ein Sinnbild dafür, was vor uns liegt und in der Gegenwart geändert werden soll! In der Vergangenheit war dafür wohl noch nicht der richtige Zeitpunkt, denn sonst hätte es ja geklappt! Richtig oder Falsch gibt es nicht – es gibt immer nur einen Weg der Erfahrung!

Die Sekretärin und neue Kollegin führte mich in die Büroangelegenheiten ein. Sie zeigte mir, wie ich die Tanzschüler/ -innen an- und abmeldete, wie ich die Teilnehmerlisten bearbeitete, wo die Briefmarken lagen, wie ich auf den PC zugriff und die Zahlungen bearbeitete, mit Abrechnung und Quittungen etc. etc. „Ganz schön viel, was man sich hier alles merken muss“, sagte ich ihr mit einem schüchternen Lächeln. „Mach dir keine Sorgen“, kam prompt die Antwort. „Das geht jedem so, der hier anfängt zu arbeiten und man braucht mindestens ein halbes Jahr, bis man hier über alles Bescheid weiß! Ach was, wahrscheinlich sogar ein ganzes Jahr! Außerdem kannst du mich und Christina jederzeit fragen.“ Das beruhigte mich ungemein. ‚Sie war vielleicht doch ganz nett?‘, dachte ich mir. Am nächsten Tag sollte ich wiederkommen und mich noch ein wenig einfinden.

Ich möchte hier kurz erwähnen, dass ich den Namen der Sekretärin absichtlich weglasse. Man könnte sagen, aus Datenschutzgründen. Allerdings ist mir der Wortlaut ‚Die Sekretärin‘ langsam ein wenig zu lang und stupide. Daher nenne ich sie jetzt einfach in einer Abkürzung von Frau Sekretärin: Frau Sekret.

Frau Sekret war schon da…
„Dort auf dem Tresen liegen Briefe. Könntest du die bitte frankieren?“, fragte sie mich. Sie war gerade mit irgendetwas am PC beschäftigt und schaute nicht auf. Sie schien mir heute ein wenig schlecht gelaunt. „Kein Problem.“ Ich sah mich um. „Oh,…“ Ich konnte mich leider nicht mehr an den Ort erinnern, wo man die Briefmarken versteckt hielt, und sah sie auch nirgends liegen. „Könnten Sie mir bitte noch einmal kurz sagen, wo die Briefmarken liegen?“, fragte ich und dachte mir nichts dabei, da sie mir tags zuvor anbot, sie jederzeit zu fragen, wenn ich was nicht wusste… „Was soll ich denn noch alles tun?“, sagte sie plötzlich aufgebracht und streitlustig. *Ich bin ehrlich: Es war eher zickig!* „Ich habe dir das zig Mal erklärt und du musst dir schon etwas merken, wenn du hier arbeiten möchtest. Wenn ich die ganze Arbeit für dich machen soll, dann brauchen wir dich hier nicht wirklich!“, sagte sie mit erhobener Stimme, machte den Schrank auf und gab mir patzig die Briefmarken. „Und jetzt merk dir das gefälligst!“, setzte sie noch oben drauf. Die alte Sabrina wäre im Boden versunken oder heulend auf die Toilette gerannt. Ein Riesendrama hätte sie daraus gemacht. Für sie wäre es wahrscheinlich wieder ein Armageddon gewesen! Aber diese alte Sabrina kannte damals auch noch nicht Claudia B. aus der Jugendbibliothek. Ja, genau, denn jetzt gab es eine neue Sabrina und die konnte auch anders. Allerdings war ich kein Wiederholungstäter und es wäre offensichtlich ein wenig übertrieben gewesen, ähnlich wie damals bei Claudia zu reagieren. Daher antwortete ich ihr in einem ruhigen, höflichen Ton, während sie starr zum PC guckte

und sich nicht einmal zu mir umdrehte, während ich sprach: „Frau Sekret, heute ist mein zweiter Tag im Büro und Sie selbst haben mir erklärt, dass sich hier keiner alles sofort merken kann. Sie meinten, dass man mindestens ein halbes Jahr dafür bräuchte und ich sie jederzeit fragen kann, wenn ich etwas nicht weiß, was ich hiermit getan habe. Außerdem erklärten Sie es nicht zig Male, sondern einmal! Bitte reden Sie in einem anständigen Ton mit mir, und wenn Sie ein Problem mit mir oder meiner Arbeit haben, dann beschweren Sie sich bei Christina und lassen mich feuern. Wenn es ein persönliches Problem ist, lässt es sich sicherlich nicht regeln, wenn sie mich mit einem solchen Ton ansprechen. Ich hoffe, wir haben uns da verstanden!“, sagte ich ihr, frankierte die Briefumschläge und machte mich an meine Aufgaben. Ich war so stolz auf mich! Sie hatte während der ganzen Ansprache kein Wort gesagt und nur auf ihren PC geschaut. Erst als ich fertig war, schrieb sie am PC weiter. Ich spürte, dass sie damit überhaupt nicht gerechnet hatte und dass sie darauf nichts sagen konnte. Dies war mein letzter göttlicher Test und ich habe ihn bestanden. Natürlich wurde ich nicht gefeuert und auch nicht weiter darauf angesprochen. Ich hatte Frau Sekret nur die Stirn bieten können, weil ich wie damals in der Bibliothek keine Angst mehr hatte, keine Angst vor einer Person oder Situation. Ich hatte das Gefühl, dass das eh nicht mein richtiger Arbeitsplatz sein konnte, wenn ich gefeuert werden würde. Es lebt sich ohne Angst viel besser! Danke Frau Sekret, denn Sie waren mein letzter Test und ich habe ihn bestanden. Das liegt nun viele Jahre zurück und seitdem kam niemand mehr in mein Leben, der keinen Respekt vor mir hatte oder in einem solchen Ton mit mir sprach!

Und warum ist das in dieser Welt so? Da sind wir wieder bei einem guten Beispiel für einen Spiegel. Kennt man seinen eigenen Wert, dann steht man für sich ein und sein Gegenüber erkennt ihn ebenfalls an. Kennt man nicht nur seinen Wert, sondern lebt und liebt ihn auch, werden einem nie wieder

Menschen begegnen, die nicht so denken wie du. Das, lieber Leser, gebe ich dir hiermit schriftlich.

Meine Existenzängste waren in dem Fall wirklich nicht präsent. Das Gefühl, dass ich nicht mehr im Suppentreff arbeiten wollte, war viel größer als die Sorge, dass ich mit zu wenig Geld dastehen könnte. Da ging es also schon im kleinen Rahmen mit dem Gottvertrauen los.

Das Gottvertrauen nahm später in meinem Leben eine wichtige Rolle ein, was Du, lieber Leser, in einem späteren Kapitel noch zu lesen bekommen wirst und wohl kaum glauben wirst... das jedoch der Wahrheit entspricht! Man muss manchmal die Dinge loslassen, die einem eh nicht gefallen, damit Platz für Neues da ist, was einem besser gefällt!
Schon nach kürzester Zeit gaben mir Christina und Serano viel mehr Aufgaben und viel wichtigere, verantwortungsvollere, als die einer einfachen Aushilfe. Ich sollte mich um die Teilnehmerlisten für den Wettbewerb kümmern, Institutionen anrufen und Sponsoren ausfindig machen, mich um die Kostüm-Stände am Tag der Show vor Ort kümmern und den Mietwagen, eine Limousine, abholen. Außerdem sollte ich die eingeladenen Stars (aus den verschiedensten Ländern der Welt), von einem Hotel am Ku'Damm abholen und zur Show fahren. Ich genoss das komplette Vertrauen der beiden und half zusätzlich beim Vorbereiten der Show, wie zum Beispiel beim Auf- und später auch beim Abbau, bis hin zum Bedienen des Vorhangs beim Finale.
An dem Wochenende, als die Show stattfand, hatte ich weit über dreißig Stunden in vier Tagen gearbeitet und war einfach nur froh, dass ich die Woche darauf in der Tanzschule und in der Bibliothek frei hatte. Nach zig Überstunden und verständlicherweise todmüde fuhr ich die Stars am Ende in ihr Hotel und noch ein Mädchen, ebenfalls eine Schülerin der Tanzschule, nach Hause. Christina sagte, dass ich ruhig den

Mietwagen erst am nächsten Tag abgeben könnte und damit nach Hause fahren sollte. Als ich irgendwann nachts ins Bett fiel, wurde mir bewusst, wie sehr mir alles weh tat, wie müde ich war und wie sehr ich diese Arbeit liebte. Obwohl ich fix und fertig war, wurde mir klar, dass es genau das war, was mich damals erfüllte. Ich wollte Eventmanagerin sein! … und mit diesem schönen letzten Gedanken schlief ich seelenruhig ein. Ich war so glücklich, dass ich mir einige Stunden gar nicht aufschrieb, die ich bei Christina und Serano arbeitete. Die, die ich mir aufschrieb, legte ich dann Christina nach drei Wochen vor. Sie und ihr Mann Serano waren im Urlaub gewesen und brachten eine richtige, unerwartete Überraschung für mich mit…

Kapitel 11
Sommer 2005
Die eine Arbeit ist zu Ende und meine Berufung fängt gerade an…

„…nun ja, ich wollte dir nur sagen, dass wir dir vier Stunden gestrichen haben. Du hast viel zu lange an der einen Liste gesessen und hast dieses Wochenende ja eh genug verdient! Hier ist der Rest und mach dir noch einen schönen Abend“, sagte Christina mit einem ziemlich fiesen Lächeln. Ich war todmüde, nickte und wollte einfach nur nach Hause. Ich hatte an dem Tag viereinhalb Stunden Tanzunterricht, drei Stunden bei Serano und eineinhalb Stunden bei Christina und habe gar nicht wirklich verstanden, was sie mir da gerade gesagt hat. Draußen wartete Toni, um mich auf seinem Roller nach Hause zu fahren. Ich nahm ihr das Geld ab und wollte meine müden Beine einfach nur nach Hause bringen. Zu Hause angekommen ging ich die Aussage von Christina noch einmal durch und begriff, was sie gerade von sich gegeben hatte. Ich regte mich sofort auf und beschloss sie nächste Woche darauf anzusprechen. ‚Es geht doch nicht‘, dachte ich mir, ‚dass man jemandem seine Arbeit nicht oder nur teilweise bezahlt!‘ Oder sah ich das falsch?

Eine Woche später und wütend angekommen wurde ich gleich wieder abgekühlt. Ich wurde leider zwei Wochen lang vertröstet. Sie meinte, ich sollte das mit Serano klären, nur dass der ständig nicht da war. Das war schon sehr verwirrend, da sie eigentlich diejenige war, die mit den Zahlungen und den Bürozeiten zu tun hatte. Ich war mir sicher, dass es sich um einen Irrtum handeln müsste. Ich hatte schon oft fiese Dinge über dieses Paar gehört, doch wahrhaben wollte ich das nie, bzw. wollte ich mir ein eigenes Bild darüber machen. Das bekam ich damit anscheinend präsentiert.
„Du fühlst dich also ungerecht behandelt?“, fragte mich Serano zwei Wochen später, mit seinem südamerikanischen Akzent.

Wir saßen hinter dem Tresen am Eingang der Tanzschule. Ich war wirklich gespannt, was er mir jetzt wohl erzählen würde. „Natürlich fühle ich mich so!“, sagte ich, „Christina hat irgendetwas von einer Liste erzählt und ich verstehe nicht, warum ihr mir für meine Arbeit kein Geld bezahlen wollt, obwohl es vorher so abgemacht war?“ Er fuhr fort: „Weißt du, Sabrina, wir sind ja nicht geizig, aber die Show lief nicht besonders gut. Das musst du verstehen und wir streichen dir ja nicht das ganze Geld. Sei doch einfach mit dem zufrieden, was du bekommst!“ Ich war sprachlos. Ich hätte verstanden, wenn sie mich direkt und nett gefragt hätten, aber dass sie einfach über mich hinweg entschieden, fand ich ungerecht. Außerdem behauptete er, wie Christina, dass ich an einem besagten Abend wohl viel zu lange an einer Liste arbeitete. Obwohl ich ihnen beweisen konnte, dass ich diese schnell fertig hatte und ansonsten alle Vorbereitungen für die Show traf und ihre kompletten Sachen, Vorhänge, Koffer etc. zusammengepackt hatte, war ihm das egal. Christina kam irgendwann auch dazu. Nach einer Stunde Diskussion und langem Hin-und-Her-Gerede, bei dem ich mittlerweile auch schon lauter wurde und ihnen alles erläuterte, begriff ich, dass sie mir das Geld nie auszahlen würden. Zu diesem Zeitpunkt wollte ich es dann schon gar nicht mehr haben! Vor Wut und Empörung liefen mir mittlerweile schon die Tränen aus den Augen. Für mich war die Sache gelaufen und glasklar, aber Serano bestand darauf, dass wir uns noch einmal eine Woche später darüber unterhalten sollten. „Wozu?“, fragte ich ihn. „Ihr wollt mir das Geld nicht auszahlen und könnt mir keinen triftigen Grund dafür nennen und ich will es jetzt eh nicht mehr! Ich habe durch diesen Vorfall meinen eigenen, ganz persönlichen Eindruck von euch bekommen! Was soll man da noch besprechen? Oder willst du etwa auch noch, dass ich eure Meinung annehme?“ – „Ja!“, sagte er, wie aus der Pistole geschossen. Unter Tränen, die mir zuvor vor Wut geflossen sind, musste ich plötzlich laut lachen. ‚War das wirklich sein Ernst?‘, fragte ich mich. Wie dreist war das denn?

Ich konnte es kaum glauben, was ich eben gehört habe. Da fuhr ich fort: „Hör zu, es ist unverschämt nach solch einer Diskussion so etwas tatsächlich von mir zu verlangen und außerdem völlig realitätsfremd!“ Er hatte mir noch nicht einmal ein Taschentuch für meine Tränen gereicht. „Wovor hast du eigentlich Angst?“, fragte ich ihn immer noch mit einem Lächeln auf den Lippen. Ich hatte jetzt das hohe, tolle Bild von diesen beiden Menschen durch ihr eigenes Handeln verloren. Denn die Realität sah wohl anders aus.

Auch wenn ich eine Seele bin, die stets das Gute im Menschen sieht, gibt dies dennoch niemandem das Recht, mich so zu behandeln, als könnte man sich alles bei mir erlauben! Heute weiß ich durch ein Channeling mit ihren Seelen, warum es dazu kam. Ich sollte nicht länger bei ihnen im Büro arbeiten. Meine Seele wollte ganz klar, dass ich mich aufs Tanzen konzentrierte, weil es eine der Herausforderungen auf meinem Seelenweg war und zudem in etwas noch Wichtigerem, von dem ich noch keine Ahnung hatte. Wären Serano und Christina mir gegenüber nett geblieben und hätten mir alles ausgezahlt, dann wäre es vielleicht nie zu dem gekommen, was dann geschah! Ach, was sage ich, es wäre definitiv nie passiert! All das war ein Teil vom großen Plan, mich zu meiner Berufung zu führen. Beide sind keine schlechten Menschen. Sie haben sich, was mich betrifft, als Seelen darauf eingelassen, mich zu meiner Berufung zu führen, ohne es zu wissen. Die Menschen, die wir im Leben oft be- oder verurteilen, sind meist die Seelen, die uns im Leben am weitesten bringen! Heute bin ich beiden so unendlich dankbar, dass ich es nicht in Worte fassen kann. Was Serano für mich getan hat, ist so ein wertvoller Schatz…aber siehe selbst, wie es weiterging!

Immer noch in der Diskussion…
„Habt ihr Angst, dass ich jetzt herumrenne und erzähle, dass ihr Betrüger seid und mich für die Arbeit nicht bezahlt habt? Wenn es wirklich wegen der Listen ist, sagt man währenddessen

gefälligst: ‚Das dauert uns zu lange! Nimm die Aufgaben mit nach Hause und mach sie da fertig, allerdings dauert es schon so unbeschreiblich lange, so dass wir es dir nicht bezahlen.‘ Oder ihr hättet auch sagen können, dass ich sie hätte schneller und sofort erledigen müssen und es nicht bezahlt wird! Ihr jedoch wolltet nach einer schlecht bezahlten Show einfach da sparen, wo es euch passt! Wisst ihr was? Ich kündige hiermit und werde nie wieder für euch arbeiten! Ich hatte mir zig Stunden noch nicht einmal aufgeschrieben!“ Ich ließ einen kleinen Lacher von mir. „Wie ich das jetzt bereue! Das hätte ich mal tun sollen!“ Christina unterbrach mich: „Wieso denn kündigen?“, unterbrach sie mich. „Gut, im Büro warst du nicht die Schnellste, aber im Organisieren und Eventbereich bist du toll!“ Ich dachte, ich hörte nicht recht, und sah sie entrüstet und sprachlos an. Mir blieb die Spucke weg. „Du denkst tatsächlich, dass ich noch mal für euch arbeite, damit ich die nächste Laune abwarten kann, bei der ihr mich nicht bezahlen wollt? Das kannst du vergessen! – und zu dir Serano“, ich drehte mich noch einmal zu ihm um…, „wenn ich nach dieser Diskussion noch bei dir Tanzunterricht nehmen darf, komme ich nur noch hierher, um genau das zu tun! Ich werde alles mitnehmen, was ich lernen kann, und du wirst dich noch mal umsehen! Ich bezahle dich dafür, dass du dich vorne hinstellst und mir Tanzen beibringst und mehr nicht!“ Ich stand auf und nahm meine Sachen. „Ich gehe jetzt!“ Ich drehte mich wutschnaubend um und verließ die Tanzschule. Draußen wartete Eleonora, eine Tanzfreundin, die ich damals mit zu den ‚Banudis‘ genommen hatte und erzählte ihr alles. Sie war so erstaunt, dass ich mich getraut hatte, ihnen das alles ins Gesicht zu sagen. Sie sagte mir, wie mutig ich sei, dass ich den beiden meine Meinung gesagt hatte, aber ich war einfach nur wütend! Ich wusste, dass ich sicher nicht die Erste war, mit der sie so etwas veranstaltet hatten, aber vielleicht eine der ersten, die ihnen die Meinung geigte. Tja, und damit war meine Bürozeit dort vorbei, aber nicht die Tanzzeit und erst recht nicht das, was noch viel wichtiger war… die Rückkehr meiner Hellsichtigkeit!

…ob ich mir Sorgen darüber machte, dass ich nun keinen Nebenjob mehr hatte? Nö! Zum einen war ich viel zu aufgebracht, um zu trauern, zum anderen wusste ich irgendwie, dass es nun bergauf gehen würde. Ich hatte wieder einmal Gottvertrauen.

Wie heißt es in dem deutschen Lied? – Engel weinen, Engel leiden, Engel fühlen sich mal alleine…gut möglich, aber heutzutage heißt es zusätzlich: Aber ihr habt die Engel unterschätzt, denn sie können auch anders, wenn ihr es mit ihnen zu weit treibt und außerdem geben sie nie auf! Wer sollte denn Gottvertrauen haben, wenn nicht die Engel? Ich gab dem nicht mal den Namen ‚Gottvertrauen‘ – ich gab ihm den Namen: ‚Es kann nur besser werden!‘

Kapitel 12
November 2005 – Völlig durcheinander

So kam es, dass ich weiterhin jeden Mittwoch die Tanzschule Banudis mit meiner Anwesenheit beglückte. Die beiden Lehrer und ich tauschten dann nur noch ein einfaches Lächeln aus und hatten sonst nichts mehr miteinander zu tun. Ich nahm jede Nachholstunde, die ich bekommen konnte, wenn mal der Unterricht ausfiel und kam jeden Mittwoch früh, abends und am nächsten Tag, um begierig mein Wissen aufzufrischen. Und zwar jetzt erst recht! Meine Freunde konnten es nicht verstehen, dass ich die beiden weiter mit meinem Monatsbeitrag finanzierte und dort noch hinging. Ich konnte es nicht erklären, aber ich wusste, dass es wichtig war, dort nicht aufzuhören. So, als wäre es vom Schicksal bestimmt gewesen, ließen es die beiden ja auch weiterhin zu. Nach der Rede, die ich ihnen geliefert hatte, habe ich eigentlich erwartet, dass sie mich rauswerfen würden, aber wenn etwas sein soll…

Am Anfang war ich noch richtig wütend auf Serano und ließ ihn das während des Unterrichts spüren. Typisch 3D*, wie die spirituelle Welt behaupten würde. Ich war auch nur ein Mensch, auch wenn es sich komisch anhört, doch damals genoss ich es, wie unangenehm ihm die ganze Sache war. Meine Blicke konnten töten, wenn man sterben wollte… er wollte es wohl nicht und ist zum Glück heute noch wohl auf…zum großen Glück! Später erfuhr ich durch eine andere Tänzerin, dass ich bisher die Einzige war, die nach einer Diskussion mit den beiden, weiter zum Tanzunterricht kam. Alle anderen wollten verständlicherweise absolut nichts mehr mit ihnen zu tun haben. Bei diesem Gespräch erfuhr ich dann auch, dass ich wohl nicht die Erste war, der sie das Geld nicht zahlen wollten.
Der Tanz war mir wichtiger als alle Diskussionen und Wut zusammen. So ließ die Wut nach drei bis vier Wochen langsam nach. Ich war nie ein Mensch, der lange auf jemanden wütend

sein konnte.

Das ist wieder einmal ein typisches Engel-Muster: Liebe den Menschen und helfe! Wut an sich macht den Menschen auf lange Zeit gesehen krank. Sie richtet sich nämlich auch gegen denjenigen, der wütend ist! Liebe und Hilfe sind eine beidseitige, positive Energie: sie bringt dich weiter, macht dich glücklich und ist die wahre Natur des Menschen! Es geht nicht darum, nachzugeben und sich alles gefallen zu lassen, sondern darum, dass die Emotionen nicht die Kontrolle über dich haben, sondern du selbst und die Liebe!

Es war mir eh lieber, den Unterricht schnell wieder genießen zu können, und irgendwann gelang es mir tatsächlich beim Tanzen wieder zu lächeln.
Unverhofft kommt oft!

„Sehr gut, Sabrina!", sagte Serano eines Tages im Unterricht zu mir und brachte mich damit völlig aus dem Konzept. Hätte ich nicht rechtzeitig das richtige Bein als Halt hingestellt, hätte ich auf jeden Fall einen Stunt-sicheren Sturz aufs Parkett gelegt, so verwirrt war ich über das Kompliment. Das hatte ich aus seinem Munde bisher noch über keinen seiner Schüler sagen hören. Er und ich hatten kaum Kontakt, seit dem Streit letzten Sommer. Auf dieses „Sehr gut, Sabrina!" war ich überhaupt nicht vorbereitet und verlor deshalb für den Rest des Unterrichts mein Gleichgewicht und meine Konzentration. Ich war wohl nicht die einzige im Saal, die erstaunt war, denn ich sah andere mit offenem Mund dastehen. Es konnte nicht an meiner missglückten Bewegung gelegen haben, die da folgte. In dem Fall wäre es eher ein Lachen gewesen, das die anderen in ihren Gesichtern gehabt hätten. Sie mussten also wohl über Seranos Kompliment so erstaunt gewesen sein, genauso wie ich.
Tatsächlich war es der Fall, dass danach noch mehr Komplimente zu meinen Tanzbewegungen folgten. Ich wusste

nicht, was in ihn gefahren war. Hatte er ein schlechtes Gewissen, das er wieder begradigen wollte? Wollte er mich ärgern oder sogar die anderen durch Neid auf mich hetzen, bis ich in alle Stücke zerrissen werden würde? Hatte ein lustiger Geist von ihm Besitz ergriffen und veräppelte mich jetzt? Oder war es gar möglich, dass das Unmögliche wahr wurde und ich tatsächlich tänzerisch besser wurde? Ich wusste es nicht und musste mich erst einmal sammeln. Es kamen von ihm Sätze wie: „Schaut, wie Sabrina es macht, sie kann es!“, „Sabrina ist immer da und kommt morgens, abends und am nächsten Tag und ist so fleißig!“ und „Lass Sabrina vorne stehen, sie kann das, du kannst dann bei ihr abgucken!“ Ich war einfach sprachlos! Nun gut, seit unserem Streit damals habe ich jede Bewegung, die ich bei ihm lernte, dreimal, ach was sag ich da, hunderte Male zu Hause geübt, damit ich sie die Woche darauf tanzen konnte, aber mir persönlich war damals nicht aufgefallen, dass ich wohl solche Sprünge gemacht haben sollte. Mich verwunderte auch, dass diese Sätze von ihm kamen, obwohl wir doch diese Diskussion hatten. Ich konnte das Ganze weder glauben noch verstehen, aber natürlich genoss auch ich irgendwann diese Komplimente. Es war schließlich Serano Banudis, der erste Solist in einem American Ballett, wie ich damals erfuhr, und fast auf der ganzen Welt bekannt! Es hatte natürlich einen Grund, warum ich zu jeder Stunde anwesend war. Er und seine Frau waren stets unterwegs und ich wollte nach unserem Streit um keinen Preis eine einzige Nachholstunde an die beiden verschwenden, da diese innerhalb von drei Monaten genommen werden mussten. Es tat meiner Kondition, Haltung und meinem Ausdruck wohl sehr gut, zwei bis drei Mal in der Woche Unterricht zu haben! Aber warum die Komplimente? ‚Müsste er mich nicht hassen?‘, dachte ich damals… vielleicht konnte er ja auch nicht lange sauer sein?

Eines Tages hatte ich plötzlich ein Gefühl. Es könnte ein Gedanke gewesen sein, aber heute weiß ich, dass es eine Vision

war. Eine der ersten, von vielen, die noch folgen würden…
Ich zog mich nach dem Unterricht um, trat aus dem Tanzstudio heraus in die Sonne, freute mich und hatte nach einigen Schritten plötzlich das Gefühl, dass Serano mir hinterherrennen würde. Ich drehte mich um, aber da war er nicht. Ich dachte, dass ich es mir wohl bloß einbildete, und beschloss weiter zu gehen, als ich plötzlich das hier hörte: „Sabrina, warte kurz!“ Serano schrie mir plötzlich hinterher. Ich fragte mich, ob ich mir das auch einbildete, drehte mich ein zweites Mal um und sah ihn tatsächlich auf mich zurennen. „Hast du kurz fünf Minuten?“, fragte mich Serano. Die Wut über den Betrug im letzten Sommer war immer noch zu frisch. Ich konnte es vergeben, aber nicht vergessen. Wollte er jetzt was von mir dafür, dass er mir so viele Komplimente gemacht hatte? Ich antwortete ihm kalt: „Nein, Serano. Ich muss jetzt zur Arbeit … GELD verdienen!“, und lächelte ihn ein wenig gehässig an. Komplimente reichten nicht, um zu vergessen. „Bitte, nur drei Minuten. Ich möchte dich etwas fragen, wegen einem Projekt!“ Ich atmete tief durch und sagte: „Leg los!“ Nett war er ja und ich wollte hören, was er mir für ein Angebot machen wollte. Er erzählte, dass seine Ballett-Kinder-Klasse im Theater eine Aufführung haben würde und ob ich Lust hätte eine kleine Rolle im Hintergrund mit einem Schleier zu tanzen. Es wären neben mir noch zwei Schleiertänzerinnen auf der Bühne. Auf meine Frage hin, wie groß der Umfang war und ob es eine Gage geben würde, erzählte er mir von drei bis vier Auftritten und Proben für diesen Auftritt, und dass er mir statt einer Gage eine DVD oder ein Video geben würde. Ich sagte ihm, dass ich es mir überlegen würde, fragte aber auch Folgendes: „Serano, warum gerade ich?“ Das wollte ich unbedingt wissen. Es gab so viele andere Tänzerinnen, die keine Probleme mit den Banudis hatten. Hatte er die Diskussion schon vergessen? Und ich war weder besonders gut, fand ich damals, noch allzu lange bei ihnen!

Es gibt einfach Menschen, die in der Gegenwart leben, und

wenn man in der Vergangenheit nicht gut miteinander konnte, so muss das nicht bedeuten, dass das schon das Ende der Begegnung ist... wie sich herausstellte...

„Nun ja, wenn du Lust hast“, antwortete Serano. „Außerdem sind die anderen Tänzerinnen ungefähr gleichgroß!“ – „Aha!“ Das war ja mal wieder eine Aussage, die mich in ein Stirnrunzeln und Nachdenken verfallen ließ. Meiner Meinung nach war das ein komischer Grund, aber nun gut. Ich ließ mir zwei Wochen mit der Antwort Zeit und wählte meine Worte nach langer und guter Überlegung ganz genau. Warum sollte ich ihm sofort Bescheid geben, wo ich doch damals vier Wochen auf mein letztes Gehalt warten musste.

Das ist eine typische Reaktion des Egos: Wie du mir, so ich dir! Damals dachte ich, dass es vollkommen in Ordnung sei, wenn man andere so behandelt, wie sie einen selbst behandeln. Eine Art ‚Erziehungsmaßnahme‘ also. Heute weiß ich, dass man viel besser dran ist, wenn man bei sich bleibt, wenn man so ist, wie man eben ist und das auch lebt und zeigt. Wenn man möchte, dass sich andere verändern, bringt es gar nichts, so zu sein wie sie. Es fängt bei dir selbst an! Wenn man mit Liebe reagiert und seinem eigenen Charakter, dann haben andere ein Vorbild und werden aufgeweckt. Wenn man anderen einen ‚selbst-gemachten Spiegel‘ vorzusetzen versucht, sind sie einfach nur unangenehm abgeschreckt und reagieren wieder so wie vorher... ein Teufelskreis eben. Außerdem fühlt man sich nicht gut, wenn man dasselbe macht, das andere einen antun. Zum einen ist man dann weit weg von seiner selbst und zum anderen ist alles, was einen am anderen stört und was man nachmacht, sehr energiezehrend und alles andere als angenehm!

Ich wollte es mir mit ihm nicht verscherzen und einigermaßen erwachsen handeln. Es sollte auf keinen Fall wie eine zickige späte Reaktion der Diskussion von damals aussehen. Wenn er es anscheinend schon verarbeitet hat, wollte ich nicht wirken, als ob die beiden mir durch Emotionen und Gedanken immer noch Tag und Nacht raubten. Taten sie ja nicht… In der zweiten Woche, nach dem Unterricht, ging ich dann zu ihm. Er saß hinter dem Anmeldetresen und sah ziemlich müde aus. „Wie geht's dir?", fragte ich ihn. Ich war ja kein Unmensch und musste schon zugeben, dass er mir nicht egal war. Trotz der Diskrepanz, die wir damals hatten, hatte ich meinen Respekt vor ihm nie wirklich verloren, wurde mir bewusst. Ich wusste die Komplimente im Unterricht wirklich zu schätzen, die er nur mir zu Teil werden ließ. Er tat mir schon ein wenig leid, wie er so zerknirscht dasaß. „Ich bin grad sehr gestresst und müde, aber es geht schon!" Auch die Jahre danach war er immer ehrlich zu mir, so dass einige Schüler sich schon wunderten. Wenn sie berichteten, dass er gerade gut aussehen würde und ich ihn danach aber fragte, da ich anderer Meinung war, und er mir bestätigte, dass es ihm eigentlich gar nicht gut ging, schauten sie mich immer mit großen Augen an. Die anderen Schüler waren immer erstaunt, dass er sich Ihnen gegenüber wohl nicht so offenbart hatte, obwohl sie teilweise seit Jahren seine Schüler waren. Er lächelte und fragte: „Was kann ich für dich tun?" – „Es geht um die Auftritte, auf die du mich angesprochen hast und ich muss dir leider absagen…" – „Ah, ich verstehe. Du hast keine Zeit. Das verstehe ich – Arbeit und so…" Das wäre ein wundervoller Moment zum Lügen gewesen oder zu einem einfachen ‚Ja, ja', doch leider war ich ihm gegenüber, wie er mir gegenüber, immer aufrichtig. „Nein, ich möchte ehrlich sein. Ich fühle mich sehr geehrt und geschmeichelt, dass du mir dieses Angebot gemacht hast. Bestimmt fragst du nicht jede Schülerin. Das bedeutet mir sehr viel, aber die Sache letzten Sommer ist noch zu frisch und ich würde mich dabei nicht wohl fühlen!" Das hatte mich damals meinen ganzen Mut gekostet. Ich wusste nicht, was er für ein Mensch war. Würde er es respektieren? Wäre es in seinen Augen eine Unverschämtheit von mir, einen Serano Banudis abzulehnen?

Damals wusste ich nicht genau, warum ich abgesagt habe, heute weiß ich, dass es aus Selbstrespekt war. Ich glaube auch, dass ein Teil von ihm das sehr schätzte, wobei ein anderer sich natürlich zurückgestoßen fühlte. Manche könnten behaupten, dass ich mir eine gute Chance habe entgehen lassen und dass es mein Ego war und nicht mein Selbstrespekt, aber ich hatte meinen absoluten Frieden mit dieser Entscheidung. Ich wusste, dass ich mich nach dem, was passiert war, nicht wohl fühlen würde, wieder in indirekter Weise für diese Tanzschule zu arbeiten, ohne dass mir eine Entschuldigung entgegengebracht wurde. Ich hatte das Gefühl, dass es ein Test war, ob ich das gleiche noch einmal durchmachen möchte und mich am Ende wieder schlecht behandeln lassen oder Vertrauen haben würde. Es konnte natürlich ganz anders kommen, aber ich sah darin Zeichen: Eine Tänzerin unter dreien, viele Auftritte, viele Proben, keine Bezahlung und wieder für die gleiche Tanzschule...

Er schaute mich müde an und sagte: „Ich verstehe! Ein anderes Mal vielleicht...“ Obwohl er es sehr nett sagte, wusste ich dennoch, dass es kein anderes Mal mehr geben würde. Ich hoffte es immer, aber es passierte leider nie, ein Gefühl, dass sich bestätigte. Man entschied sich für oder gegen die Banudis. War man einmal gegen sie, hatte man seine Chance vertan. Ich lächelte ihn an und machte mich auf den Weg zur Arbeit.
Trotzdem hielt dies Serano danach nicht davon ab, mich im Unterricht weiter zu unterstützen und mich auf meine Stärken und Schwächen hinzuweisen. Und zu meinem Erstaunen hörten auch die Komplimente nicht auf. Meine Wut verschwand komplett und ich bemühte mich, ihm eine richtig gute Schülerin und Tänzerin zu sein. An dieser Stelle möchte ich ihm, egal was vorher oder später war, vom ganzen Herzen für seine Unterstützung danken. Danke, Serano Banudis!

Kapitel 13
Dezember 2005 – Ein Wunsch geht in Erfüllung

„Du, meine Tante ruft grad schon zum zweiten Mal an. Ich werd sie mal kurz zurückrufen und fragen, was los ist!“ Ich telefonierte mit einer Freundin, als ich die Telefonnummer meiner Tante auf dem Display meines Telefons aufblinken sah. Ich rief sie zurück und hoffte auf gute Nachrichten, die so dringend waren, dass sie gleich zweimal anrief. „Was ist denn los, Tantchen?“ – „Hast du kurz Zeit? Ich wollte dich wegen einer Reise im März etwas fragen, ob du Lust hast mitzukommen.“ Ich sagte ihr, dass ich kurz das Gespräch mit meiner Freundin beenden würde, um sie dann gleich im Anschluss wieder anzurufen. Meine Tante machte ihren Urlaub damals gerne auf einer bestimmten Clubschifffahrtlinie. ‚Würde sie mich endlich mal mit auf eine Schiffsreise nehmen?‘, war mein erster Gedanke. Meinte Tante fuhr schon so oft mit dieser Kreuzfahrtschifflinie und es war einer meiner Träume, das auch mal erleben zu dürfen. Aber mein zweiter Gedanke war gleich, dass das unmöglich stimmen könnte! Ich war darauf scharf, seit ich siebzehn Jahre alt war und sie hat mir oft erzählt, wie toll sie es fand. Damals reiste sie noch mit ihrem Mann, der aber leider vor fünf Jahren verstarb. Seitdem reiste sie alleine. Ich hatte immer gehofft, dass sie mir die Schiffsreise zu meinem achtzehnten Geburtstag schenken würde. Es war zwar keine Schiffsreise, aber ein bisschen Taschengeld, das ich gut gebrauchen konnte.
„Meine Tante will mich zu einer Reise einladen!“, sagte ich zu meiner Freundin am Telefon. „Und wohin?“, fragte sie. „Nun ja, ich hatte ja sofort an eine Kreuzfahrt, bzw. Clubschifffahrt gedacht. Ha ha ha! Das wünsch ich mir jetzt schon seit Jahren, aber wahrscheinlich wird’s die Ostsee oder so etwas in die Richtung, der Timmendorfer Strand sicherlich. Da war ich als Kind mal mit ihr und ihrem Mann. Aber weißt du, wenn es sie glücklich macht, begleite ich sie gerne. Sie meinte im März – da

wird's an der Ostsee wohl noch kalt sein, brrrr, aber was macht man nicht alles, um andere glücklich zu machen?", ich musste schmunzeln. Ja, das war typisch Sabrina, immer für alle anderen da sein und alle glücklich machen…ein typischer Engel eben. Ich wollte mich aber nicht beschweren, denn ein Urlaub war eine sehr gute Einladung, jemanden glücklich zu machen! In dem Falle, wollte sie mich nämlich glücklich machen, wie schon so oft davor! „Ich ruf dich dann später an und sag dir, wohin es gehen wird!", und so legte ich auf. Ich wählte die Nummer meiner Tante und hatte immer noch diese winzig kleine Hoffnung, dass ich irgendwann auf einem richtigen Schiff sein würde, aber jetzt war ich erst einmal gespannt, wohin es im März gehen würde.

Sabrina: „Hallo? Ich bin's. Na dann erzähl mal. Wo soll es denn hingehen?" Ich malte mir schon die Gänsehaut am Meer und die Eisbeine unter der Decke aus, die ich hätte, wenn es an die Ostsee gehen würde.

Tante: „Ach, weißt du, ich hab hier bei uns in der Ortszeitung ein Angebot von der Clubschifffahrtslinie entdeckt, mit der ich immer fahre…"

Folgendes passierte nach diesem Satz: Ich hatte den Mund offen und war sprachlos – ich wollte gar nicht glauben, was ich da hörte und vermochte nicht zu hoffen, was gleich kommen würde!

Tante: „Da ist es halt richtig günstig, wenn man zu zweit fährt…"

Ich war den Tränen nahe, mein offen stehender Mund wurde langsam trocken und ich war immer noch sprachlos.

Tante: „Und daher…"

Die Sekunden zogen sich wie Stunden dahin und ich konnte es nicht glauben, dass ich gerade nicht träumte…

Tante: „…wollte ich dich fragen, ob du Lust hast mitzukommen. Ich lade dich ein!“

Und wenn ich nicht gestorben war, dann schwieg ich auch noch heute vor Sprachlosigkeit!

Meine Tante am anderen Ende des Hörers wunderte sich: „Sabrina? Bist du noch da? ...“

Ich saß erstaunt und sprachlos am Hörer. Die kleine, diese klitzekleine Hoffnung auf eine Schiffsreise sollte jetzt tatsächlich wahr werden? Ich musste daran denken, wie sehr es sich meine Mutter immer gewünscht hatte, einmal auf Kreuzfahrt zu gehen. Sie liebte die Serie ‚Das Traumschiff‘ und hatte es immer vor, wenn sie mal zu Geld gekommen wäre oder alt geworden wäre. Beides hatte sie leider nie erreicht und war damit nie auf einer Kreuzfahrt gewesen. Ich dachte an mein Referat über die Titanic, lieber Leser, dir kann ich es im Vertrauen ja erzählen: Ich stellte mir natürlich sofort die Szene im Film ‚Titanic‘ von James Cameron vor, in der Rose das erste Mal an Bord ging. Nur dass ich mich jetzt selbst unter diesem riesig großen Hut, den sie dort trug sah und nicht sie. Ein bisschen kitschig, ich weiß und lieber Leser, dass du wahrscheinlich eher gerade an die Szene mit „Ich bin der König der Welt“ oder an die Kuschel-Szene gedacht hast, aber nein, es war der erste jungfräuliche Schritt an Bord! Es waren nur wenige Sekunden, als ich nicht antwortete und mir diese und tausend andere Gedanken durch das Gehirn flitzten. Es kam mir vor wie Stunden.

„Hallo? Bist du noch da? Hättest du Lust und Zeit?“, fragte sie mich erneut.

Was war das für eine Frage? Natürlich hatte ich Lust!! Ich glaubte, ich schrie fast vor Glück.

„Natürlich habe ich Lust! Danke, danke, danke! Und die Zeit nehme ich mir! Ich werde so lange auf meine Chefin einreden, bis sie mir frei gibt. Ich komme auf jeden Fall mit!"

Das hätte ich mir auf keinen Fall entgehen lassen wollen. Wer würde das schon?

Anfang März 2006 – Die große Reise ging los

Das Jahr 2006 fing, wie in meiner Vorahnung, schon super an! Ich würde eine Kreuzfahrt machen! Ich wusste, dass die Zahl sechs einfach nur gut sein konnte und sie meine Glückszahl war! Nach all dem Leid in den letzten Jahren, dem Gefühl, allein zu sein und der Tragödie mit meiner Mutti...jetzt – 2006 – würde sich alles ändern... und wie!! Ich bekam natürlich frei und sparte kräftig für mein Taschengeld an Bord. Ich zählte die Tage und Stunden und war so unglaublich aufgeregt. Ich liebte Schiffe einfach. Sie zogen mich immer magisch an. Wenn ich als Kind mal wieder von meiner Tante mit in den Urlaub genommen wurde und wir am Strand lagen, beobachtete ich immer die großen Dampfer weit draußen auf dem Meer. Von meiner Position aus sahen sie wie Spielzeugschiffchen aus. Den bereits erwähnten Film ‚Titanic' sah ich mir bis heute unzählbar oft an. Ich habe den Film so oft gesehen, dass die DVD schon einen Sprung hat. Der Film stoppt immer an der Stelle, wo Rose und Jack entscheiden, dass sie zusammenbleiben wollen und dann im nächsten Moment das Schiff den Eisberg rammt. Und dann schwupp, geht die DVD aus... daher ist der Film neuerdings für mich sogar mit einem Happy End gesegnet!
Nun war es so weit! Es ging von Mallorca aus los, über Tunesien, Palermo, Neapel (mit Pompeij) und Barcelona. Die ganze Reise fühlte sich von Anfang bis Ende absolut magisch an

und natürlich dachte ich bei meinem ersten Schritt an Bord an die besagte Szene aus Titanic… nur das ich leider keinen Hut hatte. Es war trotzdem toll! Die Reise war acht Tage lang. Ich fühlte mich an Bord wie zu Hause. Es war schön, dass es eine angenehme, persönliche, familiäre Atmosphäre an Bord gab, nicht so unpersönlich wie in Hotels. Wir würden ja allesamt eine Weile gemeinsam unterwegs sein.

Die acht Tage an Bord schienen aus mir einen neuen Menschen gemacht zu haben. Es war alles so luxuriös und alle waren immer so gut gelaunt und höflich. Bis dahin war es der schönste Urlaub meines Lebens! Auch wenn es nur eine kurze Zeit war, hatte ich richtig abschalten können und die Reise kam mir eher wie ein halbes Jahr und nicht nur wie acht Tage lang vor.
Es gab jeden Tag Tanzunterricht mit den verschiedensten Tanzrichtungen: egal ob Salsa, Merengue, Cha Cha Cha oder Rumba. Also total mein Ding! Von jedem Tanz lernte ich die Grundschritte. Jeden Abend gab es auch eine Abendshow in einem riesigen Theater für über eintausendeinhundert Personen! Die Show und die Künstler waren so atemberaubend gut und beeindruckend und das sogar bei hohem Wellengang! Die Wellen hatten mir absolut nichts ausgemacht und irgendwie wusste ich das schon immer…
Schön war es auch einfach jeden Tag in einem neuen Hafen zu sein. In so kurzer Zeit, Teile der Welt zu entdecken und das ganz ohne ständiges Kofferpacken. Natürlich ganz zu schweigen von dem üppigen und leckeren Essen an Bord. Ich glaube, ich hatte zuvor nie solch gutes Essen und gleichzeitig so viel davon in mich hineingeschlungen. Mancher Passagier war erstaunt, was alles so in mich hinein passte! Mit meinem ständig vollgestopften Mund antwortete ich einfach immer mit einem freundlichen Lächeln: „Geht schon!"
Außerdem waren alle an Bord sehr liebenswürdig: sehr hilfsbereites, freundliches Personal, liebenswerte Gäste und überhaupt hat alles gestimmt. Ich kam mit einer luxuriösen,

lockeren Welt in Berührung, die mir zu gefallen schien.
Als ich wieder nach Deutschland kam, geschah dies mit einem nicht so schönen Übergang. An meinem letzten Tag an Bord bekam ich eine starke Angina. Ich sah am Tag der Abreise zum Schiff empor und wusste, dass ich eigentlich nicht weg wollte. Ich wollte nicht zurück in mein ‚normales Leben'. Ich wollte mich nicht erinnern, was zu Hause war. Ich hatte hohes Fieber und kann mich bis heute nicht daran erinnern, wie ich wieder nach Deutschland und damit vorerst zu meiner Tante kam.

Ich machte damals eine seelische Transformation durch, wusste es aber nicht. Ich hatte mich verändert...Außerdem war es so schön auf dem Meer, dass ich mich nicht mehr dem Alltag stellen wollte. Jedoch alles, wogegen man sich zu wehren versucht (in meinem Fall die Rückkehr nach Hause), zeigt sich manchmal schnell und manchmal weniger schnell am Körper. Also, lieber Leser, falls du einmal so krank wirst, dass du nirgends hin kannst, überleg ganz stark, ob du irgendwohin gar nicht erst wolltest!? Das erspart dir viel Zeit und Leid und bei Authentizität gibt es bei diesem Angebot noch Gesundheit obendrauf!

Ich blieb also noch vier Tage bei meiner Tante, bis ich zurück nach Berlin reiste. Am Tag meiner Abreise ging es mir ein wenig besser. Aber erst, als ich aus dem Flughafen Berlin-Tegel trat, hatte ich das Gefühl, ich wäre aus einem Traum erwacht und wusste nicht, wo ich gerade war. Es schien mir alles so unwirklich, obwohl alles wie vorher war und ich nur knappe zwei Wochen weg war! Ich wusste den Weg nach Hause nicht mehr oder wie man einen Bus benutzt. Ich musste mich erst erinnern. Es war für mich plötzlich neu, dass ich ein Ticket lösen und umsteigen musste. Zu Hause hatte ich das Gefühl, ich wäre in einer neuen Wohnung, obwohl ich diese kannte und wusste, dass es meine war. Auf Arbeit musste ich mich erst an die Handgriffe wieder gewöhnen und die Namen meiner Kollegen hatte ich auch komplett vergessen. Ich war unglaublich traurig, wieder ‚zu Hause' zu sein, da ich das Gefühl hatte, als hätte ich mein richtiges Zuhause gerade verlassen! Was war da mit mir passiert? Etwas schien in mir erwacht zu sein… Die acht Tage auf dem Meer waren einfach magisch! Ich hatte mich entspannt und abgeschaltet. Ja genau, ich hatte einfach alles außer dem Schiff, dem Meer und den bereisten Ländern abgeschaltet! Oder war ich plötzlich wirklich ein anderer Mensch?

Bei einem Channeling, das ich später machte, erfuhr ich, dass ich die schönsten Leben immer auf dem Meer hatte: als Reisender, Seefahrer, Pirat und in vielen anderen Formen, frei und die Welt entdeckend. Im unterbewussten Seelenspeicher bleiben alle positiven und negativen Erfahrungen aus allen Leben gespeichert. Daher fühlen wir uns von etwas oder jemandem angezogen oder abgestoßen. Alte Erinnerungen kommen dann hoch. In dem Moment, als ich auf dem Meer war, wurde der aktuelle Teil von mir teilweise abgeschaltet und meine alten Erinnerungen erwachten zum Leben. Es war wie ein Zeitsprung, in den ich mich hineinversetzt fühlte. Das wusste ich damals aber noch nicht, war verwirrt und musste in der Gegenwart erst einmal wieder ankommen.

Acht Monate später fuhr ich erneut mit der gleichen Schifffahrtslinie. Ich fragte damals in meinem Freundeskreis, wer mitkommen wollte, und übrig blieb mein bester Freund Toni. Diesmal ging es die Kanaren-Route entlang. Es war jedoch nicht das Gleiche, aber es ist auch nicht wirklich wichtig für diese Geschichte, denn zwischen den beiden Fahrten ereignete sich etwas, was niemand erahnte: Meine Gabe erwachte wieder zum Leben…

Teil 2

***

Kapitel 14
Ende März 2006 – Der Geist des Tanzlehrers

Irgendwann hatte ich mich an mein normales Leben wieder gewöhnt, wobei mir das Tanzen sehr dabei half. Ich wurde immer besser und enthusiastischer. Ich ging zwei bis drei Mal die Woche in Seranos Unterricht, also eigentlich zu allen Kursen, die er gab, und schrieb dann alles, was ich bei ihm lernte, sofort auf. Ich tat das allerdings nie, wie manch andere Schülerin vielleicht, um ihm Bewegungen, Kombinationen oder gar seine Choreographien absichtlich zu nehmen, selbst zu unterrichten oder weiterzugeben, sondern um sie einfach nicht zu vergessen. Ich nahm mir vor, sie stets zu Hause nachzuschlagen und zu üben, um nicht aus der Form zu kommen. Zwar schrieb ich nicht die Choreographien auf, aber die Bewegungen und einige Kombis benutzte ich schon für meine Choreographien. Ich denke, dass nichts dabei war, was meinem Lehrer eine Enttäuschung oder Entrüstung gebracht hätte. Er war für mich schließlich so etwas wie ein Guru des Modern Dance. Sofort nach dem Kurs notierte ich meine Erinnerungen an die schöne Zeit, in der ich die unglaublichsten und schönsten Tanzschritte von ihm lernte. Ich notierte sie bei einem Latte Macchiato in einem Café, in dem ich mich nach dem Kurs allein und in Ruhe niederließ, in der U-Bahn, als auch auf der Arbeit am Tresen, während ich nebenbei die Kundschaft bediente und in extra gewidmeter Zeit bei mir zu Hause. Alles notierte ich in einem für mich heiligen kleinen ‚Tanz-Buch', damit ich keine Zettelwirtschaft verwalten musste. Ich liebte es jedem von meinen Erfolgen im Tanzunterricht zu erzählen. Naiv strahlte ich bei meinen Erzählungen über neue Bewegungen und Komplimente meines Lehrers darüber, wie gut ich mich mittlerweile machte. Doch plötzlich, bei einem Gedanken, der mir in diesem Zusammenhang einmal durch den Kopf schoss, zog sich alles in mir zusammen. Mir war plötzlich etwas aufgefallen… Ich war total verwirrt. Ständig und überall musste

ich an meinen Lehrer denken und von ihm erzählen, von Serano. Außerdem sah ich ihn durchweg... aber nicht den Menschen, sondern die Seele… Sollte es passiert sein? War ich verrückt oder gar verliebt? Um Gottes willen – nein!! Igittigitt! Bloß nicht! Das konnte doch nicht wahr sein! Das konnte und durfte einfach nicht sein, ich musste zwar die ganze Zeit an ihn denken, aber lieben? Nein! Bei diesem Gedanken drehte sich mir der Magen um! Dieser Mann war doppelt so alt und verheiratet. Gut, manche würden vielleicht sagen, dass das kein Grund wäre, aber ich war da anderer Meinung. Wie sollte denn so etwas bitteschön aussehen? Schon bei dem direkten Gedanken an die Möglichkeit an sich überkam mich ein Grausen! Da ich außerdem nichts vom Fremdgehen hielt und er nun wirklich gar nicht mein Typ war, war ich völlig verwirrt, doch konnte ich ihn trotz allem nicht aus meinen Gedanken verbannen. Es war ungefähr so, als würde er direkt vor mir stehen und mit mir sprechen. Ich wurde fast verrückt, weil es immer intensiver wurde, als ob ich mit meiner Erkenntnis seine Seele gerufen hätte, die jetzt stets an meiner Seite stand. Aber das wollte ich doch gar nicht! Ich machte mir solche Vorwürfe und verstand es nicht. Warum passierte es mir, jetzt wo alles so schön war? Ich wollte die Gedanken loswerden, ihn nicht mehr wahrnehmen und einfach nur ein normales Leben führen.
Ich versuchte wirklich alles Mögliche! Ich hatte im Internet recherchiert: Geisteraustreibung. Ich habe Räucherstäbchen angemacht oder laut Musik gehört, um mich abzulenken, aber er stand vierundzwanzig Stunden lang an meiner Seite. Ich merkte, dass er mir etwas sagen wollte, aber ich wollte es absolut nicht hören. Ich dachte ja, dass ich verliebt sei, dass ich mir alles nur einbilden würde, und wollte dieses Gefühl und die Gedanken an ihm (damals dachte ich noch, es wären bloß Gedanken), er würde neben mir stehen und mir etwas sagen wollen, einfach wieder loswerden. Ich wollte mich um nichts in der Welt da hineinsteigern oder gar mit einem komischen Gefühl zum Tanzstudio gehen. ‚Das fällt doch auf!‘, hatte ich mir gedacht

und alles versucht, aber seine Anwesenheit war zu präsent. Er war so präsent, wie es eigentlich nur ein realer Mensch konnte…

Diese Phase dauerte wochenlang an, ganze drei Monate, genauer gesagt. Bis Amira mir vorschlug, zu ihrer hellsichtigen Mutter Helena zu gehen, die sich mit der ‚anderen Welt'* verbinden konnte. Ich musste einfach alles ausprobieren. Was hatte ich zu verlieren?

Amira tauschte sich zum Thema Spiritualität viel mit ihrer Mutti aus. Ich konnte das ja leider nun nicht mehr. Damals war ich noch nicht offen für Spiritualität, aber wie schon erwähnt, konnte ich an Engel glauben und mir ging das Herz bei diesem Thema immer wieder aufs Neue auf! Die Seele von Serano war aber kein Engel. Jedenfalls hatte er keine Flügel und er war nun schon so stark anwesend und fast greifbar, sodass ich langsam davon ausging, verrückt zu sein. Ich dachte, wenn ich vor Amiras Mutter sitzen würde, würde sie mir sagen, dass ich mich einweisen lassen sollte, Medikamente nehmen müsste, da ich Wahnvorstellungen hatte, oder dass ich wie ein Teenager einfach nur verknallt war und einen verheirateten Mann in Ruhe lassen sollte. Zu Recht! Oh wie peinlich! So hätte ich jedenfalls damals an ihrer Stelle geantwortet und genau das erwartete ich: Einfach wieder einmal das Schlimmste. Beide Möglichkeiten wären schrecklich für mich gewesen. Ich wollte weder verrückt sein, noch erfahren, dass ich wohl in einen verheirateten Mann verliebt war! Da wusste ich, dass ich ihr vorher nichts sagen durfte! Ich wollte doch nicht für etwas verurteilt werden, was ich nicht wirklich empfand. Auch wenn es allem Anschein nach danach aussah, fühlte es sich für mich überhaupt nicht so an, doch eine andere Erklärung dafür hatte ich auch nicht. Er war eben einfach da. Einfach? Ich wollte nichts von alledem. Ich hatte unglaubliche Angst vor dem Ergebnis, das mir Helena präsentieren würde. Dass ich ihn mir vielleicht gar nicht einbildete, wäre mir nie in den Sinn gekommen…

Es war das erste Mal, dass ich bei einer Seherin war. Helena war eine sehr warmherzige und liebevolle Person. ‚Wenigstens würde mir die unheilbringende Nachricht (was ich damals vermutete) von einem lieben Menschen in einer angenehmen Umgebung präsentiert werden', dachte ich mir. Ihre Wohnung war sehr gemütlich und liebevoll eingerichtet. Ich betrat das Wohnzimmer. Na dann mal los…

Nach der Begrüßung und einem kleinem Tee setzten wir uns zu dritt (Amira, Helena und ich) gegenüber auf den Boden. Ich war unglaublich aufgeregt und traurig zugleich. Auch wenn ich endlich die Wahrheit hören wollte, schmerzte es mich sehr, dass ich entweder verrückt war, es gerade werden würde oder in Serano verliebt war. Ich hatte ihn immer sehr geschätzt und so viel von ihm gelernt. Ich wollte das alles nicht zerstören. Als wir alle zur Einstimmung die Augen schlossen, wusste ich, dass er wieder genau an meiner rechten Seite stand. Ich sah ihn, fühlte ihn und roch ihn. Es war ziemlich unheimlich, denn es war verdammt echt! Amiras Mama konzentrierte sich, fing leicht an zu lächeln und, bevor ich meine Frage stellen konnte, ob ich in Serano verliebt war oder ob ich verrückt werden würde (obwohl ich mir eher überlegte, wie ich die Frage stellen sollte, ohne mich selbst zu belasten), fragte sie: „Wer ist eigentlich der Mann an deiner rechten Seite? Ich habe ihn schon bemerkt, als du zur Tür herein kamst…" Ich öffnete die Augen und die Tränen liefen mir nur so meine Wangen hinunter. Hatte sie das gerade wirklich gesagt? War ich nicht verrückt oder einfach nur verknallt?

Sabrina: „Du kannst ihn sehen? Ich bilde mir das nicht ein und werde nicht verrückt?"

Helena: „Er ist sehr präsent. Er ist sehr groß und hat lange Haare. Er ist ein eher dunkler Typ, nicht wahr?"

Ich war sprachlos. Ich war also nicht verrückt. Sie beschrieb ihn so, wie er wirklich aussah. Ich hatte ihr nichts erzählt und sie sah das gleiche wie ich. Ich konnte also doch nicht verrückt sein, doch regte sich in mir folglich eine wichtige Frage, die ich ihr dann stellte:

Sabrina: „Wie werde ich ihn wieder los? Ich habe alles probiert: Räucherstäbchen angezündet, Schnüre aus alten Leben durchtrennt, habe versucht, seine Seele ins Licht zu schicken und alles, was er macht, ist lächeln! Ich habe im Internet recherchiert, Bücher darüber gelesen, aber nichts hat geholfen! Was kann ich noch tun?"

Helena: „Du sollst ihm zuhören!"

Mein Gesicht verzog sich und ich verfiel in ein leicht hysterisches Lachen.

Sabrina: „Bist du verrückt?" *(Ziemlich ironisch ihr diese Frage zu stellen, da ich noch vor zwei Minuten davon ausging, dass diese Eigenschaft wahrscheinlich eher auf mich zutraf)* „Ich will mit so etwas nichts zu tun haben. Der Mann ist verheiratet und ich habe Angst, dass, wenn ich ihm wirklich zuhören sollte, ich mich auf ihn oder das, was auch immer das hier sein soll, einlasse und so schließlich wirklich verrückt werde! Ich will das beenden! Man kann doch sonst immer Bänder durchtrennen oder so etwas, wenn man etwas nicht will! Wie sieht es damit aus, geht das? Was ist mit dem freien Willen? Was ist damit?"

Helena: „Euer Band ist so stark, Sabrina, das kann man nicht durchtrennen. Es ist schon kein Band mehr, sondern eher ein Stahlrohr. Wenn du ihm nicht zuhörst, wird genau das passieren, wovor du Angst hast! Es wird dich verrückt machen. Habe keine Angst davor, Sabrina."

Sabrina: „Wird er mich dann in Ruhe lassen?"
Sie lachte nur und sagte dann: „Hör einfach zu."

Danach stellten Amira und ich noch andere Fragen, aber wirklich konzentrieren konnte ich mich auf nichts mehr.

Meine Freundin und ich gingen nach dem Reading* zu mir nach Hause. Tausend Fragen gingen mir durch den Kopf. Na toll, da saß ich nun und sah jemanden vor mir, den sonst keiner wahrnahm. Wo sollte das hinführen? Ich hatte bis dato an Engel geglaubt und hatte schon Respekt vor dem Phänomen der „Geister*", aber was war er? Eine Seele, die mir etwas erzählen wollte – natürlich, was sonst. ‚So etwas gab es sicherlich ständig!', dachte ich sarkastisch.

„Ich geh mal kurz wohin!", sagte Amira und ging aus dem Zimmer.

Er stand rechts neben mir. Ich dachte mir in diesem Moment: ‚Bringen wir diesen Hokuspokus hinter uns', und sagte in Gedanken zu ihm:
„Was willst du also von mir?"

Er sagte zu mir in solch einer Deutlichkeit, als würde der echte Mensch in meinem Wohnzimmer stehen:

„Lass dich von mir führen und schau hin. Erinnerst du dich?"
Er berührte mich an der Hand und ich sah in drei Sekunden, blitzschnell drei unterschiedliche Leben vorgeführt. Ich war plötzlich nicht mehr in meinem Wohnzimmer sondern auf einer Seelenreise in anderen Zeiten und Leben. Drei Leben in drei Sekunden.

Das erste Leben war in Atlantis, das zweite in der Barockzeit und eines verlebte ich als Indianerin. In allen drei Leben habe ich mich sofort erkannt, obwohl ich immer anders aussah. Woher ich wusste, dass es diese Zeiten und Orte waren? Das konnte ich mir damals auch nicht erklären.

Heute weiß ich über die Rückführungen, die ich seitdem erlebt habe, dass man alle Informationen in seiner Seele gespeichert hat und sie nach Bedarf jederzeit abrufen kann. Das ultimative Wissen zu allem und jedem, Raum und Zeit, steckt sozusagen bereits in uns und wartet darauf, abgerufen zu werden.

Es schien, als würde ich unsichtbar in einer Filmszene stehen und beobachten, wie meine Rolle gespielt wurde. Ich sah die Schauspieler, von denen auch ich einer war, aber sie sahen mich nicht. In Atlantis waren Serano und ich Jugendliche in einem wundervollen Garten, der dem Garten Eden sicherlich gleich kam. Überall waren farbenprächtige Blumen, das Gras war grüner als grün, der Himmel von solch einem blau, dass der schönste Tag in meinem Leben im Jetzt dem nie gerecht werden könnte. Ich spürte die Luft in meinen Lungen, die von solcher Frische und Süße durchdrungen war, dass ich begriff, was ‚sich wohl fühlen' bedeutete! Wir befanden uns zwischen Büschen und Sträuchern, die uns als ein sicheres Versteck für unser Vorhaben dienen sollten. Wir tollten herum, waren verliebt und glücklich. Er jagte mich durch die engen Wege zwischen den Sträuchern dieses Märchengartens und warf mich sanft auf das vom Tau noch leicht nasse Gras. Wir trugen weiße, wallende Chiffon-Gewänder, die sich nach dem Wiegen im gleißenden Wind jetzt am Boden fächerten...wir lächelten einander an, während uns eine weiß-rosa Energie-Wolke miteinander verband... Im zweiten Leben, in der Barockzeit, zu dem ich dann plötzlich gewechselt bin, lebte ich in einem großen Schloss und war Tochter des Schlossbesitzers. Uns ging es wohl sehr gut, denn ich trug ein atemberaubend schönes, elegantes, weites Kleid. Es fand gerade ein Maskenball statt und ich tanzte, wild wie ich war, durch die Menge. Ich war verlobt, aber mein

Zukünftiger war noch nicht da. Ich bewegte mich tänzelnd zu meinem Vater und tanzte ein wenig mit ihm, bis ihn plötzlich ein anderer galanter Herr ablöste. Dieser tanzte mit mir und ich war durch seine bloße Präsenz absolut gebannt. Er tanzte mit mir hinaus in den Flur. Wir tanzten so harmonisch miteinander, als ob wir unser Leben lang nichts anderes getan hätten. Ich war neugierig und hob seine Maske, um sein Gesicht zu sehen. Er nahm liebevoll meine Hand von der Maske und nahm sie selbst mit seiner anderen Hand ab. Es war Serano. Wir küssten uns und wurden von meinem damaligen Verlobten entdeckt. Mein Verlobter ertrug das nicht, löste die Vermählung auf und damit trat Schande über mich und meine Familie. In diesem Leben erhängte ich mich kurze Zeit später wegen meines Kummers. Serano wollte all das nicht, weil er mich wirklich liebte. Mir wurde nicht gezeigt, was aus ihm wurde. War wohl nicht wichtig. Plötzlich wurde alles wieder ganz schwarz. Ich fühlte mich wie in dieser Weihnachtsgeschichte mit den drei Geistern. Und schon stand ich im nächsten Leben. In der dritten Szene war ich nun eine Indianerin und lebte in einem Stamm. Niemand besonderes…eine unter vielen, aber unglaublich glücklich. Ich trug mein schwarzes Haar zusammengebunden und stand an einem Lagerfeuer. Es war kalte Nacht. Die Zelte meines Stammes lagen hinter mir und ich genoss die Ruhe des Mondes. Ich war diesmal selbst in dem Körper und sah an meinem Körper hinunter und entdeckte den gewölbten Bauch. Ich war schwanger und Serano war mein Mann, ebenfalls ein Indianer aus meinem Stamm. Plötzlich hörten wir Schreie, die die Nacht durchbohrten und Zelte wurden in Flammen gesteckt. Wir wurden von Weißhäutigen überfallen. Zwei kamen auf uns zu, schlugen Serano nieder und zerrten mich an meinem rechten Arm zu einem Käfig auf zwei Rädern, der von zwei Pferden gezogen wurde. Mit mir steckten sie noch andere Stammesfrauen hinein. Ich wurde gefangen genommen und musste mit ansehen, wie viele Freunde und meine Familie starben. Ich war absolut geschockt und konnte weder schreien noch weinen. Es war wahrscheinlich eine Schutzreaktion, da ich das Kind nicht verlieren sollte und es die nächsten Tage bekommen müsste. Ich fühlte mich auch zu schlecht, so dass ich kein Wort rausbekam. Das kam mir bekannt vor, denn in diesem Leben war ich ebenfalls sprachlos, als ich im Schock wegen dem Tod meiner Mutter war. Ich gebar das Kind kurze Zeit später und durfte es behalten. Ich musste aber schwer auf den Feldern arbeiten und wurde schlecht behandelt. Ich war mein Leben lang der Meinung, dass Serano damals gestorben sei. Er war aber im Geiste immer bei mir, weil unser Baby am Leben war. Meine Tochter wuchs auf und war gesund. Die Seele Serano zeigte mir, was mit ihm damals passierte. Er wurde bei meiner Verschleppung nicht getötet, sondern war bewusstlos. Sein Leben lang streifte er daraufhin die Wälder und Ländereien ab, um mich zu finden. Er wusste, dass ich nicht tot war, fand mich aber nie …

Als ich wieder zur Besinnung kam und in meinem Wohnzimmer in der Gegenwart saß, kam gerade Amira herein. Ich war geschockt und traurig zugleich. Es war so real! Auf der einen Seite verstand ich seine Seele und wie unglücklich er war, dieses Wissen alleine mit sich getragen zu haben. Auf der anderen Seite war es genau das, was ich nicht wollte! Diese drei Leben, die er mir zeigte, waren mehr oder weniger alles Liebesgeschichten. ‚Das fehlte mir noch‘, dachte ich. Später, nachdem Amira weg war, beschloss ich Serano darüber auszufragen:

Sabrina: „Nun gut, das war in alten Leben. Kann man ja nun nicht mehr ändern, aber was willst du heute von mir? Du bist alt und verheiratet, also ist das wohl in diesem Leben nicht unsere Bestimmung, das ist ja wohl offensichtlich!“

Serano: „Uns verbinden unsere alten Leben und jetzt bin ich hier, um dir von vielem zu erzählen und dich zu lehren. Höre einfach weiter hin, wenn ich etwas sage. Irgendwann wirst du alles verstehen und auch glauben können. Man könnte sagen, dass ich dein Lehrer und Führer bin. Geistführer und Tanzlehrer ist auch in Ordnung. Da kann ich mit leben!“ Er lächelte.

Die Seele schien also genauso lustig wie der Mensch zu sein! ‚Und was war jetzt wieder ein Geistführer?‘, fragte ich mich. Na das konnte ja noch heiter werden!

Sabrina: „Lehrer? Ja natürlich, du bist mein Tanzlehrer! Warum kann ich jetzt nicht alles verstehen? Was ist denn ein Geistführer? So etwas wie ein Reiseführer für Geister? Jetzt sag ja nicht, ich soll Geister anführen oder gar mit ihnen reden! Ich will nur ein einfaches normales Leben führen. Dass ich dich sehe und höre, ist schon genug und ganz und gar nicht normal! Beziehungsweise wäre es mir lieber, wenn du genauso schnell wieder verschwinden würdest, wie du gekommen bist. Du als Tanzlehrer reichst mir vollkommen!“

Serano: „Jetzt verstehst du es noch nicht und würdest es nicht glauben; vertrau mir! Ich bin in diesem Leben sowohl dein Tanzlehrer als auch dein Geistführer. Ein Geistführer führt keine Geister an, sondern unterstützt deinen Geist in seiner Entwicklung und seinem Weg!“

Sabrina: „Wo will mein Geist denn hin?“ (Man bedenke, ich hatte vorher so gut wie nichts mit Spiritualität zu tun!) Jetzt schien er ein wenig genervt, aber dafür musste ich jetzt lächeln. Ich nervte damals gerne die Menschen…warum also auch nicht dazu noch die Seelen? Die Sache schien mit ein wenig Spaß verbunden zu sein.

Serano: „Sabrina, hör zu, beobachte und lerne! Mehr musst du erst einmal nicht können und machen!“

Sabrina: „Und was wird genau passieren, wenn ich zuhöre, beobachte und lerne? Ich will ja schließlich nichts verpassen. Nicht, dass ich dich nicht schnell genug loswerden will, aber Fakt ist, ich will dich schnellstmöglich loswerden!!“

Serano: „Oh, wie nett von dir! Zum Ersten, so schnell wirst du mich nicht los, und zum Zweiten, ich werde dir dabei behilflich sein, deine Gabe auszubilden. Ich werde dir Dinge sagen und zeigen, bevor diese passieren. Ich zeige dir alles in meiner Macht stehende, was sich beweisen lässt, damit du mir und somit dir selbst und deiner Gabe immer mehr vertraust, und dann sehen wir weiter…“

Sabrina: „Toll!“, ironisch, „Das passiert gerade mir, die sich eh nicht für die Zukunft interessiert und sich lieber gern überraschen lässt. Und wozu soll das gut sein, diese Gabe, meine Gabe? Was bringt einem das Wissen über die Zukunft überhaupt? Was würde es den Menschen bringen oder wie kann es ihnen gar helfen? Ich helfe wirklich gern, aber wer würde mir diesen ganzen Quatsch überhaupt abnehmen? Mal ganz neben bei, was zur Hölle ist meine Gabe?“

Serano: „Du wirst lernen und mehr brauchst du jetzt erst einmal nicht zu wissen! Wie gesagt, du würdest es so, wie du heute bist, eh nicht glauben! Du glaubst ja noch nicht mal, dass ich vor dir stehe, obwohl du mich siehst, hörst und spürst! Eigentlich wirst du dich eher erinnern und erkennen, als dass du lernst, denn deine Fähigkeiten hast du nicht erst seit heute, sondern besitzt sie seit vielen alten Inkarnationen – Leben, die du gelebt hast!“

Sabrina: „Wer sagt mir denn, dass du nicht vom Teufel geschickt worden bist! Oder, warte, vielleicht bist du ja Luzifer höchstpersönlich!“

Serano lachte: „Sabrina, du glaubst von Kind auf nicht an den

Teufel! Warum also jetzt? Außerdem – wirke ich denn teuflisch auf dich?"

Sabrina: „Nee, ist ja gut!"

‚Na das kann ja lustig werden', dachte ich mir. Es gibt Leute, die ewig lang meditieren, um solch eine Verbindung herzustellen und ich würde ihn wohl gar nicht mehr loswerden. ‚Die Zukunft vorher wissen?' Ich konnte es nicht glauben, hatte aber anscheinend keine andere Wahl… natürlich fragte ich mich sofort, menschlich wie ich war, ob ich dann wohl die Lottozahlen voraussagen könnte, woraufhin Serano gleich in ein lautes Lachen verfiel. Ich sah ihn fragend und misstrauisch an: „Warum lachst du?" – „Lottozahlen? Wenn du wüsstest, was dich erwartet, würdest du sofort auf die Millionen verzichten!" Woraufhin ich nur antwortete: „Wenn du mir sagen würdest, was mich erwartet, würde ich ja vielleicht mal mitlachen können!" – ‚Mist', dachte ich, ‚Mein Geist scheint ihm wohl völlig offen dazuliegen.' Na toll! Und ausgelacht hat er mich auch schon. Vielleicht hatte ich ja Glück und das hier war alles nur ein schlechter Traum…

Kapitel 15
Sommer bis Winter 2006... Hier einige Ausschnitte

Und so kam es, dass ich am nächsten Morgen wach wurde und er immer noch da war. Er wich mir tatsächlich nicht von der Seite und ich versuchte mein Bestes, ihn nicht zu ignorieren, obwohl ich es damals trotzdem immer noch ab und zu probierte. Es war so unheimlich, wie stark ich ihn und seine Stimme wahrnehmen konnte. Er gab mir Antworten auf alle Fragen. Zwischenzeitlich fragte ich mich, ob ich irgendwann wohl meinen Freunden davon erzählen könnte, schließlich war es ja nicht unbedingt üblich mit Seelen zu sprechen. ‚Niemals!', dachte ich mir. ‚Die halten mich auf jeden Fall für verrückt!' Er lehrte mich das Wissen über das Leben, Reinkarnation, Seelenheilung, Menschen, Naturgesetze und Schicksal. Er klärte mich über das Geheimnis des Lebens auf und führte mich immer zum rechten Zeitpunkt, zu der richtigen Literatur und den richtigen Personen. Es erschien alles so logisch, was er mir sagte. Aber wenn er allwissend war, fragte ich mich, warum sollte ich dann etwas nachlesen und nicht einfach ihn fragen? Warum Bücher wälzen, statt es einfach direkt zu erfahren?
„Warum soll ich etwas lesen, wenn du mir doch alles sagen kannst?", fragte ich ihn dann irgendwann. „Es ist eine Frage des Energieaufwands!", war seine Antwort und ich fragte mich, ob er seine oder meine Energie damit meinte. „Ich rede von deiner Energie!", sagte er, noch bevor ich meinen Gedanken beenden konnte. „Ist da ein Unterschied?", fragte ich ihn neugierig, da ich überhaupt nicht das Gefühl hatte, dass ich viel Energie in unsere Gespräche investieren würde. Schließlich musste ich noch nicht einmal den Mund bewegen, da sich alles über den Geist abspielte. „In Allem gibt es Unterschiede und doch ist alles gleich! Aber um deine Frage zu beantworten: Ja, denn ein Buch zu lesen beansprucht gerade mal zehn Prozent der Energie, die du für unsere geistigen Unterhaltungen aufbringst: also zehn zu neunzig. Das merkst du nur gerade nicht, da du dich in der

Ausbildung befindest! Es ist ein kleiner Schutz in dir einprogrammiert."...jetzt war ich also schon so etwas wie eine Maschine, die programmiert werden konnte. ‚Na super, soviel zum sogenannten freien Willen!', dachte ich mir. Und trotzdem war alles irgendwie spannend!

Und ich hörte zu, beobachtete und lernte. Doch war es nie ein wirklich bewusstes Lernen. Oder doch? Eines Tages fiel mir etwas auf...

Sabrina: „Serano?"

Serano: „Ja, Sabrina?"

Sabrina: „Kann ich dich etwas fragen?"

Serano: „Aber natürlich! Das ist ja schließlich mein Job, oder?"

Sabrina: „Jetzt konnte ich schon einiges beobachten und so vieles, was du mir sagtest, passierte, aber anderes wiederum auch nicht. Wie kann das sein, wenn ich doch anscheinend hellsichtig bin? Liegt es an der Zeit oder mache ich etwas falsch?"

Er überlegte kurz und antwortete dann: „Nun ja, teils, teils. Ich würde sagen, dass es darauf ankommt, wie du bei den Dingen, die du vorhersehen möchtest, die Frage an die Seele oder das Universum stellst! Ihr Menschen geht zu sehr davon aus, dass die Welt und das Universum wissen, worum es bei euch geht. Wenn ihr es selbst manchmal noch nicht einmal wisst!"

Das verstand ich überhaupt nicht und hakte nach: „Wie meinst du das? Kannst du mir ein Beispiel geben? Ich fühle mich nämlich überhaupt nicht wohl, wenn es eine solche Klausel gibt. Was ist, wenn ich bei einem Menschen, dem ich später helfen soll, alles falsch sehe, nur weil derjenige nicht richtig gefragt hat, oder eben ich nicht richtig gefragt habe?"

Serano: „Lass es mich dir so erklären: das Leben, wie du es kennst, existiert nicht nur auf einer Ebene. Für uns Seelen, für die Engel und auch alle anderen Energien gibt es keinen Raum und keine Zeit. Seelen, Gott und die Engel versuchen sich ein wenig an euch Menschen anzupassen, aber das ist unmöglich! Sobald eine Seele den irdischen Körper verlässt, verlässt sie damit die Materie und somit das Zeit- und Raumgefühl. Vielleicht ist es einfacher anhand eines Beispiels: Für dich sind die Welt und das Universum gewaltig und du oder die anderen Menschen denken vielleicht, dass es da aufhört. Denkst du, dass eine Ameise zum Beispiel von dieser Welt und dem Universum Bescheid weiß? Verstehst du, worauf ich hinaus will?"

Sabrina: „Ich glaube, ja."

Und er erzählte weiter: „Wenn du eine Ameise wärst, würdest du glauben, dass der kleine Bereich, in dem du lebst, und deine täglichen Aufgaben dein Universum wären, wo du, Sabrina, wenn du auf sie herab siehst, doch erkennst, dass es mehr gibt. Was für dich zum Beispiel ein Tag ist, kommt der Ameise, vielmehr als ein bloßer Tag vor. So ungefähr geht es uns."

Ich hatte zwar verstanden, was er erklärt hatte, aber was hatte das mit meinen Unterhaltungen mit den Seelen zu tun?

Und er erzählte weiter: „Nun ja, wenn du zum Beispiel fragst: ‚Wann lerne ich einen Mann kennen?', sehen wir eine ganz andere Zeitrechnung als du. Was für uns eine kurze Zeitspanne ist…"

Und ich vollendete traurig den Satz: „…ist dann für mich wohl eine Ewigkeit?"

Serano: „Wenn man es bloß so genau sagen könnte… euer freier Wille als Mensch und Seele spielen ebenfalls eine wichtige Rolle!“

Mein Kopf explodierte fast bei den ganzen Informationen über ‚Gott und die Welt‘. „So schwierig ist das gar nicht“, sagte Serano und holte mich wieder zurück zum Thema. „Ich versuche es zusammenzufassen. Deine Anfangsfrage war, warum manches stimmt und anderes wiederum nicht.“

Und er erklärte mir, wie ich einen guten Anfang machen könnte:

1. Du musst dich vor äußeren Einflüssen schützen, damit du nicht beeinflusst bist: Nicht beeinflusst, sowohl von dem Menschen vor dir und seiner Geschichte, als auch nicht von dir selbst oder anderen Wesenheiten* oder Energien.

2. Es hängt vom freien Willen des Menschen ab. Er kann sich jederzeit umentscheiden, einen einfacheren, schwereren oder ganz anderen Weg zu gehen. Du hast die wundervolle Aufgabe, es diesem Menschen mitzuteilen und ihm den besten Weg aufzuzeigen. Aber auch dann kann er sich entscheiden, ob er diesen gehen möchte oder nicht.

3. Es kommt darauf an, wie du die Frage stellst.

4. Die Menschen müssen ihre Selbstverantwortung beibehalten.

„Kannst du mir ein Beispiel nennen, wie das alles gehen soll?“, fragte ich, damit ich es auch wirklich richtig verstand.

„Aber natürlich! Selbstverständlich wirst du alles mit der Zeit lernen, aber hier ein Beispiel:
Stell dir vor, jemand kommt zu dir und klagt über

Kopfschmerzen. Damit du nicht an dich und deine Kopfschmerzen von letzter Woche denkst und ihm vielleicht empfiehlst, viel zu trinken, weil es dir geholfen hat, hat er ein Recht auf eine eigene, persönliche Antwort. Dazu wirst du dich mit seiner Seele verbinden müssen!"

„Und wie mache ich das? Mit dir kann ich doch auch einfach drauf losquatschen und bekomme die richtigen Antworten! Bekomme ich doch, oder?"

„Ja, aber bei mir bist du ja noch in der Ausbildung. Später wirst du auf dich selbst gestellt sein! Ich werde dir hier einige Grundlagen beibringen, aber deine eigenen Erfahrungen werden dich deine persönliche perfekte Technik lehren! Zuerst brauchst du Ruhe. Du kannst einen Engel rufen, damit er den Raum, in dem du dich gerade befindest, reinigt und sicher abschließt!"

Ich musste ihn kurz unterbrechen:
„Warte, warte: Reinigen und sicher abschließen? Warum? Ist es hier dreckig und vor wem bitteschön sollte er sicher sein?" Auf diese Antwort war ich wirklich gespannt.

„Vor anderen Seelen, Geistwesen und vielem mehr, was ich hier nicht alles aufzählen möchte. Wenn du dich mit Gott und den Seelen der Menschen verbindest, gehst du auf eine gewisse Art der Meditation ein, wobei deine Seele teilweise deinen Körper verlässt. Wenn dieser dann nicht geschützt wird, werden manche vielleicht versuchen, deinen Körper in Besitz zu nehmen."

Das hörte sich gar nicht gut an. „Kann ich von dem Vertrag noch zurücktreten? Ich bin nämlich überhaupt nicht diszipliniert und hatte schon als Kind Angst vor Filmen wie ‚Der Exorzist'. Was ist, wenn so ein Geist, schwuppdiwupp, einfach in meinen Körper springt? Dieses Kleingedruckte wurde mir bestimmt verschwiegen, als ich irgendwann einmal in irgendeinem Leben meine Gabe erhalten habe, oder?“

„Du hast sie nicht erhalten, sie war schon immer ein Teil von dir, von Gott und von allen Lebewesen auf dieser Erde. Jeder Mensch hat eine Gabe, nur nicht jeder kann oder will sich daran erinnern! Aber du brauchst dich nicht zu ängstigen! Du wirst diese Disziplin beherrschen und niemand wird deinen Körper so in Besitzen nehmen können, wie du es aus diesem Film kennst. Wenn es passiert, würde es sich für dich wie eine Art von leichter Schwäche und Müdigkeit anfühlen. Außerdem wird nichts und niemand lange genug in deinem Körper verweilen können, weil dein Licht einfach zu stark ist! Aber zurück zu deiner Technik. Nachdem du also die Engel darum bittest, deine Wohnung zu…“

Ich unterbrach ihn wieder, weil ich das alles so spannend fand: „…ja, ja, ich hab verstanden: Wohnung reinigen und abschließen! Erzähl weiter!“ Ich nahm ihn immer noch nicht ernst und dachte weiterhin, ich bilde mir alles nur ein.
Serano spürte meine Ungeduld und fuhr fort: „Du steigst empor zu Gott, dankst ihm für deine Gabe, und dass er durch dich spricht! Als nächstes…“

„Entschuldige…“, wandte ich ein.

„Ja?“, sagte er.

„Ich gehe hoch zu Gott?“, fragte ich ein wenig skeptisch. Ach, was sag ich denn, ein wenig?

„Ja genau!“, sagte er, als ob es die logischste und einfachste Sache der Welt war.

„Ich…?“, fragte ich ihn, um wirklich sicher zu gehen, „…zu Gott?“

„Ja, was verstehst du daran nicht?“, fragte er. Und ich fragte mich gleichzeitig, ob er nicht derjenige war, der etwas nicht verstand.

Ich fing an, frech zu lächeln: „Ach so, und da nehme ich den Fahrstuhl in die wievielte Etage? Oder stelle ich mich dazu in eine Art Beam-Gerät? Muss man sich vielleicht vorher noch bei Moses anmelden – vielleicht per Mail oder Telefon?“

Er lächelte und hatte schon wieder den Blick drauf, der mir sagte, dass er auf alles eine Antwort hatte.

„Ich glaube, ich weiß worauf du hinaus willst! Natürlich gehst du nicht so zu ihm, wie du einen Menschen besuchen würdest. Du stellst dir vor, wie deine Seele aus deinem Kopf nach oben zu ihm hoch steigt und vor ihm landet. Da, wie gesagt, keine Zeit und kein Raum existieren, dauert diese Vorstellung nur wenige Sekunden. Zwei bis drei vielleicht.“

Sabrina: „Aha. Also ist meine Seele in meinem Kopf?“ fragte ich ungläubig.

„Nein.“, sagte er kurz, fuhr dann aber direkt fort: „Deine Seele ist überall und nirgendwo zugleich. Du bist deine Seele. Ihr seid Eins. Allerdings ist es für die Vorstellungskraft leichter, dass du in Gedanken nach oben hinweg in den Himmel schwebst.“

Ich wollte ihn nun erst einmal weiter erzählen lassen, obwohl ich skeptisch blieb.

„Nachdem du der göttlichen Energie für deine Fähigkeiten gedankt hast, und dass sie durch dich spricht, bittest du sie oder ihn, je nachdem woran du glaubst, wenn du an Gott denkst, dir die Seele von dem Menschen zu schicken, dem du helfen möchtest."

Sabrina: „Gott ist ein Neutrum? Ich meine …bitte was? Er kann eine Sie sein? Ich meine…wie bitte?"

Serano: „Gott ist die Energie der bedingungslosen Liebe und weder männlich, noch weiblich. Wie auch immer… Weitere ‚***Vor***kehrungen', die noch zu treffen sind, wirst du im Laufe der Zeit zu machen wissen! Wenn die Seele, des Menschen, der sich mit seinen Kopfschmerzen an dich gewandt hat, in deinem Zimmer erscheint, legst du los. Sie informiert dich zum Beispiel darüber, dass er ein Mensch ist, der sich zu viele Gedanken macht und sich wortwörtlich ‚den Kopf zerbricht', und dass daher seine Kopfschmerzen stammen. Nun kannst du die Seele fragen, was er machen kann, damit es ihm bald wieder besser geht. Wenn du einfach nur fragen würdest, wie er die Kopfschmerzen los wird, wird dir wenn du Glück hast die richtige Antwort zu Teil und wenn nicht, dann nicht!"

„Wie kann das sein?", fragte ich ihn. „Ich finde die Frage sehr eindeutig!"

„Nicht, wenn du das sehen würdest, was Gott sieht. Du musst diese Frage auf deine Gegenwart beziehen. Sie würde zum Beispiel wie folgt aussehen: ‚Wie wird dieser Mensch von seinen jetzigen Kopfschmerzen in dieser Dimension und in diesem Leben schnellstmöglich geheilt?' Und dann wird dir die Antwort gegeben. Außerdem haben wir noch den nächsten Punkt, wonach er seine Selbstverantwortung einhalten muss!"

„Was genau heißt das?"

„Wenn ihm gesagt wird, dass er seinen Gedanken mal eine Pause gönnen soll, er aber seinen freien Willen benutzt und dem somit nicht folgt, liegt es nicht an dir und deinen Fähigkeiten, dass er nicht heilt. Er entscheidet sich für den Weg des Leidens. Auch in den Seelenwelten gibt es manchmal noch einen Plan B oder C, aber wenn Menschen durch deine Gabe in eine Art Suchtverhalten verfallen und versuchen ihre Verantwortung an dich weiterzugeben, wirst du für sie nichts mehr sehen können!“

Ich war beruhigt: „Wie praktisch! Das ist mir ganz recht! Ich würde es nicht schön finden, wenn sie in mir so eine Art Guru sehen und nicht mehr selbst denken oder entscheiden! Bah, das wäre ja wie in einer Sekte. Nein, danke!“
Im Laufe der Zeit wurde tatsächlich meine ‚Verbindungstechnik‘ durch meine Erfahrungen optimiert und ich stellte fest, dass ich mich nach den Sitzungen an nichts erinnern konnte. Zwischenzeitlich lernte ich meine eigene Seele zu kontaktieren und zu verstehen und befragte sie zu diesem Thema. Sie sagte mir, dass es mein Selbstschutz ist, da ich mir zu oft Gedanken um andere gemacht hätte. Es hätte letzten Endes dazu geführt, dass mich die Probleme und Sorgen anderer krank gemacht hätten und ich dann irgendwann keine Kraft mehr gehabt hätte, eine klare Verbindung zu den Seelen aufzubauen. Außerdem ist mir noch etwas anderes hinsichtlich meiner Fähigkeiten aufgefallen: All das, was ich für andere wahrnahm, betraf mich früher oder später selbst.

Ich habe meine Gabe nicht, weil ich erleuchtet bin! Genau wie alle anderen muss ich an mir arbeiten und mein ‚Karma‘ aus tausenden von Leben aufarbeiten und heilen. Daher sage ich immer, dass wir alle Eins sind. Ich lerne, wie jeder andere, mein Leben lang dazu. Wer aufhört zu lernen, hat etwas ganz Wichtiges übersehen! Wir bleiben unser Leben lang Lehrer und Schüler...

Der Sommer ging langsam zu Ende, die Blätter an den Bäumen änderten ihre Farbe in die des Herbstes und die Obst-Kollektion im Supermarkt wurde ausgetauscht. Es war mal wieder

Mittwoch und es war immer noch unbegreiflich, dass ich Serano sowohl im Tanzstudio vor mir sah, als auch direkt neben mir als Seele wahrnahm. Es war mittags und der Unterricht war gerade zu Ende, als ich ein unscheinbares blaues Buch unter dem Tisch im Wartebereich entdeckte. Ich wartete gerade auf die anderen Tänzerinnen, da wir noch etwas trinken gehen wollten. Für mich gab es meistens Apfelschorle. ‚Normalerweise waren sie nie später dran als ich', dachte ich gerade, als gleich wieder die Seele von Serano auftauchte, die mir sagte, dass es in dieser Welt keine Zufälle gab und ich mir das blaue Buch ansehen sollte. Das mit den Zufällen, erwähnte er häufiger. Ständig tauchte wiederholt Literatur auf, die mir sagte, dass es keine Zufälle geben würde, sodass ich schon erahnen konnte, dass ich wahrscheinlich schon bald selbst nicht mehr an Zufälle glauben könnte.
Das Cover des unter einer Zeitschrift leicht versteckten Taschenbuchs zeigte eine vor Pyramiden stehende, blonde Frau. Ägypten, Pyramiden, Inkas und jegliche uralten Kulturen und Sagen, interessierten mich seit meiner frühsten Kindheit. Selbst meine Mutter liebte Ägypten und hatte, seit ich denken konnte, immer ein riesiges Bildnis des Tutanchamun an der Wand hängen. Das Buch hieß ‚Einweihung' von Elisabeth Haich. Seranos Seele sagte sofort, ich sollte den Menschen Serano fragen, ob er mir dieses Buch ausleihen würde. Ich sollte es unbedingt lesen, es war für mich bestimmt.
Mit meiner skeptischen Art widersprach ich ihm sofort: „Ja, natürlich. Und Serano leiht sicherlich irgendeiner x-beliebigen Schülerin seine Bücher!"

Serano: „Erstens, bist du nicht x-beliebig, schließlich nimmst du mich, seine Seele, wahr und zweitens, ja, natürlich wird er es dir leihen!"

Ich fragte die Seele in Gedanken weiter: „Und wie soll ich das bitteschön machen?" Er sah mich leicht enttäuscht an: „Auf die

einfachsten Dinge kommst du nicht, oder? Frag ihn einfach: ‚Serano, kannst du mir das Buch ausleihen?‘, und fertig!“. Er fügte ein übertriebenes Lächeln hinzu.
„Vergiss es!“, sagte ich und schon kamen die Mädels. Ich war immer noch der Meinung, dass ich mir alles einbildete. Es dauerte Jahre, bis ich mir selbst glauben konnte und das, obwohl ich bei jedem ‚Zufall‘ und Wunder live dabei war! Wir gingen alle was trinken und wie jeden Mittwoch begab ich mich danach zur Arbeit. Ich hatte wieder einmal Tresendienst in der Bibliothek und wollte gerade aufstehen, um einem Leser seine reservierten Bücher zu bringen, als ich vor Schreck fast laut aufgeschrien hätte. Seranos Seele tauchte mal wieder wie aus dem Nichts auf. „Ist alles in Ordnung?“, fragte mich meine Kollegin, mit der ich gerade Dienst hatte, und starrte in die Richtung, wo Serano stand, da sie sich wohl wunderte, warum ich mich vor dem Nichts so erschrak. „Ja, ähm, klar, ich…ähm, mir war plötzlich schwindelig, aber jetzt ist wieder gut!“, sagte ich zu ihr und auf der Seelen-Ebene zu Serano, er sollte sich schämen, mich so zu überraschen. Meine Kollegin nickte unglaubwürdig. Zu Recht! „Mir ist schwindelig und ich schrei dabei laut auf?“, …ziemlich merkwürdig! Sie wendete sich aber wieder ihrer Kundin zu.
„Was willst du?“, fragte ich Seranos Seele auf dem Weg zum Regal, wo das Buch für den Nutzer liegen sollte. Er fragte mich: „Du glaubst also nicht an mich und dementsprechend auch nicht daran, dass das Buch von Serano dir galt?“ – „Nein, tu ich nicht, warum?“ Er lehnte lässig am Regal und zeigte auf das dritte Brett von unten, wo ein dickes Buch lag. Ich sah, welches er meinte, griff danach und traute meinen Augen kaum. Es hieß tatsächlich ‚Einweihung‘ und war das Buch, das ich bei Serano noch vor wenigen Stunden im Tanzstudio entdeckt hatte. „Aber,…wie…?“, stotterte ich. Seranos Seele hob seine angelehnte linke Hand gen Himmel, sah nach oben und sagte: „Na so ein Zufall aber auch!“ Ich war ziemlich irritiert, da wir dieses Buch nur zweimal im Bestand hatten, was ich bei einer

späteren Recherche entdeckte und unsere Bibliothek immerhin mehr als eine Millionen Medien hatte! Ich wollte gerade zurück zum Tresen, als mir einfiel, dass ich sowohl den Namen, als auch das Buch des Lesers vergaß, der immer noch am Tresen stand. „Metzer", kam aus Serano, wie aus der Pistole geschossen heraus, woraufhin ich nur „Danke" sagte, das entsprechende Buch nahm und mich noch einmal verblüfft zu ihm umdrehte. Er lächelte und sagte: „Geh, Herr Metzer wartet!" Am Tresen angekommen, verbuchte ich Herr Metzers Buch und recherchierte nach ‚Einweihung'. Leider waren beide Bücher, die die Bibliothek besaß bereits ausgeliehen und reserviert und würden erst in vier Wochen zurückkommen. Also beschloss ich, bei meinem nächsten Besuch im Tanzstudio doch Serano zu fragen.

Absolut neugierig ging ich am nächsten Tag vor dem Unterricht auf Serano zu. ‚Was, wenn ich doch spinne?', dachte ich und bei diesem Gedanken schüttelte Seranos Seele nur den Kopf und machte wedelnde Bewegungen mit den Händen, ich sollte mich wohl beeilen und ihn endlich fragen.

„Serano, wie geht es dir?", fragte ich ihn, als er vor mir stand. „Danke gut", erwiderte er und sah zu mir herab. Er war immerhin einen halben Meter größer als ich – jedenfalls hatte ich immer das Gefühl, neigte doch, ehrlich gesagt, oft zu Übertreibungen. „Was kann ich für dich tun?" Ich nahm die Chance beim Schopfe: „Ich hab unter dem Tisch dieses Buch entdeckt und sowohl der Klappentext, als auch eine innere überzeugende Stimme", ich sah kurz zu seiner Seele, die grinste, „drängen mich irgendwie es zu lesen. Kann ich es mir ausleihen?" – „Nun ja", sagte er wohl überlegt, „eigentlich leihe ich nichts aus…" Ha! Es war also doch nur eingebildet, aber ich ließ ihn erst einmal aussprechen. „Es gehört nicht mir, sondern meiner Frau, aber ich habe das Gefühl, du kannst es ausleihen. Du bist nicht wie die anderen, du wirst es mir zurückgeben, das weiß ich." Ich war sprachlos. „Bist du sicher? Ich meine, willst du Christina nicht erst einmal fragen?", fragte ich leicht in

Panik, da ich nicht erneut Ärger mit dieser Frau haben wollte. Während ich damals für sie arbeitete, war es ganz und gar nicht schön, sie verärgert in der Nähe zu haben. *Das kannst du mir glauben, lieber Leser*. Und dann sagte er etwas, das mich wieder aus der Vergangenheit in die Gegenwart holte und mir die Stimme verschlug: „Ist schon OK! Ich denke, es ist für dich bestimmt. Lies es.“ Er machte die gleiche wedelnde Handbewegung wie seine Seele gerade eben noch, meinte damit aber, dass ich gehen sollte. Er ging und ich drehte mich sprachlos zu seiner Seele um, die es sich bereits auf der Couch gemütlich gemachte. „Ich bin gut, nicht wahr?“, sagte er locker nickend.

Das Buch hat mir damals, und manchmal noch heute, sehr geholfen und viel offenbart. So ging mein Leben mit diesen ungewöhnlichen ‚Serano-Voraussagen‘ weiter…

Eines Freitagabends zum Beispiel…

Mein Spätdienst in der Bibliothek war gerade vorüber und ich blickte auf unsere ‚Lunchliste‘, wo wir aufschrieben, wer am nächsten Tag etwas zu Essen mitbringen wollte. Ich schaute bewusst auf das Datum, da ich mich schon einmal vertan hatte und die Liste der vorherigen Woche in der Hand hielt. Wir hatten plötzlich jede Menge Margarine, aber keine Brötchen zum Frühstück. Ein Desaster, das ich nicht wiederholen wollte. Oben auf dem Zettel standen der Name meiner Chefin Gabi und darunter alle anderen. ‚Ok, Chefin ist morgen da, das heißt für mich: Pünktlich sein!‘, dachte ich mir.

Am nächsten Morgen stand ich pünktlich auf und wäre auch pünktlich bei der Arbeit gewesen, wenn die Bahn keine Verspätung gehabt hätte. Es war ein heißer Sommertag und in der U-Bahn war es, obwohl es noch recht früh am Morgen war, voll und schwül. Wir alle kennen die Momente in einer vollen, Berliner U-Bahn. Es riecht nach Pups, alle tun so, als wenn nichts wäre und dein Kopf klemmt in der Achsel eines großen Mannes der froh ist, dass sein Kopf unter keine Achsel passt! Ich war auch noch im letzten Wagon und endlich angekommen, bin wie eine Irre nach vorne gerannt, damit ich nicht noch später kam. Ich war in den letzten beiden Wochen ein wenig zu oft zu spät zur Arbeit gekommen und wollte es nicht unbedingt an einem stressigen Samstag wiederholen. Auch wenn ich einen unbefristeten Job im Öffentlichen Dienst hatte, musste ich mich noch lange nicht, wie die Gerüchte über Angestellte im Öffentlichen Dienst halt eben waren, unbedingt so benehmen. Das machen die meisten nicht. Seranos Seele schwebte gelassen links neben mir und aß einen Apfel. Ich hatte bis heute nicht gefragt, warum sich Seelen manchmal wie Menschen benahmen. Wahrscheinlich alte Gewohnheiten…

Serano: „Du brauchst dich gar nicht so zu beeilen! Deine Chefin hat heute frei und ist daher eh nicht da!“

Sabrina: „Ich habe zufällig gestern auf die ‚Lunchliste‘ gesehen und sie ist definitiv da! Ich hab auch aufs Datum gesehen, also erzähl mir nichts!“ Und ich rannte weiter.

Serano: „Zufällig? Nun gut, wenn du rennen willst, renne ruhig, aber es ist niemand da, der dir Ärger machen wird! Du wirst die Einzige sein, die sich ärgern wird und zwar über mich, weil ich Recht hatte!“

‚Sehr lustig!‘, dachte ich mir, aber es war mir trotzdem zu unsicher. Ich hatte es doch mit meinen eigenen Augen gesehen und auf diesen Serano-Hokus-Pokus gab ich eben noch nicht so viel. Auch das Thema Gottvertrauen hat bei mir ein wenig auf sich warten lassen! Obwohl es in der Anfangszeit wohl eher Serano-Vertrauen hätte heißen müssen.

Ich kam völlig durchgeschwitzt und hechelnd bei der Arbeit an. Serano hatte recht. Meine Chefin hatte frei und auf der Liste war ihr Name verschwunden und ein anderer stand plötzlich an ihrer

Stelle. Alle anderen Namen waren noch notiert, die ich am Vortag gelesen hatte, nur ihrer war fort. Es war wahrlich unheimlich und verrückt. Ich konnte es nicht verstehen.

Daraufhin folgten noch viele solcher Situationen. Ich stand in seinem Unterricht in der Tanzschule und seine Seele regte sich darüber auf, dass niemand die Tür schloss. Ich sah den Menschen an, aber der zeigte keinerlei Regung und lächelte gelassen. Wieder und wieder regte sich die Seele auf, wie laut es draußen wäre, ob er etwa selbst die Tür schließen sollte und so weiter, aber der Mensch war die Ruhe selbst. Die Seele tobte geradezu. Also beschloss ich dem ein Ende zu setzen und schloss die Tür, woraufhin der Mensch so eindringend laut „DANKE!“ sagte, dass sich alle wunderten. Es war in solch einem Unterton, dass man glauben konnte, er hätte sich durchweg laut darüber beschwert, dass die Tür offen stand. Die Schüler waren irritiert, aber ich hatte es ja mitbekommen.

Eines Tages wollte ich mit Christina, seiner Frau, sprechen. Seine Seele bestand darauf, dass ich es ein anderes Mal versuchen sollte, da sie krank zu Hause war. In der Nacht zuvor hatte ich außerdem geträumt, sie wäre krank. Ich glaubte ihm wieder einmal nicht und war, als ich dort ankam, erstaunt, dass er und mein Traum recht hatten. Der Mensch Serano erklärte mir, sie hätte eine Blasenentzündung und wäre zu Hause geblieben. Sie war in all der Zeit, in der ich dort tanzte, nicht ein einziges Mal aufgrund von Krankheit abwesend!
An einem Mittwoch wollte ich gerade zu seinem Unterricht, als ich in der U-Bahn einen ganz schlimmen Hautausschlag bekam. Der Unterricht sollte vertreten werden, weil er und seine Frau auf Tournee waren. Je näher ich dem Studio kam, umso schlimmer wurden Ausschlag und Juckreiz, also beschloss ich umzukehren. Zu Hause erklärte mir Amira, dass vielleicht etwas Schlimmes passiert wäre, wenn ich dagewesen wäre. Vielleicht mit dem Menschen Serano. Die Seele bestätigte das. Ich musste

allerdings daraufhin lachen und meinte, dass das gar nicht sein kann, weil er ja eh nicht da war. Eine Woche später erfuhr ich, dass Christina und Serano früher zurückkamen und selbst die Kurse gaben. Ich weiß nicht, was passiert wäre, aber ich sollte wohl nicht hingehen!

Irgendwann nachts träumte ich sogar von ihm und seiner Frau. Es war der einzige Traum, den ich mir in meinem Leben nach dem Aufwachen sofort aufschrieb. Diese Notiz sollte ich lange Zeit später wiederentdecken und las sie mir noch einmal durch. Es war ein langer Traum, aber zusammengefasst, half ich ihm, sich mit seiner Frau wieder zu versöhnen. Daraufhin sagte er, dass mir in meinen Augen noch etwas fehlte: Diamanten! Eine Woche nachdem ich den Traum nach langer Zeit mal wieder durchgelesenen hatte, kam der Mensch Serano im Unterricht auf mich zu und sagte einfach nur: „Wie ein Diamant“. Ich war verblüfft, weil ich ja kurz zuvor von diesem Traum gelesen hatte. Ich überlegte, ob ich irgendetwas gesagt hatte, oder was er meinen könnte. Ich fragte: „Was?“, natürlich völlig verstört darüber, ob er von dem Traum wusste. Daraufhin lächelte er nur kurz, hielt inne, deutete auf meinen Bauch und sagte: „Dein Bauchschmuck – es glitzert, wie tausend Diamanten!“, und ging wieder weg. Seine Seele tauchte wieder einmal auf und sagte: „Ich bin wirklich verdammt gut, oder?“

Ein anderes Mal kam ich ins Tanzstudio und der Mensch war ganz anders als sonst: Er ignorierte mich, zog nur kalt seinen Unterricht durch und wirkte wie unter Drogen gesetzt – und das für mehrere Wochen. Seine Frau hingegen lächelte wie sonst nie. Sie war stets vergnügt, grüßte mich, fragte, wie es mir gehen würde und war so nett zu mir, dass es schon unheimlich war. Eines Tages wurde es so komisch, dass ich seine Seele rief, um nachzufragen, was los war und da passierte etwas Merkwürdiges: Die Seele zeigte sich als Teenager. Ich fragte ihn, was das solle und bekam folgende Antwort:

Serano: „Ich bin Seranos ‚Höheres Selbst'* und sehe daher ein wenig anders aus – frischer, könnte man sagen! Der Mensch und seine ‚Seele' stehen unter einem Bann!"

Sabrina: „Wie kann das sein und ist das ‚Höhere Selbst' nicht das gleiche, wie die Seele?"

Serano: „Nun ja, im Grunde genommen, sind wir alle Eins und es gibt keine Trennung, dennoch gibt es, von euch Menschen aus gesehen,– hm, wie drück ich das aus? ...– Körper, Geist und Seele und einen weiteren Vermittler zwischen Mensch und Gott: das ‚Höhere Selbst'. Dieses ist im Gegensatz zur Seele völlig frei, kann nicht eingesperrt, verzaubert oder negativ beeinflusst werden, und lebt immer in der absoluten bedingungslosen Liebe zu sich selbst und allem anderen. Seranos Seele wurde von seiner Frau eingesperrt. Sie spürt seine Stärke und eure karmische Verbindung und hat Angst, dass ihr das auch menschlich haben möchtet. Ihre Urängste kommen dadurch hoch. Aber es verläuft alles nach Plan!"

Sabrina: „Wie bitte? Aber ich will doch nichts von dem Menschen!"

Seranos: „Das wissen du und Serano, aber seine Frau nicht!"

Sabrina: „Und warum passiert alles nach Plan? Wer will denn bitteschön ‚eingesperrt' oder verzaubert werden?"

Serano: „Ihr alle drei habt eine karmische Absprache, einen karmischen Vertrag. Welche Absprachen Christina und Serano haben, bleibt ihnen überlassen. Interessant ist doch, was deine Absprache bei diesem Vertrag war, oder?"

Sabrina: „Und was für eine war das?"

Ich war völlig durch den Wind und musste das erst einmal verarbeiten. Täglich kamen auf seelischer Ebene merkwürdige Situation auf mich zu...und jetzt noch so etwas! Karmische Absprachen – Seeleneinsperrung – Das ‚Höhere Selbst'...

Serano: „Deine Absprache war, dass du Serano retten sollst. Jetzt fragst du dich bestimmt, wie du das machen kannst, oder? Zuerst beobachte genau, wie der Mensch ist, was er macht und was er normalerweise nicht macht. Wie und was gibt er plötzlich von sich? Was fällt dir auf?"

Sabrina überlegte: „Er redet eigentlich fast gar nicht mehr. Er lacht nicht, sieht müde aus und ist nach dem Unterricht für Schüler nicht mehr zu sprechen. Ach ja, jetzt, wenn du es sagst, ist mir noch etwas aufgefallen!"

Serano: „Und was?"

Sabrina: „Seitdem er das erste Mal als Seele zu mir kam, trug er eine Kette um den Hals, die meiner sehr ähnlich war. Die Kette, die ich von meiner Mutter hatte! Nur hatte seine einen grünen Stein, doch seitdem er so komisch ist, hat er eine dicke Goldkette mit einer großen runden Medaille um! Hat das was zu bedeuten? Sie erinnert mich an ein Hundehalsband mit Hundemarke."

Serano: „Gut, du bist bereit. Trete nun in den Raum ein, wo Christina die Seele ihres Mannes gefangen hält!"

Und plötzlich bekam ich zwei parallele Visionen: Zum einen sah ich Serano, wie einen Hund, auf dem Parkplatz der Tanzschule angekettet sitzen. Die Leine ging in die Tanzschule hinein und endete bei seiner Frau. Und zum anderen sah ich ihn in einem Palast aus Eiskristallen eingesperrt. Vor diesem Palast saß seine Frau an einer Art Pult mit Knöpfen und einem Joystick und schien ihn von dort aus zu kontrollieren.

Sabrina: „Was hat das zu bedeuten? Und warum sehe ich zwei Visionen? Du hast gesagt, dass ich in den Raum eintreten darf und nicht in die Räume. Warum sehe ich dann zwei Visionen in zwei verschiedenen Räumen?“

Serano: „Du vertraust dem, was du siehst! Sehr gut! Du hast den ersten Test bestanden. Die eine Vision zeigt, was passiert, wenn er allein mit ihr ist. Zum Beispiel zu Hause. Und die andere zeigt beide Personen, wenn sie…“

Sabrina vollendete den Satz: „…unter Menschen sind!“

Serano: „Naja, ich wollte eigentlich ‚draußen‘ sagen, aber es läuft auf das Gleiche hinaus. Was kannst du machen, um ihm zu helfen?“

Sabrina: „Nichts! Die sollen das selbst klären! Typisch Ehe eben.“

Serano: „Falsch, du hast diesen Test nicht bestanden. Du hast noch eine Chance!“

Ich überlegte sehr lange, aber in meinem Kopf war alles so wirr und eine Antwort kam mir absolut nicht in den Sinn.

Serano nahm meine Gedanken auf und sagte: „Du hast die falsche Herangehensweise. Du versuchst es mit dem Kopf zu verstehen, aber Heilung und Hilfe geschieht im Gefühl! Im Herzen!“

Alles, was ich mir vorzustellen versuchte, klappte nicht. Ich stellte mir vor, wie der Glaspalast zersprang und sich wieder zusammensetzte. Ich ließ die ‚Hundekette‘ von den Erzengeln

durchtrennen und sie legte sich erneut um Seranos Hals...Ich setzte Heerscharen von Engeln auf Christina an...nichts! Als mir plötzlich der erlösende Gedanke kam:
Sabrina: „Liebe!"

Serano: „Ja, das hört sich schon besser an!"

In Gedanken nahm ich Christina in die Arme und sendete ihr Liebesenergie. Ich schickte sie auch zum ‚Rat der Engel', wie Serano es mir riet, damit sie sich um sie kümmerten, weil ich ihren Plan hier unten selbst nicht kannte. Plötzlich sah ich, dass Seranos Seele wieder frei war. Das Unglaubliche war aber, dass sich für mich mein nächster Besuch in der Tanzschule als Beweis herausstellte, dass alles wirklich geschehen war: Serano lächelte und unterhielt sich wieder mit allen. Er war ganz der Alte. Er hatte wieder die andere Kette um den Hals. Ab und zu trug er noch das Medaillon. Doch jetzt sah er damit ganz anders aus und lächelte, wie immer vergnügt. Es hatte keine Macht mehr. Allerdings redete Christina als Mensch ab diesem Moment kaum ein Wort mehr mit mir, begrüßte und verabschiedete sich nicht mehr und drehte mir stets den Rücken zu. Ihre gute Laune war nun ebenfalls nicht mehr da. Aber das störte mich nicht sonderlich, da ich ein reines Gewissen hatte!
Irgendwann fragte ich seine Seele, was der Mensch Serano von mir als Tänzerin hielt. Wie er mich sah, meine Vor- und Nachteile, was ich gut konnte und woran ich arbeiten müsste. Seine Seele erklärte, der Mensch sei total begeistert von mir. Er meinte, er würde rasante Fortschritte in mir sehen, die ich beim Tanzen machte und dass er mitbekam, wie ich manchmal vielleicht nicht gleich alles konnte, aber es ihm auffiel, dass ich es bis zur nächsten Woche immer übte und dann beherrschte. Er meinte außerdem, ich wäre etwas Besonderes. ‚HA HA! Klar!', dachte ich! Jemand wie Serano Banudis würde so über eine von vielen Tänzerinnen denken? Über mich? Ich wusste, dass ich besser geworden bin und er vielleicht ein wenig stolz auf mich

war, weil er mir oft Komplimente zum Tanzen im Unterricht machte, aber das konnte ich einfach nicht glauben. Ich war mir sicher, dass das einfach nur naives Wunschdenken von mir war, beschloss aber irgendwann den Menschen nach seiner Meinung über mich zu fragen. Aber wie sollte ich das anstellen? Ich wollte wirklich an mir arbeiten, aber war ich dazu bereit zuzuhören, wenn er mir erklären würde, wie schlecht ich in Wirklichkeit sein würde und wie viel ich noch an mir arbeiten müsste? Wäre es nicht einfacher und schöner, nur die Komplimente aufzunehmen und im Stillen weiter an mir zu arbeiten? Aber ich wollte noch besser werden und das ging nur durch ein ehrliches Feedback! Ich beschloss dennoch, dass Frau Mut noch im Urlaub war und weiterhin von Frau Kein-Rückrad vertreten wurde. Im Klartext: Ich wollte wieder einmal meine Verantwortung abgeben und es dem Schicksal überlassen. ‚Wenn es irgendwann sein sollte', dachte ich mir, ‚würde es schon passieren!'
Seranos Seele nickte still im Schatten.
Ein paar Tage später stand ich nach dem Unterricht vor dem Menschen Serano und habe ihn eigentlich etwas ganz anderes fragen wollen, als mir plötzlich der Gedanke kam, dass jetzt ein guter Zeitpunkt wäre, ihn nach meinem Können zu befragen. Obwohl…(die Ausreden schlichen sich sofort ein) – er hatte ja so viel zu tun…Ich lass es doch lieber sein... Kaum dachte ich diesen Gedanken zu Ende, fing der Mensch plötzlich an:

„Sabrina, ich wollte dir das schon lange sagen…" ich war plötzlich ganz ruhig und wusste gar nicht, was jetzt kommen würde. Hatte ich was falsch gemacht? Nervte ich ihn mit meinen ständigen Fragen? Und er legte los: „Ich bin so stolz auf dich! Du machst so schnelle Fortschritte! Auch wenn du manches vielleicht nicht gleich kannst, weiß ich, dass du übst und es eine Woche später kannst. Du bist so gut geworden!" Er strahlte richtig bei seinen Worten und ich war einfach nur geschockt und sprachlos zugleich! Gerade hatte ich noch an das Feedback

gedacht und da sprach er es aus – zum selben Zeitpunkt! Und dann gleich so positiv? Und einen Moment mal bitte…waren das nicht genau die Worte seiner Seele?
„Schau mal, ich habe in meinem Kurs verschiedene Kategorien von Schülern. Ich habe hier die älteren Ladies, die lasse ich in Ruhe. Ich habe Hobbytänzer und welche, die später einmal Tänzerinnen, bzw. Tänzer werden!“ Bevor er seinen Satz vollendete, zählte ich mich bereits automatisch zu der dritten Kategorie, da ich weder eine Omi noch eine Hobbytänzerin war.
„Aber du BIST eine Tänzerin!“

Ich stand regungslos und mit offenem Mund da. Es kam mir vor wie Stunden, aber es waren sicherlich nur wenige Sekunden. Ich war sprachlos! Nicht nur, dass der Mensch die Worte seiner Seele wiedergab, sondern auch die Tatsache selbst, dass dieser Mensch mir solch ein Kompliment machte: Er, einer der besten Tänzer, den ich je zuvor gesehen habe, der nahezu überall auf der Welt getanzt hatte, überall bekannt war und besser tanzen konnte, als die meisten Frauen (mal nebenbei erwähnt)! Diese Worte hatten den gleichen Wert, wie ein Diamant für mich, denn etwas wertvolleres, wollte mir nicht in den Sinn kommen. Außerdem war es bewiesen: Ich konnte die Seele wirklich hören! Es gab zu vieles, das übereinstimmte, als dass es nur Zufall hätte sein können. Das musste ich erst einmal verdauen. Ich erzählte es nie jemandem von der Tanzschule. Es war für mich bestimmt und blieb meins. Auch wenn es unter Tänzerinnen oft Zickenkriege gab, wollte ich ihn dort nicht haben, da die Schülerinnen sehr lieb und freundlich zu mir waren.

Viele Ereignisse danach, die mir die Seele vorausgesagt hatte, sind eingetroffen. Im Prinzip so gut wie alle. Man könnte sagen neunundneunzig von hundert Voraussagungen. Irgendwann stellte ich auch die Verbindung zu den Seelen von Amira, Freunden und andere Bekannten her, und die Antworten waren so klar, als ob die Menschen persönlich vor mir gestanden

hätten.
Amira erklärte mir gleich, dass man das als ‚channeln'* bezeichnete und dass sie es toll fand. Ich hatte ja keine Ahnung. Mittlerweile war es für mich normal, Serano immer neben mir zu sehen. Am Anfang ermutigte mich Amira immer wieder und half mir, indem ich ihre Seele befragen durfte. Sie suchte zum Beispiel gerade eine neue Wohnung und wollte an einem ganz bestimmten Ort eine finden. Ich konzentrierte mich auf sie und ihren Lebensweg und hatte eine Vision, dass sie eine finden würde. Ich sah, dass man von der Straße nicht direkt zur Haustür kommen konnte. Ich sah rote Blumen und einen See. Außerdem, dass alles ganz plötzlich, aber rechtzeitig passieren würde, und dass sie sich keine Sorgen machen bräuchte. Einige Tage später rief sie mich völlig aus dem Häuschen an und berichtete, dass eine Bekannte sie anrief, die genau da wohnte, wo sie hinziehen wollte, und dass dort eine Wohnung frei wäre. Sie machte eine Besichtigung und musste erst über eine Auffahrt, an dessen Seite über einem Zaun rote Blumen hingen. Sie sah sich die Wohnung an, war sofort verliebt und bekam diese dann auch. Auf der anderen Seite des Hauses war der See! Sie war überglücklich. Sie kam erst durch mich und dann auf ganz wunderbare Weise zu ihren eigenen Fähigkeiten. Ich habe nie daran gezweifelt, dass Amira die gleichen hellsichtigen Möglichkeiten wie ich hatte oder haben würde. Wundervoll war einfach, dass ich sie jetzt ermuntern konnte. So, wie sie mich beim Tanzen mit hineinzog, so sagte ich ihr immer wieder, dass ich in ihr die gleiche Gabe sah, was auch zutraf…nur dass sie kein Engel war…ich sah etwas ganz anderes in ihr…aber das wird sie dir eines Tages vielleicht selbst sagen.

Ich hatte mal eine Freundin, die Vegetarierin war und gerade einen Bekannten zu Besuch hatte, der das nicht war. Sie saß vor mir und fragte mich um Rat, da sie schon längere Zeit an Magenschmerzen und Übelkeit litt. Ihre Seele sagte mir, dass es erst dazu kam, seit ihr Bekannter bei ihr wohnte und er Fleisch in ihren Töpfen und Pfannen zubereitete und sie sich nicht traute, ihm das zu untersagen. Sie ekelte sich unbewusst darüber, weil sie in den gleichen Töpfen ihre vegetarischen Speisen zubereitete. Ihre Seele riet ihr, ihm ehrlich zu sagen, was sie empfand und ich sah, dass er es ihr nicht mal übel nehmen würde. Sie redete mit ihm und nicht nur, dass es wirklich kein Problem für ihn war und ihre Magenprobleme sofort vergingen, der Bekannte wurde immerhin noch zum Pescetarier*.

Einst hatte ich einen Freund, der mir über meine Fähigkeiten keinen Glauben schenken wollte. Ich weiß, dass man seine Gabe nicht missbrauchen sollte, aber ich sah es recht entspannt, ob es klappte oder nicht. Schließlich bekam ich kein Geld und war noch so jung! So warf er eine Münze und fragte, was oben liegt. In neun von zehn Fällen hatte ich recht. Beim Letzten hatte ich keine Lust und habe geraten. Ich habe falsch geraten, aber hatte endlich meine Ruhe. Sollte er doch glauben, was er wollte.

Als die WM in Deutschland stattfand und Deutschland gegen Italien spielte, war ich bei Freunden eingeladen. Ich wollte mich verabschieden, bevor das Spiel anfing. Ich mochte Fußball nicht sonderlich. Ein Freund meinte, dass ich unbedingt bleiben sollte. Falls Deutschland gewann, sollte man das erlebt haben! Ich sagte ihm, dass Deutschland verlieren würde und ich Italien eh mehr mochte. Er war gar nicht begeistert! „Warum denkst du denn so negativ?“, war seine Frage. Ich schmunzelte und sagte ihm nur, dass er vollkommen recht hatte und sich mal auf das Spiel freuen sollte. „Es liegt sicher daran, dass ich Italien mehr mag.“ Ich lächelte und verabschiedete mich. Es hatte nichts mit negativem Denken zu tun. Ich wusste es einfach. Also sah ich mir an dem Abend einen schönen Spielfilm an, während die ganze Welt fieberte. Vielleicht sagen manche an dieser Stelle, dass es eindeutig war, dass Italien gewann. Allerdings hatte ich keine Ahnung von Fußball und zumindest für mich war es wieder ein Beweis!

Es waren so viele Situationen und dank der Hilfe von Seranos Seele vertraute ich meinen Visionen und dem Gesagten der Seelen immer mehr. Der Kanal wurde immer freier. Er, als mein Geistführer, erklärte mir Schutzmöglichkeiten für spirituelle Menschen, welche Techniken man vor, während und nach einem Reading anwandte, und schickte mich zu den richtigen Büchern im Regal. Er wusste, dass ich damals nicht gerne und viel las und erklärte mir mehr, als ich nachlesen musste. Später erfuhr ich, dass manches bereits in Büchern stand, aber genauso vieles noch nicht.
Leider hatte ich auch eine negative Reaktion im Bekanntenkreis: Eine meiner Freundinnen wurde süchtig nach meiner Gabe. Als sie erfuhr, was ich konnte, obwohl sie selbst nichts mit der Spiritualität zu tun hatte, fragte sie mich bei jeder Gelegenheit um Rat. Sogar bei Kleinigkeiten. Irgendwann fragte sie mich um Rat für ihre Freunde und Verwandte. Es schien kein Ende mehr zu nehmen. Liebevoll habe ich versucht, sie ihrer Eigenverantwortung bewusst zu machen und antwortete bei Fragen, wie: „Wie verläuft morgen mein Test oder Tag?“ – „Wann treffe ich meinen Zukünftigen?“, oder: „Warum habe ich mich gestern mit einer Freundin gestritten?“, immer mit: „Habe Geduld! Warte ab. Geh in dein eigenes Gefühl hinein.“ Sie nahm mir das richtig übel, aber ich konnte und wollte nicht eine vierundzwanzig-Stunden-Auskunft sein, sondern eine Freundin.

Auch heute nehme ich meinen Klienten nicht ihre Verantwortung ab! Kein Mensch sollte sich jemals abhängig machen... außer von einer Sache vielleicht: seinem eigenen Gefühl!

Ich war immer gerne für meine Freunde da, aber ich fühlte mich absolut nicht wohl bei dem Gedanken, dass ich für einfache Fragen meine Gabe einsetzen sollte. Wie der Test verlaufen würde, erfährt sie innerhalb von vierundzwanzig Stunden und das Ergebnis wird hauptsächlich davon bestimmt, wie viel man selbst dafür macht. Ihr Zukünftiger würde kommen und warum

sie und ihre Freundin sich gestritten hatten, müsste sie doch am besten wissen, oder? Das sind nur einige Beispiele.
Doch leider ging es eines Tages so weit, dass ich an einem Montag einen Anruf von ihr auf meinem Handy bekam. Sie wusste, dass der Montag für mich immer die reinste Hölle darstellte. An diesem Tag musste ich immer zehn Stunden arbeiten und danach noch einkaufen gehen, damit ich für die Woche Essen zu Hause hatte. Das kaufte ich aufgrund der Schließzeiten meistens direkt bei meiner Arbeitsstelle um die Ecke ein und kutschierte es eine dreiviertel Stunde mit der U-Bahn und dem Bus nach Hause. Ich war wieder einmal richtig müde und folgender Dialog kam mit ihr am Telefon zustande:

Sabrina: „Hallo?“

Patricia: „Süße, meiner besten Freundin ist gerade ihre Halskette kaputt gegangen. Sie hatte sie damals von ihrer Mutter bekommen, die verstorben ist, als sie klein war. Kannst du mal fragen, ob das ihre Mutter war und ob sie ihr was sagen möchte?“

Sabrina: „Hallo Patricia, mir geht es gut und dir?“

Patricia: „Mach jetzt keine Scherze, es ist wirklich wichtig!“

Sabrina: „Hör zu, Süße, heute war mein langer Tag, wie du weißt. Ich bin todmüde, zehn Stunden Arbeit liegen hinter mir, ich habe hier drei schwere Tüten und sitze in der U-Bahn. Wir können die Tage gerne mal telefonieren und fragen, was da los war, aber nicht jetzt.“

Patricia empört: „Sabrina, du verstehst, glaube ich, nicht, wie wichtig das ist! Sie ist meine Freundin und es ist die Kette ihrer Mutter. Sie will nur wissen, warum sie kaputt gegangen ist!“

Sabrina: „Vielleicht hat sie zu sehr daran gezogen?“

Patricia: „Ich finde das nicht witzig!“ Sie wurde richtig böse. „Wenn du meine Freundin bist, hilfst du mir jetzt!“

Sabrina: „Ich sitze in der U-Bahn und werde jetzt nicht für dich gucken! Ich bin müde! Verstehst du das nicht? Die Kette hat Zeit bis morgen!“

Patricia: „Nein, ich verstehe das nicht und es hat nicht bis morgen Zeit. Tschüss!“…und hatte dann einfach aufgelegt.

Sie hat mich damals mit ihrer Sucht sehr verletzt. Schade! Sie wendete sich seitdem immer mehr von mir ab. Wenn ich nicht für sie die geistige Welt befragte oder ich etwas für sie sah und es nicht ihrem Wunsch entsprach, drehte sie mir den Rücken zu und meldete sich immer weniger bei mir. Ich habe sie wirklich sehr lieb gehabt und wir waren immerhin ungefähr dreizehn Jahre befreundet. Doch dann dort endete es leider. Ich hatte noch einige Male versucht, die Freundschaft zu retten, doch wortwörtlich meinte sie zu mir, dass sie mich nicht vermissen würde und die Freundschaft in ihren Augen wohl keinen Sinn mehr hätte.

Ich hoffe es geht ihr gut! Manchmal trennen sich eben die Wege und ein altes Sprichwort sagt: Etwas geht und etwas Neues kommt!

Das Neue war dann Shivani…aber dazu später!

Ich wurde in die Welt der Seelen, Engel, aufgestiegenen Meister und Gott eingeladen. Serano erklärte mir meine Lebenssituationen und wie alles zusammenhing. Er zeigte mir die Möglichkeit, sowohl an mir und meinem Karma, als auch am Karma anderer zu arbeiten, wenn diese das wünschten.

So kam es eines Tages, dass ich in meinen wohl verdienten Urlaub gehen wollte und prompt, wie es mir ständig passierte, mal wieder am ersten Tag eine Erkältung bekam. Es konnte Sommer, Herbst, Winter oder Frühling sein, ich bekam immer gleich an meinem ersten freien Tag eine Erkältung: ‚Mensch, bin ich eine gute Mitarbeiterin!', dachte ich mir. ‚Ich mach immer nur im Urlaub krank!'

Was für eine Ironie. Wie gesagt, das Gute an meiner Gabe besteht unter anderem darin, dass ich jederzeit, zu allen Fragen und Themen auch meine eigene Seele befragen kann und das Schlechte, dass ich mich, sobald das Channeling vorbei ist, an nichts erinnern kann. Channeling bedeutet, dass ich einen mentalen Kanal zu der jeweiligen Seele aufbaue. Diese antwortet dann sofort unverfälscht und direkt, und das nicht nur bei den angenehmen Dingen im Leben. Ihr wisst schon, was ich meine. Wenn man zum Beispiel erfährt, dass man selbst für gewisse Dinge verantwortlich ist und nicht einfach jemand anderem die Schuld in die Schuhe schieben kann. In gewisser Weise ist das leider meistens, oder fast immer der Fall. OK, es ist immer der Fall... Wie auch immer. Ich legte mir damals ein Diktiergerät zu, um mich später zu erinnern und um das Gesamte noch einmal wirken zu lassen. Mittlerweile ist das Ding schon voll. Ich überlege heute noch, wie ich die Daten in Papierform bekomme. Ich habe neuerdings ein neues Diktiergerät mit USB-Anschluss für den PC gekauft. Das ist dann einfacher...*

Aber ich schweife ab... In einzelnen Fällen konnte ich mich an das Gesagte erinnern, wenn meine eigene Seele zum Beispiel eine wichtige Rolle spielte, bzw. das Gesagte für den Klienten zum Einprägen mehrmals wiederholt wurde, oder eben wenn mir Bilder erschienen.
So dachte ich mir an diesem sonnigen ersten Frühlingsmorgen, meinem ersten Urlaubstag krank im Bett liegend, dass ich mir

doch gleich mal mein Diktiergerät nehmen sollte (da war es noch nicht voll), um Kontakt mit der geistigen Welt aufzunehmen. Ich hatte es satt, ständig im Urlaub krank zu sein. Folgender Dialog mit meiner Seele kam zustande:

Ich: „Sag, mal, meine liebe Seele, warum werde ich eigentlich immer erst im Urlaub krank und nicht während der normalen Arbeitszeit?"
Nicht, dass ich das gewollt hätte, aber es war einfach zu auffällig!

Meine Seele: „Oh, du wirst nicht erst im Urlaub krank, du bist die ganze Zeit schon krank, aber du merkst es nicht!"

Ich: „Na hör mal, ich würde es doch merken, wenn ich die ganze Zeit husten und niesen würde!"

Meine Seele: „So meinte ich das nicht. Du überlastest dich völlig, mein Kind" (Ironisch, oder? Eine Seele, die zu ihrem eigenen Selbst im Körper ‚Kind' sagt) „Du hast viel Stress, gönnst dir nie Ruhe und, mal ganz abgesehen von deinen seelischen Sorgen, die dich zusätzlich belasten, kurierst du weder deine körperlichen, noch seelischen Wunden richtig aus! Das macht dich innerlich krank, aber weil du so viel um die Ohren hast und dir nie die Zeit nimmst, mal richtig in dich zu gehen, nimmst du weder diese Überbelastung noch deinen Körper richtig wahr, der dir bereits alle Symptome tagtäglich zeigt."

Ich: „Und welche Symptome sollen das bitteschön sein? Ich bin doch kerngesund! Also, ich meine, ich war kerngesund bis gestern!"

Meine Seele: „Müdigkeit, Kopfschmerzen, dein Tinnitus, den du seit deinem achtzehnten Lebensjahr hast, plötzliche

Schwächeanfälle, schneller Gewichtsverlust, Traurigkeit, und dass du versuchst, alles gleichzeitig zu machen und trotzdem irgendwie nichts wirklich schaffst!"

Ich: „Nun ja, das ist, weil ich…"

Meine Seele: „Du brauchst dir hier keine Gründe zurechtzulegen, warum du diese Symptome hast. Ich bin deine Seele und niemand, dem du etwas erklären brauchst, geschweige denn, bei dem du die Möglichkeit hast, dich selbst zu belügen! Du hast mich gefragt und ich gab dir die Antwort!"

Ich: „Wenn du mir Antworten geben möchtest, dann beantworte mir doch die Frage, wie ich es in diesem Leben schaffe, im Urlaub nicht mehr krank zu werden?"

Meine Seele: „Du musst dir im Alltag Zeit einräumen; zum Beispiel dich auch während deiner Arbeitszeit erholen!"

Ich dachte sofort an meine Mittagspausen, in denen ich immer Besorgungen erledigte und mich vielleicht lieber kurz hinsetzen sollte, um mal einen Happen zu essen, oder daran, dass ich mich vielleicht mal eine Stunde in der Woche hinsetzen könnte und mal lesen sollte, statt immer fernzusehen. Ich fragte mich nur wieder sofort, wie ich um Gottes willen diese eine Wochenstunde einräumen sollte?

Meine Seele: „EINE Stunde in der Woche? Du musst dir einen Tag in der Woche frei nehmen, wo du nichts machst, außer dich zu erholen!"

Auch wenn ich nur im Geiste mit meiner Seele sprach und nicht mit meinem Mund, so stand mir dieser in diesem Moment wieder einmal sperrangelweit offen.

Ich: „Einen ganzen Tag in der Woche? Bist du verrückt? Wie soll ich das bitteschön machen? Ich schaffe ja auch so meine Erledigungen kaum und treffe meine Freunde selten. Dann würde ich ja gar nichts mehr schaffen!“

Meine Seele: „Ja, einen ganzen Tag. Nein ich bin nicht verrückt, jedenfalls nicht mehr als du und was deine Erledigungen und Freunde angeht, ist das eine Sache der Wahrnehmung. Wenn du in deinem Urlaub gesund sein möchtest, wirst du um diesen Tag nicht herumkommen können. Es wird dein Sabrina-Tag und du wirst vielen damit ein Vorbild sein, die sich diesen Tag ebenfalls aneignen, was ihnen und dir Gesundheit, Stärke und Übersicht bieten wird.“

Ich: „Sabrina-Tag? Hört sich ja niedlich an, aber wie soll ich das anstellen und was meinst du mit: ‚Es sei eine Sache der Wahrnehmung‘? Ich weiß, dass ich keine Zeit habe und das ist Fakt! Das ist nun mal die Realität! Da gibt es nur die eine Wahrnehmung und zwar die der Zeitanzeige auf meiner Uhr, die nur so dahinschwindet!“

Meine Seele: „In deiner Wahrnehmung nimmst du dir keine Zeit, weil du behauptest keine Zeit zu haben, oder? Aber warum sollte dir dann Zeit eingeräumt werden? Denkst du da kommt der Postbote vorbei, klingelt an deine Haustür und sagt: ‚Wir haben ein Paket Zeit für Sie!‘? Wenn du dir jedoch diesen Sabrina-Tag einräumst, wirst du ruhiger, gelassener und bekommst dein Leben wieder besser unter Kontrolle. Du wirst dir deine Zeit besser einteilen können und lernen, deinen Körper und deine Seele wieder wertzuschätzen. Man bekommt alles zurück, was man aussendet: Du gibst dir, deinem Körper und deiner Seele diese Ruhezeit und bekommst dafür Gesundheit, Stärke und einen besseren Überblick. Du nimmst dir Zeit für dich und dir wird Zeit eingeräumt! Der Postbote bist nämlich du selbst!“

Ich: „Und warum fühl ich mich bei dem Gedanken, einen ganzen Tag für mich zu beanspruchen, überhaupt nicht gut?“

Meine Seele: „Weil du es durch deine Ahnenreihe und das Massendenken der Menschheit gewohnt bist, zu ackern und dir keine Pause zu gönnen. Außerdem fällt es dir schwer Nein zu sagen und, indem du zu diesem Sabrina-Tag zustimmst, sagst du das erste Mal Ja zu dir selbst und in Folge dessen widerum Nein zu den anderen!“

Ich: „Weil ich dann folglich meinen Freunden und meine Termine absagen muss?“

Meine Seele: „So ungefähr.“

Ich: „Lass ich sie damit nicht im Stich? Was ist, wenn mich jemand braucht?“

Meine Seele: „Du bist für niemand anderen als für dich selbst verantwortlich!“

Ich: „Das ist ganz schön hart und egoistisch und ich sehe das ein bisschen anders!“

Meine Seele: „Natürlich, weil du dich schnell aufopferst und ein großes Herz hast, aber es ist an der Zeit zu erkennen, dass du dich niemals zu ‚opfern‘ brauchst und du dein großes Herz einmal dir zu Gute kommen lassen solltest. Es ist schließlich deins und hat Urlaub und Selbstliebe verdient. Warum einen Ferrari besitzen, aber immer nur andere damit fahren lassen? Du hast am Beispiel deiner Mama gesehen, was mit den Menschen passiert, die sich überarbeiten und sich für andere aufopfern. Und was ist mit denen, die man zurücklässt? Sie fühlen alle dasselbe, genau wie du: Hätte sich deine Mutti doch mehr um sich gekümmert! Und wenn du glaubst, ein schlechter Mensch zu sein, weil du jetzt endlich dein Leben lebst und auf deine Gesundheit Acht gibst, liegst du falsch. Die Menschen, die dich wirklich lieben, werden es verstehen! Erschaffe einen Ausgleich und fange jetzt mit deinem Sabrina-Tag an!“

Ich: „Wie denn, jetzt gleich? Aber ich muss doch noch ein Geburtstagsgeschenk für jemanden kaufen und dann eine Freundin besuchen!“

Ich grübelte nach, wann es eine gute Startmöglichkeit geben könnte, aber als ich auf in fünf Wochen kam, war mir bewusst, dass das wohl zu spät sein würde.

Meine Seele: „Siehst du, genau das meine ich: Es ist dein erster Urlaubstag, du bist krank und denkst wieder zuerst an andere. FANG HEUTE AN!“

Ich: „Aber der Geburtstag ist am Wochenende und ich habe noch viel bis dahin zu erledigen und schaffe es nur heute, das Geschenk zu besorgen…“

Meine Seele: „Heute!“
Ich: „Außerdem kann ich meiner Freundin für heute nicht mehr absagen, das wäre doch schon zu spät, oder?!“

Meine Seele: „Ausreden machen einen übrigens auch krank!“
Ich: „Das sind keine Ausreden, sondern Tatsachen!“

Meine Seele: „Du und deine Tatsachen! Du hast deinen freien Willen. Habe weiterhin Stress und werde krank oder nimm dir Zeit und sei gesund. Wie du es wünscht!“

Ich überlegte sorgfältig und meine Entscheidung fiel mir unglaublich schwer. Wenn ich gesund sein wollte, gab es wohl nur eine Möglichkeit.

Ich: „Ist ja gut, dann tu ich dir diesen Gefallen!“

Meine Seele: „Du machst das nicht für mich, sondern für dich, bzw. uns! Also dein Körper-Geist-Seele-Paket, wenn du es so nennen willst!“

Ich: „Ok, dann für mich, uns oder was auch immer… und was mache ich an diesem Tag?“

Meine Seele: „Nur Dinge, die du machen möchtest: ein heißes Bad mit Kerzen, ein schöner Film, ein Spaziergang am See oder ein schönes Buch. Von mir aus auch den ganzen Tag nur schlafen. Achte nicht darauf, was das Massenbewusstsein dazu sagen würde. Wenn du an deinem Sabrina-Tag Lust hast, die Fenster zu putzen, kannst du das machen, aber nur, weil du es willst und nicht weil du musst!“

Ich: „Das hört sich wirklich schön und verlockend an!“

Ich weiß noch, wie schwer die ersten Monate waren. Ich entschied mich für den Samstag und Sonntag im Wechsel als ‚Sabrina-Tag‘. Ich fühlte mich am Anfang schon bei dem bloßen Gedanken schlecht, dass ich meine Sachen nicht schaffte oder nicht für meine Freunde da sein konnte. Ich wusste, an dem Tag selbst manchmal gar nicht, was ich machen sollte. So fing es also an, dass ich mal an mich dachte: Ich langweilte mich zu Tode! Natürlich im Hinterkopf mit immer noch den 1001 Dingen, die zu erledigen waren, aber irgendwann pendelte es sich ein und das Ergebnis war unglaublich. Meine Freunde hatten irgendwann Verständnis, erst weniger, dann mehr, und ich irgendwann sogar auch. Und ich hatte trotz meines ‚Sabrina-Tages‘ tatsächlich viel mehr Zeit, Kraft und Überblick für alles andere danach…auch für meine Freunde! Das hätte ich nie gedacht. Ich hatte schließlich verstanden, dass man sich im Leben einfach mal zwischendurch ausruhen darf! Im Urlaub wurde ich nie wieder krank. Jedenfalls nicht mehr wegen der Überbelastung!

Körperliche Krankheiten haben meiner Meinung nach immer eine seelische Ursache. Damit unser Körper durch unsere, über Jahre und Inkarnationen hinweg gesammelten Ursachen nicht zusammenbricht, kommt je nach Lebensabschnitt und jeweiliger Erfahrung immer eine Ursache zum Vorschein. Erst als ein Gedanke, dann als eine Angst, als nächstes in Spiegeln (also andere Personen in deinem Umfeld, die dir etwas spiegeln), und wenn man es immer noch nicht verstanden, geheilt und aufgelöst hat, dann in Form von Symptomen in deinem Körper. Wenn es ganz schlimm wird, dann legt er dich sogar lahm, damit du genug Zeit hast, dir alles genau anzusehen und zu erkennen, warum es dazu kommen konnte.

Mir zeigten sich ebenfalls neue Symptome, die mir mein Körper sendete, wenn er mir signalisieren wollte, dass etwas nicht in Ordnung war. Ein Symptom war am Anfang zum Beispiel das Problem, dass ich immer krank wurde, wenn ich für jemanden gechannelt hatte. Erkältung, Kopfschmerzen, Bauchschmerzen, alles Mögliche hatte ich. Und es hielt immer gleich ein bis zwei Wochen an. Ich hatte die Überlegung, ob es nicht daran liegen könne, dass ich mich immer zu schnell ausnutzen ließ und nicht Nein sagen konnte und mein Körper mich warnen oder sich wehren wollte. Ich konzentrierte mich deshalb auf meine Seele und heilte diese Möglichkeit, indem ich mental in ein altes Leben zurück ging, dass sich mir gleich nach dem Verbinden mit meiner Seele zeigte. Allerdings bemerkte ich danach auch keine Verbesserung. Ruhe und meinen ‚Sabrina-Tag' habe ich mir genommen, also konnte es das nicht sein. Irgendwann war mir Amira dabei behilflich und sah sofort ein anderes altes Leben, in dem ich als Hexe verrufen und verstoßen wurde. Es hatte mich krank gemacht, von der Gesellschaft abgelehnt worden zu sein. Ich wollte ‚normal' sein. Das kam mir verdammt bekannt vor! Meine Seele erklärte mir, wie man mental in sein Unterbewusstsein gehen kann und so die Erinnerung, an das alte Leben verändern, bzw. auflösen konnte. Amira und ich lösten das Leben gemeinsam auf und heilten meine ‚seelischen Wunden'. Seitdem gaben mir die Readings Kraft und ich hatte keinerlei körperliche Probleme mehr. Ich danke dir aus tiefstem Herzen, Amira!

So ist es im Leben. Gott und unsere Engel lassen uns nie allein. Wenn es in unserem Lebensplan geschrieben steht, wird uns immer Hilfe zuteil...*

Den rettenden Engel spielte ich zum Beispiel einmal bei meinem besten Freund Toni. Nach einer langen Partynacht hielt sein Körper die Genussmittel nicht mehr aus. Eine Woche lang machte sein Körper Anzeichen, die auf einen Schlaganfall hinwiesen. Er ging aber nicht zum Arzt, da niemand auf die Idee kam, dass ein Mann Mitte zwanzig so etwas bekommen könnte. Daher blieben er, seine Freunde und ich zwar beunruhigt, allerdings nicht panisch. Doch eine Woche später ließen die Engel und seine Seele es nicht zu, dass er die Erde jetzt schon verlassen sollte. An dem Tag hatte ich mit Amira zusammen einen Tanz-Workshop und ich sollte abends noch bei der ‚Langen Nacht der Wissenschaften' helfen.
Bei der Hälfte des Workshops wurde mir plötzlich so schwindelig, dass ich abbrechen musste. Danach verpassten wir noch den Bus und die Bahn. Amira ermahnte mich, dass ich mir ganz genau überlegen sollte, ob ich zu dem Job gehen wollte. „Ich brauche das Geld, Süße! Sonst hätte ich den Workshop nicht mitmachen können!", sagte ich ihr. Sie antwortete liebevoll: „Ich verstehe dich, aber du bist krank, alles fährt uns vor der Nase weg! Das sind Zeichen, Süße! Fahr da nicht hin! Ich habe da kein gutes Gefühl! Vielleicht stürzt das Haus zusammen, oder so...!" Ich schaute aus dem Fenster der U-Bahn, die nach einer zwanzigminütigen Verspätung nun endlich

losfuhr, als mir auffiel, dass ich die benötigten Unterlagen und Utensilien für den Job in der Bibliothek im Spind vergessen hatte. ‚Gut', dachte ich mir. Ich wusste nicht bei welcher Station wir gerade losfuhren. ‚Wenn wir bei der siebenten Station am Leopoldplatz sind, fahr ich nach Hause!' Wir erreichten den nächsten Bahnhof, ich sah auf den Fahrplan und es waren genau noch sieben Stationen. Ich fuhr nach Hause und hatte das Gefühl, ich sollte Toni anrufen und ihm Bescheid geben, wie komisch der Tag war. Er war zu Hause.

„Meiner war auch nicht gerade berauschend!", sagte er.

„Was war denn los?", fragte ich.

„Ich hatte ein komisches Körpergefühl und kurze Zeit keine Kontrolle mehr über meinen Körper! Wenn das Montag nicht besser ist, dann gehe ich zum Arzt! Hast du Lust heute vorbeizukommen?", fragte er.
Mir ging es so dreckig, dass ich absagte und sofort ins Bett ging. Ich nahm das, was er sagte, nicht wirklich wahr. Mir war einfach nur übel. Nach einer Stunde weckte mich das Telefon:

„Hey, ich bin's noch mal, Toni. Meine Schwester hat heute ihren Führerschein bestanden. Wollte dir nur Bescheid sagen. Vielleicht willst du sie mal anrufen? Geht's dir besser? Kommst du vielleicht doch nachher noch vorbei? Ich würde mich freuen!"

Es waren zu viele Fragen auf einmal. Mir war immer noch hundeübel. Ich verneinte ein zweites Mal, rief aber kurz seine Schwester an, um ihr zu gratulieren. Kaum hatte ich aufgelegt, klingelte erneut das Telefon. Ich merkte, wie ich immer noch im Halbschlaf und absolut müde war, hob aber dennoch ab. Es war wieder Toni: „Hast du sie erreicht?"

Sabrina: „Ja!“

Toni: „Geht es dir besser? Hast du Lust vorbeizukommen?“

Und dann passierte etwas Komisches. Ich fühlte mich wie fremdgesteuert. Ich antwortete: „Ja, ich mach mich jetzt auf den Weg!“ Und er antwortete: „Super, dann hole ich dich mit dem Roller vom Bahnhof ab!“ Ich zog mich schnurstracks, immer noch wie fremdgesteuert an, ging zur U-Bahn hinunter, wo sogleich die Bahn einfuhr und setzte mich in den vordersten Wagon. Erst nach der Hälfte der Strecke fühlte es sich bei mir so an, als würde ich erwachen. Ich wunderte mich, was ich in der Bahn machte und warum es mir plötzlich so gut ging, wo mir doch noch vor ungefähr zwanzig Minuten speiübel war. Ich erinnerte mich auch daran, wie ich mich anzog und losging. Ich war erschrocken, wie ich in die Bahn kam. Da ich aber schon die Hälfte der Strecke hinter mir hatte, wollte ich nun nicht mehr umkehren und fuhr weiter bis zum Bahnhof ‚Platz der Luftbrücke‘, wo ich Ausschau nach Toni hielt. Aber er war nicht da… Ich lief ihm einfach ein Stück die Straße hinauf entgegen und erwartete jeden Moment seinen Roller. Aber immer noch kein Toni. Nach der Hälfte der Strecke rief ich ihn schließlich zu Hause an und machte mir langsam Sorgen. Ich rief zweimal an, dreimal, viermal, aber er nahm nicht ab…beim sechsten Mal nahm er ab:

„Hallo?“, antwortete seine gequälte Stimme auf der anderen Seite der Leitung.

„Toni? Wo bleibst du? Ich bin schon da und laufe gerade die Straße hoch zu dir“, sagte ich ihm leicht beunruhigt.

„Sabrina?“, fragte er. „Du kommst mich besuchen? Das ist aber nett von dir!“ Er hörte sich gar nicht gut an.

„Was ist los, Toni?“, fragte ich jetzt schon ein wenig panischer und beschleunigte mein Schritttempo.

„Ich weiß nicht…Ich liege hier auf dem Boden und kann mich an nichts erinnern…“

„Bleib wach, Toni!! Ich bin gleich da!“ Ich legte auf und lief was das Zeug hielt auf sein Haus zu. Er machte erst nach Ewigkeiten auf, …hatte ich das Gefühl. Oben machte er die Tür auf und legte sich sofort wieder ins Bett. Er klagte über starke Kopfschmerzen. Ich rief den Notarzt an, der seine Situation vor Ort noch herunterspielte. Ich bestand darauf, dass man ihn mit in die Notaufnahme nahm. Im Fahrstuhl, auf dem Weg nach unten, fing sein ganzer Körper an zu zucken und er wurde später direkt auf die Intensivstation gebracht. Dort blieb er einige Tage im künstlichen Koma. Es waren Schlaganfälle. Ich machte mir wirklich Sorgen, hielt mich aber an der Hoffnung fest, dass es seinen Sinn hatte, dass ich an diesem Tag zu ihm ‚geführt‘ wurde! Er hatte wahnsinniges Glück, denn trotz mehrerer Schlaganfälle in den ersten Stunden, hatte er keinen Schaden davongetragen! Außer vielleicht, dass er heute noch ein bisschen mehr auf sich aufpassen könnte. Aber das schafft er schon!

Schön, dass du noch bei uns bist, Toni. Ich trage dich in meinem Herzen, mein bester Freund, und freue mich dich zu kennen und Teil deiner Rettung gewesen zu sein.

…Denn an diesem Wochenende, hätte niemand sonst nach ihm gesehen…und dann wäre es womöglich zu spät gewesen. Dieser Teil meines Lebens könnte glatt eine Folge von X-Factor sein…ach, was sag ich da, eigentlich mein ganzes Leben!
Da war es schon wieder, dass ich ohne bewusst Kontakt zur geistigen Welt aufzunehmen, geführt wurde.

Einst waren eine meiner Freundinnen und ich in einem Haus von

Bekannten ihrer Mutti eingeladen. Sie hatte gegen Abend glühend heiße Füße wie schon einige Abende infolge und fragte mich um Hilfe. Interessanterweise, meldete sich nach meinem ‚Verbindungsaufbau' nicht nur ihre Seele, sondern auch ihr Körper! Ich war verwirrt, da ich bisher noch nie gehört hatte, dass man auch einen Körper channeln konnte. Dieser erklärte mir die Ursache für diese starke unerträgliche Hitze: Es war Wut. Als ich ihr davon berichtete, wie wütend ihr Körper und sie selbst waren, und ihr alle sonstigen Zusammenhänge erklärte, die mir der Körper weitergab, sah ich, wie sich der Körper in der feinstofflichen Welt* sofort beruhigte. Aber nicht nur er. Sie berichtete mir gleich nach dem Channeling, dass während ich sprach, die Hitze und das unangenehme Gefühl aus ihren Füßen schwand und sie sogleich kühl wurden. Sie konnte aufstehen und alles war weg.

An diesem Abend schliefen wir in demselben Haus auf zwei Matratzen in einem kleinen Raum mit heruntergelassenen – nein nicht Hosen – sondern Jalousien! Im Zimmer war es so dunkel, dass man die Hand vor Augen nicht sehen konnte! Ich war gerade eingenickt, als ich plötzlich von etwas aufgeweckt wurde. Ich wusste nicht, was es war, aber als ich meine Augen öffnete, war ein grünlich-weiß schimmernder Lichtball an meiner linken Seite zu meinem Fußende erschienen. (Später las ich in dem bereits erwähnten Buch ‚Einweihung' unter anderem, dass die Autorin diesen Lichtball auch erlebt hatte!) Ich wollte schreien und ‚Oh, mein Gott' sagen, aber ich schrie nur: „HIOB!" Meine Freundin war noch wach, hatte aber die Kugel nicht gesehen, da sie die Augen schon geschlossen hatte und erschrak natürlich durch mein ‚HIOB'. Ich hatte den Namen mal gehört, wusste aber nicht, was sich dahinter verbarg. Wir fanden durch einen Bibelkundigen heraus, dass die Geschichte von Hiob in der Bibel stand und es um einen Mann ging, der Gott so sehr die Treue schwor, dass selbst der Teufel ihm, egal durch welches Übel, sein Gottvertrauen nicht nehmen konnte. Diese Geschichte half uns sehr, danach selbst in den schlimmsten Momenten nicht zu zweifeln und auf Gott zu vertrauen!

Ich habe vereinzelt in Büchern gelesen, dass einige ‚Spirituelle' schreiben, man sollte sich auf jeden Fall ausbilden lassen, damit man lernt, mit den Kräften umzugehen...– Das ist in einigen Fällen sicher OK! ...nun ja. Wie beschreibt man meinen Fall: dass man in dieser Welt gerade in der Spiritualität kein Massendenken haben sollte. Jedes Lebewesen hat seinen eigenen Weg. Es ist in Ordnung, dass es ‚Menschen' gibt, die andere ‚Menschen' ausbilden. Ich ließ mich als Mensch allerdings durch meinen Geistführer, Gott und die Engel ausbilden, da die sogenannten ‚Ausbilder' bezüglich der meisten spirituellen Dinge, in denen sie selbst nicht ausgebildet worden waren, oder weil es diese Dinge noch gar nicht gab, immer nur mit einer Antwort kamen: Kann ich mir nicht vorstellen! Ich habe das anders gelernt! Das ist interessant! Gibt es aber nicht!, etc. , etc. Es ist eine eingeschränkte Massendenkweise und damit aber nicht unendlich göttlich. Außerdem stieß ich oft auf das menschliche Ego und hatte gar kein gutes Gefühl, mich von einem Ego, statt von Gott ausbilden zu lassen. Aber wie gesagt, es ist sicherlich für diejenigen OK, die das Gefühl haben, dass sie eine Ausbildung in Gottes-Angelegenheiten, Spiritualität und seiner persönlichen Gabe von einem Menschen brauchen. Man sollte immer seinem Gefühl folgen. Allerdings sollte man nicht versuchen, dieses persönliche Gefühl anderen aufzuschwatzen. Wir sind in dieser Welt so am Massendenken orientiert, dass wir es gar nicht mitbekommen! In meinem Fall: Wie schon erwähnt, kündige bloß nicht deine Stelle, du bekommst nichts anderes, sei immer nett, Nachrichten sind Allgemeinbildung, Tierprodukte sind gesund und du brauchst einen Schein, um etwas zu sein! Aber was genau zu sein? Ein Scheinbesitzer vielleicht? Es ist, wie gesagt, in Ordnung, aber man ist nicht jemand, weil man einen Schein besitzt oder andersherum! Man IST einfach und man entscheidet selbst, ob die Ausbildung einem hilft, einen interessiert und weiterbringt. Gerade bei der Spiritualität ist das nicht mit einem Doktortitel zu verwechseln, da hier leider viel zu viel Scharlatanerie existiert! Kommen unsere Klienten immer wieder zu uns und empfehlen uns, weil wir einen Schein von einem anderen Menschen ausgestellt bekommen haben und bei ihm das Nötigste gelernt haben? Nein, sondern weil sie geheilt werden! Das ist bei Ärzten, wie bei Sehern und Heilern. Die Ausbildung auf der Welt heißt: Mensch sein und lernen oder Mensch sein und sich erinnern!

Wenn ich mal keine gute Verbindung zu meiner Seele bekam, erklärte mir Serano alles, was ich wissen musste und war als mein Geistführer immer anwesend und eine große Hilfe. Dem Menschen hatte ich das nie erzählt, aber möchte ihm hiermit sagen, dass ich ihm und seiner Seele zu tiefstem Dank verpflichtet bin. Danke! Danke! Danke! Vielen Dank!

Kapitel 16
2006-2007
Schock, Schokolade und Schnauze voll

Ich merkte, wie ich immer feinfühliger* wurde. Ich hatte bis dahin eine Wohnung im Wedding und zwar direkt an einer Hauptstraße. Natürlich waren zusätzlich gleich die U-Bahn und Straßenbahn vor der Tür und in der Nähe die Autobahn und das Virchow-Krankenhaus. Vor meiner Gabe war das ein wundervoller Ort für mich: direkt in der Stadt, U-Bahn vor der Haustür und alles schnell und leicht erreichbar. Also schön bequem. Je mehr ich mich meiner Spiritualität und damit meinem Körper-Geist-Seele-Paket widmete, umso emphatischer wurde ich. Ich hatte das Gefühl, es würde plötzlich viel lauter in meiner Wohnung werden, der Gestank der Abgase würde mir die Luft zum Atmen rauben und die Launen der Menschenmassen draußen würden sich auf mich übertragen.
In dem Jahr 2006 ist, inklusive der zwei Kreuzfahrten und meiner Gabe, wirklich noch einiges mehr passiert. Ich hatte beispielsweise eine Mandel-Operation. Keine Sorge, lieber Leser, das gehört zum spirituellen Weg nicht unbedingt dazu. Es gehörte nur zu meinem persönlichen Weg!
Viel Wut steckte in mir und meinem Hals fest und ich hatte die letzten Jahre immer drei- bis viermal pro Jahr eine Angina. Mein HNO-Arzt empfahl mir, meine Mandeln entfernen zu lassen. Heute würde ich so etwas nicht mehr machen, aber damals hatte ich mein heutiges Wissen leider noch nicht! Eine Operation am Körper ist gleichzeitig immer eine Operation an der Seele...sie hinterlässt auf allen Ebenen Narben! Operationen können gut sein, wenn sie wirklich nötig sind!
Der Doktor meinte, dass es in seltenen Fällen, eigentlich nur bei einem unter zweihundert, zu einer Nachblutung kommen könnte. Ich hatte den Jackpot gewonnen und wurde eine Woche nach meiner OP mit dem Krankenwagen und mit ungefähr zwei Litern Blutverlust ins Krankenhaus gebracht. Es war ein

gewaltiger Schock für mich und nach der zweiten Operation war es, als würde ich aus einem Traum erwachen. Es war nicht wie eine Wunde auf der Haut, die man zudrücken konnte. Ich blutete aus dem Hals und hatte eine gewaltige Angst. Diese Angst ließ meinen Blutdruck steigen, ich spuckte noch mehr Blut und ich bekam einfach nur noch mehr Angst! Ich durfte auch nach der OP zwei Wochen nichts essen und keine Fruchtsäfte trinken. Man hatte mich überhaupt nicht richtig informiert! Ich hatte in dieser Zeit über fünfzehn Kilo abgenommen, hatte dadurch viel zu wenig Nährstoffe in mir und fühlte mich dann erst richtig dünn und krank. Schon als Kind war ich sehr schlank und wurde in meiner Kindheit und Jugend dafür immer gemobbt. Außerdem hatte ich nach der OP starke Depressionen, Wutanfälle und war andauernd traurig. Eine richtige Karma-Wolke brach über mir herein. Einen Zugang zu der spirituellen Welt hatte ich mir zu dieser Zeit nicht gewährt, nur in seltenen Fällen. Ich hatte auch gar keine Kraft dafür. Ich verstand die Welt nicht mehr und wurde süchtig nach Schokolade, um mein Gewicht wieder zu bekommen. Allein anderthalb Jahre hatte es gedauert, mein altes Gewicht wiederzuerlangen. ‚Mal sehen, wie lange es dauerte meine Schokoladensucht wieder loszuwerden!‘, dachte ich mir damals.
In diesen schwierigem halben Jahr nach der OP habe ich auch festgestellt, wer für mich da war und wer nicht. Ohne meine Freunde wäre ich damals wirklich vor die Hunde gegangen.

Danke an Amira, Toni und Viola! Danke, dass ihr für mich da wart, auch als ich unerträglich wurde, und danke, dass ihr mir heute immer noch sagt, dass ihr es gar nicht so schlimm fandet!

Ich fühlte mich so allein, überfordert und war in höchsten Maße traurig darüber, dass ich nach der letzten Narkose, nach der Nachblutung etwas verloren hatte: Mein innerliches Glücksgefühl. Auch wenn meine Mutter damals gestorben war, so hatte ich dennoch immer morgens wenigstens ein Lächeln auf dem Gesicht und glaubte daran, dass alles irgendwann gut werden würde und ich alles schaffen würde. Jetzt fühlte ich mich allein und im Stich gelassen. Und ich ließ es an allen aus. Unter Hast und Eile fühlte ich mich völlig auf mich allein gestellt. Keine intakte Familie, keine Beziehung und ich fühlte mich so schlecht, den Menschen zur Last zu fallen, die noch für mich da waren: meinen Freunden. Ich konnte nur weinen und schreien. Über Monate hinweg überdachte ich mein ganzes Sein und meinen Weg. Wieder wurde ich damit konfrontiert, wie wichtig das Leben war! Außerdem erkannte ich, dass ich in mir seit Jahren diese Traurigkeit gehabt hatte und mich ihr nie gewidmet hatte.

Die Gabe des ‚Zweiten Gesichts' zu haben, heißt, wie gesagt, sich in erster Linie seinen eigenen Schatten zu stellen und seine ungelösten Emotionen zu heilen.

Ich erkannte, wie groß dieser Berg war. Er war überwältigend und ich wusste, wie viel Arbeit vor mir lag. Bevor ich andere heilen und anderen helfen konnte, musste ich mich erst selbst heilen und mir helfen. Das Lächeln damals war zwar da, aber nicht in vollem Bewusstsein. Heute, nachdem ich die größten Schwierigkeiten überwunden hatte, lächele ich morgens und auch den Rest des Tages wieder. Aber diesmal im Innen wie im Außen!
Daraufhin beschloss ich, mir eine neue Wohnung zu suchen. Amira war bereits nach ihrer Scheidung an einen schönen See hier in Berlin gezogen und dort war es angenehm ruhig, schön grün und leicht außerhalb der Stadt. Also genau das, was ich brauchte. Aber diesmal wollte ich es anders machen! Mein Leben lang hatte ich geackert und immer versucht, alles unter Kontrolle zu haben. Ich wollte den ersten richtig großen Test wagen: einen Test, der mir zeigen sollte, dass man mit Gottvertrauen wirklich alles erreichen konnte und dass alle Menschen die gleichen Rechte und Möglichkeiten hatten. Bis

dahin hatte ich nämlich immer geglaubt, dass manche Menschen es leicht im Leben hatten und andere nicht. Mein Geistführer erklärte mir, dass ich es ebenfalls leicht haben könnte und jeder andere Mensch auch. Ich müsste mich nur dafür entscheiden und daran glauben. Das hörte sich so unglaublich leicht an...war es auch...wenn man davon absah, dass ich mit meinem Ego ewig lang kämpfte und es mich stets vom Gegenteil überzeugen wollte. Doch ich gab nicht auf. Ich beschloss einen Engelsbrief zu schreiben, in dem ich meine perfekte Wohnung aufschrieb. Und zwar genau an dem Ort, wo Amira wohnte. Ich konzentrierte mich nur darauf und auf sonst nichts!

Außerdem wollte ich in meiner alten Wohnung nichts mehr renovieren, bzw. wünschte ich mir, dass mir plötzlich von irgendwoher ein Batzen Geld zukommen würde, damit ich davon die Renovierungsarbeiten bezahlen konnte. Manche meiner Freunde, denen ich von meinem selbstbewussten Vorhaben erzählte, machten sich um mich Sorgen und schlugen mir vor, ich sollte auch andernorts suchen. Ich beteuerte ihnen, dass ich Vertrauen hatte und nur dorthin ziehen wollen würde. Ich wollte nicht mehr ackern und mir hundert Wohnungen ansehen, sondern nur eine.

Folgendes passierte:
Ich bekam zwar keinen Batzen Geld, aber mein alter Vermieter schlug mir plötzlich vor, dass ich nichts an der Wohnung machen müsste und meine Kaution komplett zurückbekommen würde, unter der Voraussetzung, dass ich einen Monat früher ausziehen würde (also eine zweimonatige Kündigungsfrist), allerdings drei Monate noch normal Miete bezahlte. ‚Gut‘, dachte ich mir. ‚Mit drei Monaten Zahlung hatte ich eh gerechnet und außerdem würde ich wahrscheinlich eh früher ausziehen.‘ Für mich war das perfekt! Kein Renovierungs- und Abnahmestress! Eine gute Freundin machte sich jetzt noch mehr Sorgen, da ich in ihren Augen nicht in drei, sondern schon in

zwei Monaten auf der Straße sitzen würde. „Süße", sagte sie zu mir, „versteif dich nicht so auf diesen Ort. Die Mieten sind unbezahlbar und es gibt grad generell kaum freie Wohnungen in Berlin." Sie überlegte sogar schon, welche Freunde sie fragen müsste, bei denen ich dann meine Sachen unterstellen und wohnen könnte. Allerdings ließ ich mich von meinem Glauben nicht abbringen.

Anfang Januar 2007:

Aus kleiner Unsicherheit, sah mir dann doch drei bis vier Wohnungen an, obwohl ich schon wusste, dass diese es nicht sein werden, bis ich irgendwann in der Zeitung folgende Anzeige las:

Schöne helle 2-Zimmer-Wohnung, 1.OG, Nähe See, renoviert, Einbauküche, Laminat, Wanne, Bezug ab Februar.

Ich kreuzte sie mir an und vereinbarte per Telefon einen Besichtigungstermin für Sonntag. Ich erwähnte, dass ich im Öffentlichen Dienst arbeitete, was ich bis dahin nie erwähnte. Ich dachte mir dabei aber nicht viel. Am Sonntag hatte ich plötzlich keine Lust mehr, mir die Wohnung anzusehen und dachte, dass ich dann wohl nicht hingehen sollte. Ich rief an und sagte ab. Der Vormieter am Telefon sagte, dass es noch einen anderen Interessenten gab, und fragte, ob ich noch Interesse hätte. Ich bejahte und versprach, dass ich mich melden würde. Am nächsten Tag rief der Vermieter dieser Wohnung bei mir persönlich an. Ich wunderte mich, woher er meine Nummer hatte, da ich keine hinterließ. Er ermahnte mich, ich sollte mir die Wohnung unbedingt ansehen! Ich beschloss es als Zeichen zu sehen und ging hin. Es war genau die Wohnung aus meinem Engelsbrief. Es gab sogar einen Fliederbaum vor meinem Küchenfenster, die Miete war bezahlbar und der Vermieter kam mir sehr freundlich entgegen! Er wollte unbedingt an mich vermieten, da ich für ihn mit meiner Stelle im Öffentlichen Dienst einen ‚sicheren Zahler' darstellte, so dass er mir eine halbe Monatsmiete schenkte, einen neuen Herd einbauen ließ und sich auch sonst um alles kümmerte. Ich sah mir die Wohnung vor der Zusage nochmals zusammen mit Amira an, die fast vom Hocker fiel, als sie diese sah.

Unglaublich, kann ich dir nur sagen, aber ich und meine Freunde haben diesen Beweis erlebt!

Man kann alles haben in dieser Welt! Man muss sich nur entscheiden und daran glauben!

Ich unterschrieb den Mietvertrag und blieb 7 Jahre dort wohnen, so schön war es dort!

Dezember 2007 – Meine Berufung wird zum Beruf

Ende 2007 lernte ich durch Amira eine Heilerin kennen. Ihr Name war Alexandra. Sie war von Amiras Gabe so fasziniert, dass sie ihr ziemlich schnell Klienten schickte. Durch Heilsitzungen bei ihr erfuhr diese ziemlich schnell von mir, und dass Amira und ich ein sogenanntes Doppelpack waren. Sie war eine sehr liebenswürdige und gute Seele. Als sie sich selbst von unserer Gabe überzeugte, half sie uns einen Einstieg zu finden. Einen Einstieg in eine Welt, die meine Zukunft darstellen sollte. Ich hatte aber zu diesem Zeitpunkt noch keine Ahnung, was mich erwarten würde. Eines Tages sagte sie zu mir, dass sie das Gefühl hatte, dass sie mir gerne den einen oder anderen Klienten schicken wollte, damit ich ihm mit meiner Hellsichtigkeit helfen konnte. Am Anfang war mir das sehr unangenehm, da ich nicht wusste, was ich machen sollte, wenn etwas Vorhergesagtes nicht stimmen sollte. Es war schon ein kleiner Unterschied, ob jemand Bekanntes vor mir saß, dem ich ein kostenloses, unbekümmertes Reading gab, oder jemand, der meine Begabung als

professionelle Hilfe in Anspruch nahm.
Allerdings war es gar nicht so schwer, wie sich herausstellte. Ich hatte das erste Mal Klienten aus allen Teilen Deutschlands am Telefon und die ersten auch bei mir Zuhause. Auch bei ihnen war die Verbindung, die ich zu ihrer Seele herstellte, so klar wie sonst vorher bei anderen Leuten ebenfalls. Zwar musste ich mich am Anfang im Vorhinein richtig auf sie konzentrieren und die Verbindung durch meine Engel und Gott herstellen, aber ich hatte das Glück, dass ich dazu nicht in einen tranceähnlichen Zustand verfallen musste. Eine Freundin sagte mir einst, dass ich dabei einfach aussehen würde, als würde ich jemandem zuhören, der aber nicht da war.
Die Klienten, die dann bei mir waren, gaben mir schon während der Sitzung Feedbacks, wie genau meine Aussagen zutrafen, was mir jedes Mal Gänsehaut bereitete und in Erstaunen versetzte. Ich war und bin heute immer noch erstaunt, über die detaillierten Aussagen, die ich geben kann. Aber durch den Mut, mich mit meiner Gabe ein wenig mehr hinaus zutrauen, und durch Alexandras Unterstützung, konnte ich immer mehr an mich und meine Gabe glauben und ihnen immer mehr Vertrauen schenken. Amira und ich halfen uns auch gegenseitig. So erfuhren wir voneinander verbesserte Techniken und Tipps aus der jenseitigen Welt. Es riefen fremde Menschen an, von denen ich nur einen Vornamen wusste und ich konnte ihnen erklären, woher aus der Vergangenheit sie ihre Probleme hatten und was sie in der Gegenwart machen konnten, um zu genesen, bzw. wieder glücklich zu sein. Die unglaublichsten Ergebnisse kamen bei den einzelnen heraus. Alles Gechannelte war seelenabhängig und damit nicht als ‚Allgemeingut‘ geeignet.

Kapitel 17
Außergewöhnlich und wundervoll

Hier sind einige der interessantesten Channelings, bzw. Sitzungen mit damaligen Klienten:

Die aufgezählten Klientenberichte sind nur eine Handvoll. Die Klienten waren so lieb und haben mir nach der Sitzung erzählt, was gesagt wurde, damit ich es hier für dich aufschreiben konnte. Diese Beispiele sind natürlich kein Heilversprechen, doch so einzigartig, dass ich sie euch gerne mitteilen wollte.

Du müsstest an dieser Stelle vielleicht noch wissen, dass ich mir vom Klienten nie eine Vorgeschichte geben ließ, um nicht beeinflusst zu werden. Am Ende der Sitzung trennte ich mich mental von der Seele ab und stellte mir vor, wie die Seele wieder meinen Raum verließ und dieser dann von den Engeln gereinigt wurde. Nach der Abtrennung von der Seele erinnerte ich mich, wie vorher in diesem Buch kurz erwähnt, an so gut wie nichts mehr. Nur gezeigte Bilder blieben mir manchmal im Gedächtnis, aber was diese bedeuteten, konnte ich nur erraten. Daher waren die Sitzungen sehr interessant und aufregend für mich, da ich jedes Mal aufs Neue, bei neuen Klienten erstaunt war, wie detailliert und richtig meine Angaben waren, obwohl ich diesem Menschen noch nie im Leben begegnet war.

Die Engel und die Natur

Ein Telefonanruf aus einer anderen Stadt in Deutschland, erreichte mich eines Tages: Die Dame an der anderen Leitung, nennen wir sie Andrea, bat mich um einen Termin, der jetzt stattfinden sollte. Wie von meinem Geistführer angewiesen, konzentrierte ich mich auf ihre Seele und war gespannt auf ihre Fragen.

Andrea: „Kann ich jetzt meine Frage stellen?“

Sabrina: „Natürlich gerne, leg los!“

Andrea: „Meine Tochter macht sich immer noch in die Hosen. Ich würde gerne wissen, warum und was ich machen kann. Sie öffnet sich mir überhaupt nicht und spricht kaum.“

Ich möchte hier kurz erwähnen, dass ich selbst keine Kinder habe!

Ich sah, dass die Kleine vor zwei etwas größeren Jungs Angst hatte und teilte das der Mutter mit. Außerdem wurde mir sofort gezeigt, dass sie mit ihrer Tochter draußen in der Natur (einem kleinen Park oder Wäldchen) spazieren gehen sollte und dort mit ihr sprechen sollte und sagte ihr das.

Sabrina: „Wenn ihr beim Spazierengehen seid und auf eine schöne Lichtung trefft, hocke dich zu deiner Tochter und sag ihr, dass sie nie Angst zu haben braucht und dass du immer für sie da bist. Sie kann sich mit allem an dich wenden und du wirst nicht böse oder enttäuscht sein, was immer sie sagt. Egal, was andere gesagt oder getan haben. Ich bekomme den Vorschlag, dass du durch die Engel mit ihr sprechen sollst. Ich frage mal, was damit gemeint ist! Ah ja, du sollst ihr sagen, dass sie, wenn sie sich nicht traut, es dir zu sagen, es ihren Schutzengeln zuerst erzählen soll und dass diese immer bei ihr sind und ihr immer helfen und beistehen werden. Dadurch, dass du deiner Tochter damit den Druck nimmst, wird sie sich dir öffnen und du wirst sie mit deiner Unterstützung und deinem Verständnis stärken. Das wiederum wird dazu führen, dass sie sich nicht mehr in die Hose machen wird. Hat dir das geholfen?“

Ich wollte zwischendurch mal nachfragen, denn am anderen Ende der Leitung war reine Stille.

Andrea: „Es ist einfach nur unglaublich, denn, weißt du, meine

Kleine hat in ihrem ganzen Kinderzimmer zig Engelchen. Überall sind Engel, weil sie die am meisten liebt, das konntest du nicht wissen! Außerdem liebt sie es, draußen bei uns im Park zu sein. Das ist der einzige Ort, wo sie wenigstens ein wenig aufblüht! Ich werde deinen Rat befolgen. Vielen Dank, das gibt mir Hoffnung!"

Sabrina: „Gerne und ich würde mich über ein Feedback freuen, wenn einige Zeit vergangen ist!"

Einige Wochen später rief sie mich an und teilte mir mit, dass sie alles so befolgt hatte, wie ich es ihr sagte. Ihre Tochter hatte sich ihr geöffnet, als sie spazieren waren und sie hatte das gesagt, was ich ihr mitgeteilt hatte. Seitdem sprachen sie und ihre Tochter immer viel über Engel und ihre Tochter entwickelte sich prächtig. Außerdem machte sie sich seitdem nicht mehr ein. Es hat mich unglaublich gefreut, dass ich Andrea und ihrer Tochter helfen konnte und sie mir gleichzeitig eine Bestätigung gab, dass ich diese wundervolle Gabe tatsächlich hatte. Wie schon erwähnt, hat es sehr lange Zeit gedauert, bis ich mir meiner sicher war und das, obwohl ich selbst in meiner Haut steckte.

Der Skeptiker und die Hexe

Eines Tages hatte ich einen sehr interessanten Klienten bei mir: jemand, der sich wahrscheinlich gar nicht bewusst war, wie sehr er mir mit seiner Skepsis behilflich war: Wir nennen den Klienten einfach mal Holger. Holger wurde mir von Alexandra geschickt. Sie stieß bei ihm leider an ihre Grenzen und schickte ihn zu mir. Sie dachte, dass ich ihm eventuell weiterhelfen könnte oder dass seine Seele mir mitteilen wird, wie Alexandra ihm weiterhelfen könnte. Mit einem skeptischen Blick trat er in meine Wohnung ein, in der ich zur Anfangszeit meine Klienten empfing. Ich hätte nicht gewusst, wo ich sonst Klienten empfangen könnte, da man ja nicht mal schnell günstige

Räumlichkeiten zur Verfügung hatte. Mein Geistführer und Gott bestätigten mir aber stets, dass ich mir keine Sorgen machen bräuchte, weil mir nichts passieren würde. Später wünschte ich mir dennoch günstige Räumlichkeiten und das Universum sendete sie mir innerhalb einer Woche!

Holger setzte sich bei mir im Wohnzimmer auf meine Couch und machte es sich bequem. Ich bot ihm, wie allen anderen Klienten, etwas zu trinken an, was er sofort ablehnte. Vielleicht hatte er Angst, dass ich ihm ein Wahrheitsserum untermixen wollte? Wir werden es wohl nie erfahren.

Ich setzte mich ihm gegenüber und verband mich mit seiner Seele. Ich spürte, dass er sich misstrauisch umsah. ‚Das scheint wohl eine harte Nuss zu werden', dachte ich mir, konzentrierte mich aber weiter auf seinen Seelenanteil, der mir Auskunft zu seinen Fragen geben sollte.

Sabrina: „Gut, dann stell mir mal deine erste Frage."

Holger: „OK, woher kommt die Narbe an meiner linken Pobacke?"

Ich fand, dass das eine ziemlich ungewöhnliche Frage war, allerdings – naiv, wie ich war, ging ich davon aus, dass er sie wohl bekommen hatte, als er klein war und das schon immer wissen wollte, nur dass er sich nicht mehr daran erinnern konnte. Von dieser persönlichen Meinung wollte ich aber nicht beeinflusst sein und schickte sie sogleich weg. Seine Seele rührte sich nicht. Keine Aussage, noch nicht einmal ein Blick oder Ähnliches.

Sabrina: „Das fängt ja gut an. Entschuldige, aber ich bekomme dazu nichts, stelle bitte erst mal deine zweite Frage. Vielleicht können wir später auf die erste zurückkommen. Warum auch immer!“

Holger sah mich skeptisch an, stellte mir aber seine zweite Frage und die Antwort kam mir sofort, direkt und detailliert. Danach bat ich ihn um Folgendes:

Sabrina: „Bitte stelle mir noch einmal deine erste Frage, Holger.“

Was er dann auch tat. Und ich bekam sofort eine Vision aus seiner Vergangenheit:

Sabrina: „Du hast von klein auf Probleme beim Laufen. Man sieht es nicht, aber du hattest schon immer Schmerzen im linken Bein. Deine Eltern hatten beschlossen eine OP vornehmen zu lassen und dich am Knochen zu operieren. Leider hatte es dir nicht geholfen und du hast die Schmerzen bis heute.“

Er reagierte überhaupt nicht, was entweder hieß, dass er erstaunt oder enttäuscht war. Da ich mir damals selbst nicht traute, war ich vom Letzteren ausgegangen.

Sabrina: „Kannst du damit was anfangen?“

Holger: „Ja.“

Sabrina: „Willst dazu noch etwas wissen, zum Beispiel wie du die Schmerzen loswirst?“

Zu dem Zeitpunkt war ich so verunsichert, dass ich mir plötzlich gar nicht mehr sicher war, ob das Gesagte stimmte und ob er überhaupt Schmerzen hatte. Holger schaute mich verwirrt an.

Holger: „Nein, nein, ich habe noch andere Fragen, die ich dir gerne stellen würde.“

War das jetzt gut? Ich hatte zwar ein sehr komisches Gefühl, ließ ihn aber seine anderen Fragen stellen, die ihm durch seine Seele beantwortet wurden. Ich brachte ihn zur Tür, wo er seine Schuhe anzog und mit Cindy, meiner Katze, den Weg kreuzte. Die ganze Zeit über sagte er nichts, erst als er sie wahrnahm:

Holger: „Oh, du hast ja eine Katze!"

Sabrina: „Ja, ich hab sie ins andere Zimmer gelegt, als du kamst. Dachte, es wäre besser so, warum auch immer." Und lächelte ihn an. Und dann sagte er etwas, das mich vermuten ließ, dass ich mit meinen Aussagen wohl doch nicht so falsch lag:

Holger: „Müssen Hexen bei solchen Sitzungen ihre Katzen nicht immer bei sich haben?"

Da ich mich äußerlich selten durch etwas aus der Ruhe bringen ließ, fiel mir schnell ein Satz dazu ein:

Sabrina: „Ach weißt du, heute dachte ich, lasse ich mal die schwarze Katze auf meiner Schulter, die Kristallkugel und den Zauberstab weg!"

Er lachte und verließ meine Wohnung. Tage darauf rief mich Alexandra an und fragte, wie es mit Holger lief.

Sabrina: „Du weißt doch, dass ich mich immer an nichts erinnern kann!"

Alexandra: „Warum eigentlich?"

Sabrina: „Das hab ich meine Seele auch mal gefragt und da sagte sie mir, dass es ein Schutz wäre. Ich würde mir eh immer um alles und jeden Gedanken machen und die Sorgen, Krankheiten und der Kummer meiner Klienten würden mich

letztendlich krank machen. Das ist, glaub ich, für alle Beteiligten ganz gut! So kann ich dann auch nichts verraten, wenn mal ein Star zu mir kommt, haha!“ Wir lachten von Herzen.
Sabrina: „Warum fragst du nach Holger? Hat er sich gemeldet? Er hat mir noch gar kein Feedback gegeben!“

Alexandra: „Nein, er hat sich bei mir nicht gemeldet. Er sollte ja zu dir, wegen den Schmerzen in seinem Bein.“

Ich konnte ihre Worte kaum wahrnehmen, als ich mich plötzlich an die Bilder von seinen Eltern im Krankenhaus und seiner Narbe erinnern konnte.

Sabrina: „Ja, jetzt fällt es mir wieder ein! Er hat gefragt, woher seine Narbe auf seiner linken Pobacke stammt.“

Ich war richtig stolz auf mich, dass ich mich daran erinnern konnte, aber was Alexandra dann sagte, haute mich vom Hocker:

Alexandra: „Die Narbe? Aber das weiß er doch! Da haben seine Eltern in seiner Kindheit eine OP vornehmen lassen, weil er nicht richtig laufen konnte und Schmerzen hatte. Er hat heut noch Schmerzen in dem Bein und sollte dich fragen, wie er die los wird!“

Ich war sprachlos. Sie sprach das aus, was ich ihm gesagt hatte, ohne dass ich etwas davon wusste!

Alexandra: „Der wollte dich anscheinend nur testen!“

Sabrina: „Weißt du, dass mir das gerade völlig egal ist? Weißt du, was das bedeutet, Alexandra? Ich kann mir glauben! Ich kann an meine Begabung wirklich glauben!“

Da war ich so dankbar, dass ich mich an die Aussage erinnern konnte! Es sollte wohl alles so sein!

Alexandra: „Ja, warum auch nicht? Du bist die Letzte, die anscheinend bisher noch nicht daran glauben konnte. Wir erleben es ja jeden Tag. Was soll denn noch in Herrgotts Namen passieren?“

Sabrina: „Danke, meine Süße! Vielen, vielen Dank!“

Die gemeine Tanzschülerin

Es gab einmal in der Tanzschule, in der ich unterrichtete, eine sehr unhöfliche Schülerin. Sie war ein wenig älter als ich und wurde irgendwann sogar beleidigend! Ich war ziemlich verwundert, da ich dachte, dass ich alles geklärt hatte. Ich war ansonsten ziemlich schlagfertig, seit der Sache damals mit Claudia B., aber bei dieser Schülerin versagte ich völlig. Ich war jedes Mal sprachlos, wenn sie vor mir stand. Ziemlich schnell begriff ich, dass es wohl karmisch sein könnte, und erfuhr von ihrer Seele Folgendes…ihr Name war Aynur:

Sabrina: „Warum ist der Mensch Aynur so unhöflich zu mir? Ich kenne sie nicht einmal und meine Schülerin ist sie auch nicht, doch immer wenn wir uns begegnen, ist sie unhöflich und schaut mich schief an! Ich dachte, ich hätte das Thema ‚Mobbing‘ erledigt…warum also so etwas?“

Aynurs Seele: „Jede Seele sucht sich vor ihrer Inkarnation, unter anderem die Aufgaben aus, die sie lernen und wie sie auf anderen wirken möchte. Der Mensch Aynur hat sich für dieses Leben unter anderen ausgesucht, anderen eine ‚Reflexion‘ zu sein. Eine Reflexion von dem, was die Menschen verstecken. Sie muss es doppelt und dreifach ausleben. Bis die Menschen diesen Anteil in sich selbst anerkennen und heilen!“

Sabrina: „Versteh ich nicht! Was verstecke ich denn? Ich bin nicht so unhöflich und gemein! Ich glaube nicht, dass es ein guter Weg wäre, wenn ich so werden würde! Ich glaube, Aynur ist auch nicht sonderlich glücklich mit ihrer Lebenseinstellung!"

Aynurs Seele: „Liebe Sabrina, jeder Mensch hat alle Anteile in sich, die man sich vorstellen kann, alle guten und schlechten: nett-gemein, fröhlich-traurig, gebend-nehmend, lieb-böse, etc. Erst wenn man das versteht und all diesen Anteile, auch die negativen, an sich liebt, gelangt man in Einklang mit sich selbst. Du versuchst immer nett zu sein, höflich, lässt andere aussprechen, dich selbst aber unterbrechen…sie hingegen steht sofort für sich ein, lässt sich nichts sagen, drückt sofort aus, wenn ihr etwas oder jemand nicht gefällt. Das ist ihr gutes Recht und deins genauso. Man wird es als Mensch nie schaffen, es jedem recht zu machen. Außer einer Person: dir selbst! Du musst nicht genauso werden wie sie, darum geht es hierbei nicht, aber du darfst dich in dieser Welt verteidigen, wenn man dich verletzt! Du darfst für dich einstehen, zu dir und deiner Einstellung stehen! Du darfst auch mal schlecht gelaunt sein. Du sollst es nicht an anderen auslassen, aber es endlich in und an dir akzeptieren und lieben, dass du nicht immer der Mensch sein wirst, den andere erwarten! Wenn du das machst und dein Karma mit Aynur klärst, dann wird sie dir ganz anders gegenübertreten. Vertrau mir."

Sabrina: „Ich kann ihr aber auch aus dem Weg gehen oder die Tanzschule verlassen, richtig?"

Aynur: „Natürlich kannst du das, aber deine Probleme nimmst du mit – solange, bist du sie klärst!"

Sabrina: „Na toll…!"

Aynurs Seele erklärte mir dann, wie ich alle karmischen Bänder und Verträge mit ihr lösen und heilen konnte. Außerdem, wie ich alle Anteile, die Aynur (der Mensch) für mich ausleben musste, annehmen, ansehen und heilen konnte und etwas Unglaubliches passierte:

Zwei Tage später war ich wieder in der Tanzschule und musste kurz in den Kurs, in dem auch Aynur tanzte. Ich kam herein, sie begrüßte mich mit einem liebevollen Lächeln und sagte: „Hallöchen!“ Das war schon recht unheimlich, aber danach verkündete die Lehrerin, dass ich ebenfalls bei der Choreographie mittanzen würde. Ich hatte schon erwartet, dass Aynur etwas Herablassendes sagen würde… so, wie ich sie bei anderen beobachtet hatte… Sie kam auf mich zu und sagte mir Folgendes: „Das find ich ja toll, Sabrina! Kannst du denn schon die Choreographie?“ Mein Herz pochte was das Zeug hielt und ich antwortete: „Nun ja, fast. Wieso?“ – „Ach, das wirst du sicher locker hinbekommen! Und wenn nicht, kannst du mich gerne jederzeit fragen!“ Und sie ging wieder auf ihren Platz in der Tanzgruppe. Ich dachte, ich hörte nicht recht! Aber sie meinte es wirklich ernst und war ab dem Moment immer sehr lieb, höflich und respektvoll mir gegenüber. Ich hatte mein Karma mit ihr geklärt und meine Blockaden und alles, was sie bei mir aufgewühlt hatte, aufgelöst…so wurde sie vom Vertrag entbunden und konnte endlich so sein, wie wir alle Menschen es eigentlich im Herzen sind: liebevolle Gotteskinder!

Reading mit einem ungeborenen Kind

Eine liebevolle junge Frau rief mich eines Tages an und bat um ein Reading. Sie war kurz vor der Entbindung. Sie wollte wissen, warum sich ihr Kind im Bauch immer noch nicht gedreht hatte und ob sie es vom Arzt äußerlich wenden lassen sollte. Ich war beunruhigt, da ich keine Ärztin bin und keine Diagnosen stellen durfte. Ich sagte ihr das, und dass sie alles, was auch immer gesagt wurde, unbedingt noch mit ihrer Frauenärztin besprechen sollte. Außerdem, dass sie in ihrer

Eigenverantwortung stehen würde. Dennoch wollte sie das Reading. Ich bekam eine wundervolle Verbindung zu ihrem Kind. Es sollte ein Sohn werden und sie bestätigte das.
Sabrina: „Ich sehe, dass dein Sohnemann absolut entspannt ist und sich wundert, dass du dir Sorgen machst. Er sagt, dass alles gut wird. Doch ob er sich drehen wird, sehe ich komischerweise nicht wirklich.“ Ich konzentrierte mich auf ihre Zukunft. „Tut mir leid, ich sehe nicht, ob er sich drehen wird. Aber dein Sohn sagt immer wieder, dass alles gut werden wird und er sich schon richtig freut. Also entweder wird er sich kurz vorher drehen oder gar nicht, aber dennoch wird es bei der Geburt keinerlei Probleme geben, meint deine Seele. Er sagt, du sollst keine äußere Wende vornehmen lassen! Aber bitte besprich das mit deiner Ärztin…warte…Er sagt noch, dass du zu deiner eigenen Frauenärztin gehen und sie ansprechen sollst. Nicht die andere…keine Ahnung, was er damit meint. Er sagt, diese wird dir dann die richtige Antwort geben!“

Klientin: „Ich habe ebenfalls das Gefühl, dass es ihm gut geht und wie du ihn beschreibst, sehe ich ihn immer vor mir und so spüre ich ihn auch. Er hat recht! Seit ich mit ihm schwanger bin, stehe ich mit einer Frauenärztin im Krankenhaus in Kontakt. Das ist aber nicht meine und bei ihr fühle ich mich wirklich nicht so wohl wie bei meiner üblichen. Es freut mich zu hören, dass alles gut wird!“

Sabrina: „Aber geh jeden Fall zu deiner Ärztin, ja?“

Klientin: „Keine Sorge! Versprochen!“

In der folgenden Nacht hatte ich dann plötzlich einen Traum von ihr: Sie stand vor mir mit ihrem geborenen Sohn auf dem Arm und sagte mir, dass die Geburt prächtig und reibungslos verlief, aber dass sich ihr Sohn nicht gedreht hatte. Sie dankte mir vom Herzen, dass ich ihr die Angst nahm und sie vor zwei schlimmen

Fehlern bewahrt hatte: der Frauenärztin aus dem Krankenhaus und der Wende. Dann wachte ich auf. Gleich am nächsten Morgen rief ich die Klientin aufgeregt an und erzählte ihr von dem Traum. Sie sagte mir, dass sie nach unserem Reading keine Bedenken mehr hatte und am selben Tag noch zu ihrer eigenen Frauenärztin gehen würde.

Nach der Geburt hörte ich von meiner Klientin dann, dass ihre Frauenärztin der gleichen Meinung war, wie ich, und danach tatsächlich alles wundervoll und schnell geklappt hatte. Ihr Sohn hatte sich nicht gedreht und war dennoch bei bester Gesundheit. Meine Klientin war überglücklich, wie man sich vorstellen konnte. Später erfuhr ich von meiner Seele, dass ich es nicht sehen konnte, ob sich ihr Kind drehen würde, weil ich zu beeinflusst war…von mir selbst. Ich setzte mich unter Druck und hatte Angst vor der Antwort, da ich mich mit Geburten gar nicht auskannte und keine Ärztin war. Da hatte ich gleich wieder etwas gelernt: Vertrauen haben! Und da sie alles im Nachhinein mit ihrer Ärztin besprach, musste ich mir wirklich keine Sorgen machen. Ihre private Frauenärztin riet ihr von dem äußerlichen Wenden nämlich persönlich ab!

In Deutschland ist man dazu verpflichtet zu sagen, dass man kein Arzt ist und keine Diagnosen stellen darf, ebenfalls, dass der Besuch bei mir keinen Arztbesuch ersetzt! Das sage ich meinen Klienten natürlich immer und meistens kam nach der Sitzung oder bei einem späteren Feedback oft folgende Antwort: „Haha, die Ärzte müssten es dir gegenüber erwähnen: ‚Ein Arztbesuch ersetzt keine Behandlung bei Sabrina DiAngelo!'" Ich muss heute noch schmunzeln, wenn das jemand sagt…

Der Geist des Autors

Das war zwar keine Klienten-Geschichte, aber es war so real und unheimlich, dass ich es dir erzählen möchte. Außerdem zeigte dieses Erlebnis, dass alles auf der Erde und im Universum

Energie ist und auf uns einwirkt. Auch Gegenstände…wie zum Beispiel ein Buch…

Aus Langeweile tappte ich durch eine kleine Buchhandlung, die es bei mir in der Nähe gab, als ich plötzlich in der Esoterik-Ecke auf zwei blaue Augen traf. Es war ein blaues Buch mit leuchtend blauen Augen auf dem Cover. Es erzählte von einem hellsichtigen Jungen meines Alters und seiner Lebensgeschichte. Ich kaufte es, nahm es mit nach Hause und war schon richtig gespannt auf seine Geschichte. Ich war so glücklich zu wissen, dass es auch andere hellsichtige in meinem Alter gab und dieser hatte sogar schon ein Buch veröffentlicht! Seine Geschichte war sehr interessant, jedoch ganz anders als meine, und doch las ich das Buch nicht bis zum Ende. Das wäre für einen Tag zu viel gewesen. Ich legte abends das Buch auf den Nachttisch neben meinem Bett und schlief ein. Plötzlich wurde ich mitten in der Nacht wach, weil ich einen Schatten an meiner linken Seite sah. Ich drehte mich dorthin, schlug meine Augen auf, schaltete sie auf scharf und sah plötzlich den Autor meines neuen Buches an meinem Bett hocken. Er sagte nur: „Hi!“ und ich schrie so laut ich konnte! Ich zog meine Decke hoch und schrie noch lauter. Er sagte nur: „Beruhige dich doch…“ und ich schrie erneut. Ich versuchte den Lichtschalter meiner Nachttischlampe zu erreichen, schmiss dabei alles, was auf dem Nachttisch lag, um und schaltete das Licht ein…weg war er. Ich schaute mich vorsichtig im ganzen Zimmer um und traute mich auch unters Bett zu schauen. Doch niemand war da. Ich rief leise: „Hallo? Ist hier jemand?“ – Keine Antwort. Ich war allein. Ich hatte solch eine Angst! Doch trotzdem wusste ich, dass ich nicht hätte einschlafen können, wenn ich mir nicht die ganze Wohnung ansah. Nachdem ich also wagemutig die Wohnung durchsuchte und auf niemanden traf, ging ich zurück ins Bett und schlief irgendwann wieder ein.
Am nächsten Tag erzählte ich Amira davon. „Vielleicht will er dir was sagen“, vermutete sie. „Kann er das nicht tagsüber

machen?“, erwiderte ich. Ich sah in sein Buch hinein und entdeckte dort seine Website. Auf der ersten Seite schrieb er: „Ich bin in einer glücklichen Beziehung. Bitte seht von solchen Anfragen ab!“ – „Gut!“, dachte ich mir. „Das hätten wir dann wohl geklärt!“ Er war demzufolge nicht in dieser Hinsicht an mir interessiert und anscheinend noch am Leben und kein Geist, der auf Erlösungssuche ging. Auf der Website fand ich nichts weiter. Am Abend ging ich wieder ins Bett, las noch ein wenig in seinem Buch und legte es, wie am Abend zuvor, wieder auf den Nachttisch links neben mir bevor ich einschlief. Diesmal wurde ich durch eine Stimme wach: „Hallo? Sabrina?“ Ich dachte, dass es mein bester Freund war, der ab und zu bei mir übernachtete, stellte meine Augen wieder auf scharf und versuchte zu erkennen, warum er mich wecken wollte…doch es war nicht Toni…es war wieder der Autor und wieder schrie ich so laut ich konnte. „Ich will dir nichts Böses!“ Ich machte wieder das Licht an und wieder war er wie vom Erdboden verschluckt. Ich sah, dass ich beim Einschalten des Lichts das Buch hinuntergeworfen hatte. Ich nahm es hoch und legte es ins Wohnzimmer. Ich ging wieder in mein Bett und schlief ein.

„Er war schon wieder da!“, sagte ich Amira am nächsten Tag am Telefon. „Was will der denn?“, fragte sie. „Keine Ahnung. Ist mir auch egal! Ich hab sein Buch jetzt ins Wohnzimmer verbannt!“ Die Nächte danach kam er nicht wieder. Er war in den beiden Nächten so real, dass es wirklich unheimlich war. Später lieh ich das Buch Amira und auch sie hatte in der Nacht Träume von ihm, wenn das Buch in ihrem Schlafzimmer lag.

Und die Moral von der Geschichte? Alles ist und hat Energie…wenn du also noch ein paar Krimis oder Horrorromane, Autobiographien oder sonstiges unheimliches in deinem Schlafgemach hast, könnte es sein, dass das der Grund für deine Schlafprobleme ist!

Viele Jahre später hatte mir genau dieser Autor, aus dem Nichts heraus, von allen Autoren, die es auf der Welt gibt, eine Nachricht über Facebook zukommen lassen. Er schrieb, dass er es toll findet, was ich mache und sich freut, wie viele Lichtarbeiter es gibt. Das war meine Chance und ich erzählte ihm meine Story aus jenen Nächten. Er wollte von mir mehr darüber wissen. Meine Antwort war daraufhin nur: „Sag du es mir – es ist ja schließlich deine Seele." Doch nicht einmal er wusste, was seine Seele mitten in der Nacht bei mir wollte... was für ein „Zufall".

Ich hatte seitdem öfter Situationen, in denen sich Geister, Seelen, Engel und Aufgestiegene Meister bei mir im Schlaf oder im wachen Zustand gemeldet hatten. Ich wurde durch sie wach und habe mich immer wieder erschrocken...ich glaube, ehrlich gesagt, dass das nie aufhören wird, weil sie einfach zu real sind. Immer wieder sah ich die Seelen, die vor kurzem verstorben waren, seit Jahrhunderten gefangen waren oder etwas mitteilen wollten. Anfangs erschreckte ich mich immer aufs Neue und hoffte, dass es keine ‚bösen Seelen' waren. Dann hörte ich in Gesprächen mit den Menschen, die so um mich herum waren, was den Seelen im Leben passiert war, und erkannte, dass sie mich gar nicht erschrecken oder mir schaden wollten. Sie wollten einfach nur ins Licht. Was wieder bestätigte, dass es keine bösen Seelen gibt. Mit Hilfe der Engel sendete ich sie dann immer ins Licht. Das Buch von dem Autor hatte ich nur ins Wohnzimmer verfrachtet!

Seitdem ich weiß, dass man seine eigene Energie in Bücher einbringen kann, habe ich beschlossen, das mit diesem hier zu machen! Dieses Buch sendet dir Engel-Licht, Schutz, Frieden, einen guten Schlaf, Liebe und Hilfe. Ich verspreche nicht vorbeizukommen!

Man ist nie zu alt, um zu heilen und zu leben!

Einer meiner Klienten, er war, vermute ich, schon über sechzig Jahre alt, bezog ungefähr ein halbes Jahr Telefon-Readings bei mir. Ich half ihm beim Auflösen seines Karmas, seiner Blockaden, Ängste und der ungelösten Themen. Er kam zu mir, weil ihm seit Jahren keine Ärzte und Therapeuten mehr helfen konnten. Er hatte Angst, sein Haus zu verlassen, mit Menschen zu sprechen, hatte keinen Lebenswillen mehr und konnte schon seit Jahren nicht mehr lächeln, geschweige denn lachen. Vieles belastete ihn und, ohne dass er mir davon erzählte, konnte mir seine Seele seine Vergangenheit, seinen Leidensweg, aber auch seine Lebensaufgabe und die Art und Weise, wie er sich heilen konnte, zeigen. Es wurden ihm unter anderem verschiedene Affirmationen durchgegeben und gemeinsam konnten wir sein Karma heilen. Ihm wurden immer wieder Dinge für seine Eigenverantwortung mitgegeben, die er nach seiner Aussage fleißig erledigte. Er sagte, dass ihm die Readings sehr halfen, doch war ich mir nicht sicher und bat Gott eines Tages um ein Zeichen. Am nächsten Tag rief mich mein Klient an und lachte von Herzen. Ich fragte, was los war, und er antwortete: „Nichts! Sabrina, ich bin dir einfach so dankbar! Ich habe alles befolgt, was du mir durch meine Seele durchgegeben hast, und nach Jahren sitze ich hier und kann mich wieder freuen! Seelisch und gesundheitlich geht es so bergauf und ich fühle mich mit jedem Tag besser und freier! Danke, dass es dich gibt! Bevor ich dich traf, hatte ich mich schon, wie die Ärzte und Therapeuten es taten, aufgegeben. Danke, Sabrina!“ Er erzählte mir noch, dass er die Sitzung verließ und sich über seine Mitmenschen wieder freute, statt Angst vor ihnen zu haben. Das war ein eindeutiges Zeichen!

Karma!

Eines Tages hatte ich einen Telefon-Termin mit einer ganz neuen Klientin. Nennen wir sie Ute. Utes erste Frage war: „Warum habe ich diese innere Traurigkeit in mir?“

Mehr erzählte sie mir nicht. Ich musste erst mal schlucken, weil ich das mit der Traurigkeit selbst zu gut kannte. Da fiel mir das erste Mal auf, dass alles, was ich bereits durchgemacht hatte, meine Klienten, die danach zu mir kamen, auch betraf. Doch hatte ich mehrere Monate daran zu knabbern. Ich schaltete also meine Gedanken und Erinnerungen daran aus, um unbeeinflusst zu sein, und fragte ihre Seele nach ihrem persönlichen Weg der Heilung. Was mir dann die Seele offenbarte, leitete ich an meine Klientin weiter:

Sabrina: „Ich sehe ein altes Leben. Ich sehe dich töpfern oder so etwas. Du hast Lehm an den Händen und du liebst es! Du wolltest in ein Nachbardorf, um dich weiterbilden zu lassen, da dort ein größeres Haus war, wo Vasen und Schalen hergestellt worden sind. Du hast deinen Mann und dein Kind zurückgelassen, um für zwei Wochen wegzubleiben. In der Zeit ist in dem Dorf, in dem du lebtest, die Pest ausgebrochen, und als du nach zwei Wochen zurück kamst, hat man dich nicht mehr ins Dorf gelassen. Es war wegen der Krankheit gesperrt. Du hast dein Kind und deinen Mann nie wiedergesehen. Ich sehe, wie du an dem Tor vor deinem Dorf auf dem Boden sitzt und laut schreist: ‚Warum? Bitte lasst mich zu meiner Familie! Ich werde nie wieder an mich denken! Ich werde jetzt immer für sie da sein…doch bitte lasst mich zu meiner Familie! Was habe ich bloß getan…was habe ich bloß getan...‘ Du hattest dir danach geschworen, nie wieder deine Bedürfnisse über die deiner Familie zu stellen und immer gebetet, dass sie dir verzeihen würden. In allen Leben, die danach kamen, bist du diesem Muster gefolgt: Du hast dich immer wieder aufgeopfert, in der Hoffnung, dass deine Schuldgefühle irgendwann weggehen würden.“

Am anderen Ende des Telefons war es ruhig und ich hörte nur, wie meine Klientin weinte.

Sabrina: „Alles in Ordnung? Weine dich ruhig aus. Der Schmerz muss endlich raus…"

Ute: „Das ist es nicht. Ich bin von Beruf Keramik-Designerin, das konntest du nicht wissen, und habe diesen Beruf von Herzen geliebt. Doch als ich vor Jahren schwanger wurde, habe ich sofort aufgehört, weil ich Angst hatte, mein Kind zu verlieren. Seitdem war ich immer für meine Familie und Freunde da und hätte mich nie getraut, etwas für mich zu machen. Ich vermisse meinen Beruf so sehr! Können wir da was machen?"

Sabrina: „Natürlich! Dann legen wir mal los und fragen deine Seele, wie wir dein Karma heilen und auflösen können! Deine Familie hat dir schon lange verziehen, Ute. Da gibt es nichts zu verzeihen, sagen sie…du musst dir selbst verzeihen und weitergehen!"

Alles wurde noch in der gleichen Sitzung aufgelöst und geheilt und meine Klientin sagte mir am Ende des Telefonats, dass nach Jahren die Traurigkeit in ihrem Brustkorb endlich weg war. Sie übte wieder ihren Beruf aus, hatte Erfolg und wurde von ihrer Familie liebevoll unterstützt. Das Gefühl kam nie wieder…

*

Und so setzten sich diese Erlebnisse mit fremden Menschen, die mich aufsuchten, um Hilfe zu bekommen, immer weiter fort und selbst heute bin ich bei jedem Einzelnen über sein Feedback erstaunt. Ich glaube mittlerweile zweihundertprozentig an meine Gabe, aber trotzdem bekomme ich jedes Mal noch Gänsehaut!

An mich glaubte ich seitdem noch vielmehr als zuvor. Zur Unterstützung wurde mir vom Universum ein weiterer Engel an die Seite gestellt: Shivani! Seit dem Zeitpunkt, an dem ich ihr begegnete, sollte ich in meinem Selbstwert einen großen Sprung machen. Sie glaubte so sehr an mich, als Mensch und als

Tänzerin, dass mir vieles ganz plötzlich klar wurde. Es hat mir im Leben nach unserer Begegnung vieles einfacher gemacht!

Kapitel 18
Das Tanzen und das Monster im Spiegel

Amira unterrichtete damals Bollywood-Tanz an einer Tanzschule in Berlin. Sie und ich hatten dort viele Jahre verbracht und wundervoll gemeinsam getanzt. Amira hörte dann eines Tages in dem Studio auf und hatte schon eine Nachfolgerin, die mir noch unbekannt war. Es sollte Shivani sein. Sie und ich tasteten uns sehr vorsichtig aneinander ran und ich nahm sie ganz genau unter die Lupe. Meine Sorge war jedoch völlig unbegründet. Sie war ein wirklich lieber, herzensguter Mensch. Eines Tages dachte ich mir, dass ich gerne mal ein Stück mit ihr zusammen tanzen wollte.
Shivani tanzte super und war außerdem richtig lustig. Aber sie zu fragen, hätte ich mich damals nie getraut. Irgendwann mussten wir einmal den gleichen Weg von der Tanzschule nach Hause fahren und es stellte sich heraus, dass sie im gleichen Bezirk wie Amira und ich wohnte. An dem Tag fragte sie mich: „Wir sollten mal was Tänzerisches zusammen machen! Was hältst du davon?“ Ich sagte ihr, dass ich schon die gleiche Idee hatte, mich aber nie getraut hätte zu fragen. „Bist du blöd!“, antwortete sie mir. „Ich freu mich drauf! Lass uns einen Mix aus Bollywood- und Orientalischem Tanz machen!“ Wir hatten bei den Proben so viel Spaß, ergänzten uns fantastisch und hatten so viel zu lachen, dass wir auch privat immer mehr unternahmen. Wir haben uns einfach sofort verstanden und hatten so viel gemeinsam, wie es nur bei Schwestern möglich sein kann.

Ich war in dieser Tanzschule eine Zeit lang die Assistentin der Geschäftsleitung. Die Chefin hieß ebenfalls Amira, wie meine beste Freundin. Sie war so lieb und gab mir diesen Nebenjob. Damals hatte ich nicht so viel Geld, und als ich bei den Banudis aufhörte, konnte ich drei Monate später bei Amira im Tanzstudio anfangen. Es war ein wundervolles Miteinander und ich bekam dort sogar mehr Geld als zuvor bei den Banudis! Es war unglaublich…ich stand für mich ein und wurde wieder belohnt! Shivani hatte mich nur so kennengelernt – als Bürogenie – und erfuhr erst einige Zeit später, dass ich auch tanzte.

Bei den Proben und Auftritten mit Shivani sagte sie mir eines Tages, dass ich in der Tanzschule total untergehen würde. Sie sagte, wie viel tänzerisches Talent sie in mir sah und dass sie das nie für möglich gehalten hätte. Sie dachte, ich war die Büroangestellte und fertig…doch als sie mich das erste Mal tanzen sah, sagte sie, seien ihr die Augen rausgefallen. „Ich werd dich mal mehr rausbringen! Du hast so ein Talent und hältst dich total zurück! Brauchst du gar nicht! Ich helfe dir!“ Meine Freundin Amira hatte mich schon Jahre lang gepusht, aber Shivani hatte es in kurzer Zeit tatsächlich geschafft, dass der letzte Zweifel ausgeräumt wurde. Karma eben…auch ich half ihr. Sie meinte einst zu mir, dass aus ihr ein anderer Mensch geworden war, seitdem sie mich kannte…ein besserer. Ich weiß bis heute nicht, was sie meinte, da sie immer die nette, tolle Shivani war, aber ich glaubte ihr. Danke Shivani, dich hat einfach der Himmel geschickt! – Wie zuvor Amira und Toni!
Wir halfen uns immer gegenseitig und unterstützten den anderen in seinem Sein und Glauben. Seitdem sie in mein Leben trat, schien mir nichts mehr unmöglich – und plötzlich kannten mich auch alle Schüler in der Tanzschule…und das nicht nur als Bürofee, sondern als Künstlerin. Auch wenn Shivani aus Indien kommt, so hatte ich immer das Gefühl, sie sei meine Schwester. Sie sah ganz anders aus als ich und dennoch konnte sie mir nicht ähnlicher sein! Das ironische an der Geschichte war, dass mich sogar ihre Eltern vom ersten Augenblick an wie ihre eigene Tochter liebten und mich so noch bis heute nennen.

Nun, nach so viel Leid hielt Gott mir drei wundervolle beste Freunde bereit: Amira, Shivani und Toni… und dazu deren Familien, die mir immer das Gefühl gaben, dass ich wie ihr eigenes Kind sei. Sie haben mich immer akzeptiert, wie ich eben war, und waren immer an meiner Seite, wenn ich sie brauchte!

Und was mein verlorenes ‚Glücklichsein' am Morgen betraf, so erkannte ich, dass ich immer nur den Wunsch hegte, glücklich zu sein, und es mir letzten Endes aber nur aufsetzte. Ich dachte, dass ich nach meiner Nachblutung das Glück verloren hatte. So war es aber gar nicht! Ich brach aus der Illusion heraus und konnte es so wieder erlernen. Wie ein Phönix aus der Asche. Schon Jahre zuvor sah ich trotz des Lächelns am Morgen, den ganzen Tag immer traurige Augen im Spiegel. Nach der OP, dem Umstellen meiner Wirklichkeit und der Arbeit an mir, meinem Karma und Selbstwert konnte ich die wahre Selbstliebe wiederentdecken.

Heute stehe ich morgens mit einem wahren Lächeln auf und sehe mein wahres Ich im Spiegel, nicht nur das, was ich mir wünschte und erhoffte: einfach lange genug eine Maske aufzusetzen, damit es sich vielleicht so zum Positiven veränderte! Nein! Es ist echt.

In meinem Leben war der Spiegel an sich immer etwas Mystisches. Seit der Grundschule sagten die Kinder, dass ich hässlich sei und so traute ich mich nie, in den Spiegel zu sehen. In den Momenten, als es unabdingbar war, sah ich tatsächlich ein Monster als Spiegelbild! Es war nicht die göttliche Realität, sondern meine verletzte Ego-Realität und wohl mein Wunsch nach Erfahrung. Irgendwann, mit Anfang zwanzig, ohne dass ich von meiner Gabe wusste, hatte ich einst einen Film über Magersucht gesehen. Magersüchtig war ich Gott sei Dank nie, eher fresssüchtig mit einem verdammt guten, schnell verdauenden Magen! Auch später noch konnte ich essen, ohne zuzunehmen. Nur fing ich irgendwann an, mich gesund und ausgeglichen zu ernähren. Doch wie hatte ich es geschafft, dieses Monster im Spiegel zu lieben? Dieser Film, den ich damals sah, zeigte eine junge Frau, die sehr schlank war und nur noch dreiunddreißig Kilo wog, sich selbst aber im Spiegel als dick und hässlich wahrnahm. Ich konnte diese Frau so gut verstehen und in dem Moment auch meine eigene Wahrnehmung. Damals sagten die Kinder, ich sei hässlich. *Das Schlimmste kann ein Mensch ironischerweise immer von sich glauben.* Aber meine Liebsten meinten, wie hübsch ich war, was ich gar nicht glauben konnte, da ich mit meinen eigenen Augen immer das Monster im Spiegel sah! So beschloss ich eine Selbsttherapie zu machen. Darüber habe ich damals nirgends gehört oder gelesen, aber ich wusste, dass sie die Lösung zu meinem Problem darstellte. Ich ging jeden Tag zum Spiegel und sah mir das Monster ganz genau an und sagte ihm wie schön es war! Wie schön ich war! Alles, was ich als negativ wahrnahm, rechnete ich ihm laut als positiv an: „Du bist wunderschön, hast so schönes Haar, wundervolle Augen und eine perfekte Figur! Und überhaupt, du bist absolut perfekt!“ Ich erzählte damals niemandem davon, weil ich mich dafür schämte, zu glauben, ich dürfte dieses Monster lieben. Ich wollte nicht ausgelacht werden und nicht hören, dass ich mir da nur was einbilden würde, ich immer hässlich bleiben würde etc. etc. Dennoch, auch wenn jeder Mensch wirklich gedacht hätte, dass ich hässlich wäre, sollte immerhin ich selbst nicht so über mich denken und das war mein Ansporn. Am Anfang musste ich oft weinen, als ich mich dem Monster stellte. Es lachte mich aus und beteuerte, dass es nur Einbildung war, was ich ihm gerade Neues erzählen würde und ich immer hässlich bleiben würde. Hässlicher als alle anderen auf dieser Welt. Es sagte, dass es nichts nützen würde und ich lieber aufgeben sollte! Ich legte noch eins drauf und fing an, mich um mein Äußeres zu kümmern. Ich besorgte mir neue Kleidung und schminkte mich ein wenig. Jetzt, wo ich hübsch war, wollte ich mich präsentieren! Auch wenn es am Anfang nur ein Monster in schönen Kleidern war, hörte ich dennoch nicht auf, meinem Spiegelbild zu sagen, wie schön es war. Immer und immer wieder, Tag für Tag. Aber das Monster ging nicht weg. Ich beschloss dennoch, nicht aufzugeben und mir Schönheit zuzusprechen, die ich im Spiegel immer noch nicht sah oder fühlte. Nach ungefähr einem kämpfenden Dreivierteljahr sah ich eines Morgens mal wieder in den Spiegel, ungeschminkt und verzottelt, und erwartete wie immer das Monster. Ich hatte mich schon an es gewöhnt. Doch was ich jetzt sah, war etwas ganz anderes: Eine bildhübsche junge Frau! Perfekt in ihrem Sein; nicht perfekt, wenn man sie vielleicht mit anderen Menschen verglich, aber eben perfekt in ihrem eigenen göttlichen Sein! Ich hatte diese Prüfung bestanden und liebte mich und meinen Körper seither bedingungslos mit allem drum und dran. Ich fühlte plötzlich, was es heißt, sich selbst zu lieben. Es war warm, wohlig und frei. Seit ich klein war, sah ich alle Menschen immer mit ihrer göttlichen Schönheit. Ich konnte einfach nicht sehen oder fühlen, dass jemand ‚hässlich' sein konnte. Es gab und gibt auch heute für mich nicht das Wort ‚hässlich'! Seitdem ich dieses Schönheitsmonster in mir bekämpft hatte, konnte ich diese Schönheit endlich in mir selbst sehen! Das Monster hatte sich schlussendlich verwandelt und ist nun eine immer währende positive Stimme in mir, die meine Augen für die Schönheit der Welt geöffnet hat. Danke, Gott, für diese Aufgabe und Erfahrung!

Kapitel 19
2008 – Mein letzter Beruf wurde zur Vergangenheit

„Was bedrückt dich denn so?“, fragte mich eines Tages Alexandra. Es war ein sonniger Mittag und draußen begann sich der Frühling zu zeigen. Alexandra war meine Privatschülerin und ich brachte ihr den Orientalischen Tanz in meiner Wohnung bei. Auch in dieser Tanzrichtung bildete ich mich bei vielen namenhaften Lehrern, parallel zum Unterricht von Serano, immer weiter und bekam nicht genug davon. Es zeigte mir, dass mein Herz für den Orient schlägt und dass der Orientalische Tanz meine Lieblingstanzrichtung wurde. In meinem Wohnzimmer hatte ich ausreichend Platz zum Tanzen und Üben. Ein großer, gold-gerahmter Spiegel wartete wie immer in der Ecke, um für die tänzerischen Bewegungen ein Hilfsmittel darzustellen. Wir waren gerade mit der Unterrichtsstunde fertig und saßen in meiner gemütlichen Küche. Wie immer brachte Alexandra leckere Brötchen für das ‚Frühstück danach‘ mit. Ich liebte diese Momente! Ich schwelgte in Gedanken und antwortete ihr: „Ach, nun ja, das Übliche. Ich muss heute Abend wieder zum Spätdienst und mag meinen Job einfach nicht. Immer die gleichen Tätigkeiten, und wenn ich nicht das Tanzen und meine Hellsichtigkeit hätte, würde ich, glaube ich, dort vor die Hunde gehen. Es ist so langweilig! Verstehst du mich?“ Sie hob die Augenbrauen und fragte: „Nun gut, aber warum kündigst du dann nicht einfach?“ Ich fing an zu lächeln. „Ich habe einen unbefristeten Job im Öffentlichen Dienst und natürlich Angst!“ Sie überlegte kurz und fragte dann: „Und wovor hast du Angst?“ Und ironischerweise sagte ich: „Nun ja, zum einen vor… und dann natürlich auch vor… und wir dürfen nicht vergessen, dass der Fall eintreten könnte, dass…“ Jetzt wo ich es genau betrachtete, war es mir egal, was mir in den Kopf kam, denn vor nichts hatte ich wirklich Angst. Mir ist das erste Mal aufgefallen, wie oft ich Angst vor allem Möglichen in meinem Leben hatte, aber mir diese Angst nie genau ansah, geschweige denn mal etwas dagegen unternahm. Nein, ich gab mich ihr einfach willenlos hin. „Hast du Angst, arbeitslos zu werden?“, fragte mich Alexandra daraufhin. „Nein!“, antwortete ich prompt, was mich sehr überraschte, denn das schien mir plötzlich absolut absurd. Ich war nicht naiv, aber ich wusste, dass ich nie oder auf jeden Fall nicht für eine lange Zeit arbeitslos sein würde. Ich wusste aber nicht, woher ich diese Zuversicht hatte…sie war einfach da und spürbar. „Hast du Angst davor, kein Geld mehr zu haben, um deine Rechnungen zu bezahlen?“, fragte sie weiter und ich antwortete mit: „Nö! Schlimmer als jetzt kann es gar nicht mehr werden!“ Diese Möglichkeit schien mir genauso absurd wie die erste. Und ich musste lachen, da ich viele kleine Jobs noch zusätzlich hatte, aber nix zu essen im Kühlschrank. „Oder hast du Angst davor, keinen neuen Job zu finden, zu verhungern, deine Wohnung zu verlieren oder vor sonst irgendetwas?“, fragte sie locker. „Nein, und wenn ich mir vorstelle, ich würde nicht mehr in der Bibliothek arbeiten, habe ich gar kein Angstgefühl mehr! Es fühlt sich befreiend an, vitalisierend und gut!“ – „Dann weißt du ja, was du zu tun hast!“, sagte sie mir, was ich nur mit einem Lächeln erwiderte. Wenige Stunden später stand ich vor meiner Chefin und sagte ihr tatsächlich, dass ich kündigen würde.

Mir fiel an dem Tag ein, wie ein Jahr zuvor meine Freundin Katja, ihren unbefristeten Job ebenfalls gekündigt hatte. Sie arbeitete zwar nicht im Öffentlichen Dienst, fühlte sich aber ebenso unterfordert wie ich. Sie wusste damals nicht, was sie machen wollte. Eines Tages, sie hatte immer das Gefühl, dass alles gut werden würde, erzählte ihr eine Freundin, dass diese sich als Stewardess bewerben würde. Katja tat es ihr nach, hatte alle Tests mit Bravur bestanden und hatte gleich im Anschluss ihrer alten Arbeit, erst einmal einen Jahresvertrag als Stewardess. Sie liebte diesen Job. Ich erinnerte mich, wie ich sie für ihren Mut bewunderte und dass sie sich keine Sorgen machte! Ich fragte sie damals: „Was machst du nach dem Jahr? Die Fluggesellschaft ist dafür bekannt, dass sie alle Jahreskräfte nach einem Jahr kündigt und gerade Stellen abbaut!“ Sie antwortete unbekümmert: „Ach, das überlege ich mir dann erst. Ich mach mir keine Sorgen!“ Sie war überhaupt nicht spirituell und hatte trotzdem die Gesetze angewendet: ‚Keine Sorgen machen, abwarten, sich darauf konzentrieren, was man möchte und sein Leben ohne Angst leben!‘ Wie bewundernswert! Nach dem Jahr war sie eine der wenigen, die einen unbefristeten Vertrag bekamen. Sie liebte diesen neuen Job über alles und kann stolz auf sich sein, dass sie so mutig war. Außerdem lief das in Punkto Beziehungen bei ihr genauso wie bei mir: Sie lernte damals einfach niemanden kennen und hatte keine langen oder ernsten Beziehungen mit Männern. Auch hier fragte ich sie einst: „Möchtest du nicht gerne einen Mann bei dir haben, mit ihm glücklich sein und all das?“ Sie antwortete: „Ja klar, und manchmal hab ich solche ‚Downs‘“ ..., die ich, Sabrina nie miterlebte,... „Aber wenn keiner da ist, warum soll ich dann was vermissen? Ich genieße mein Leben und entweder kommt jemand oder auch nicht!“ Heute ist sie glücklich verheiratet und hat mit ihrem Mann sogar zwei Kinder! Als ich vor Alexandra saß, erinnerte ich mich an Katjas Mut und konnte sie jetzt verstehen: Ich hatte jetzt ebenso das absolute Vertrauen, dass alles gut werden würde.

Interessanterweise machte ich mir wirklich zu keinem Zeitpunkt Sorgen über meine Zukunft und darüber, was aus mir werden würde. Nun gut, ich hatte nebenher meine Selbstständigkeit als Tänzerin aufgebaut, aber das alleine hätte nicht gereicht. Das war mir klar. Mit dem Sehen hatte ich schon einige Klienten, aber damals habe ich, wie gesagt, meinen Fähigkeiten noch nicht so vertraut, wie ich es heute tue. Ich hätte mich nie getraut, mich selbstständig zu machen! Ich dachte damals, wie viele Menschen, dass ich es nicht wert war, das zu tun, was ich liebte. Ich war geprägt vom Massendenken und den Gedanken meiner Ahnenreihe, aber das wusste ich damals natürlich noch nicht...

Man kennt solche Sätze, wie:

Du brauchst einen ‚anständigen' Job *(Man hört immer von ‚anständig', aber was genau wird damit eigentlich gemeint? Man hört genauso oft, dass Anwälte einen schlechten Ruf haben, viele Ärzte oft mit ihrem Latein am Ende sind, Immobilienmakler Haie sind, Richter und Politiker bestechlich sind und beeinflussbar. Das bedeutet nicht, dass es so ist, aber was stimmt nun und wonach soll man sich richten? Was soll ‚anständig' eigentlich bedeuten?)*

Eine unbefristete Stelle im Öffentlichen Dienst sollte man nicht kündigen! *(Das war vielleicht mal vor fünfzig Jahren so, aber unsere Geschäftsleitung hatte schon angekündigt, dass es demnächst betriebsbedingte Kündigungen geben könnte. Was also, außer Langeweile, sollte ich denn dort nicht aufgeben wollen? Außerdem war die Arbeit nicht unbedingt anspruchsvoll und völlig schlecht bezahlt! Und das trotz Ausbildung!)*

Sei froh, dass du einen Job hast! So leicht findet man nichts Neues! *(Also ich persönlich sehe immer hunderte von Anzeigen in der Zeitung oder im Internet und ihr?)*

Überlege einmal selbst, lieber Leser, was du aus deinem Leben machst, was du liebst, was du aus Angst tust und was nur für andere Menschen? Wir sollten alle das Gottvertrauen wieder Teil unseres Lebens werden lassen und wieder anfangen, nur das zu tun, was wir wirklich lieben. Was soll Falsches daran sein? Du denkst, es ist nicht so einfach? Doch, natürlich ist es das! Nur dein Ego, das Massendenken und zig Gründe, die dir aus Angst gleich einfallen, halten dich davon ab. Haben diese in Wirklichkeit tatsächlich eine Grundlage? DU hältst dich selbst vom Leben ab und sonst kein anderer ... was auch immer der Grund dafür sein mag...

Einige Stunden später reichte ich meine Kündigung bei meinem Chef ein. Ich wollte in die Werbebranche oder das Eventmanagement zu meinem neuen Beruf machen. In der Bibliothek ging es natürlich wie ein Lauffeuer herum, dass ich einfach so gekündigt hatte, trotz unbefristeter Stelle, und noch keinen neuen Job in Aussicht hatte. Der Vorstand und die Kollegen waren sichtlich geschockt. Immer die gleichen Fragen und die gleichen Antworten kamen auf:

„Hast du denn schon was Neues?“

„Nö!“

Oder:

„Hat es einen bestimmten Grund? Wurdest du etwa gemobbt?“

„Nö, nö! Diesmal nicht. Ich mag meinen Job einfach nicht mehr und bin unterfordert! Ich will mal was anderes machen. Ich habe komischer Weise absolutes Vertrauen in mir, dass alles gut wird. Anders beschreiben kann ich das nicht!“

Und dann kam es noch schlimmer:

„Und hast du schon was Neues in Aussicht?“

„Nee, ich würde gerne in die Werbebranche oder ins Eventmanagement. Das liegt mir, glaub ich, ganz gut! Mal sehen.“

„Dann hast du dir Geld zurückgelegt?“, fragten sie.

„Ich hab fünfzig Euro, aber ich glaub, damit kommt man nicht weit, oder? Aber macht euch mal keine Sorgen. Ich hab diese tiefe Gewissheit, dass einfach alles gut wird. Ich hab nichts Erspartes, aber weiß einfach, dass alles super wird. Ich freue mich schon darauf!“

„Aber wie willst du das machen?“, fragten sie aufgeregt. „Du bekommst die ersten drei Monate auch nichts vom Arbeitsamt, weil du selbst gekündigt hast!“

„Ja, ich weiß. Da mach ich mir gar keine Sorgen! Ach, wisst ihr, das wird schon…“

Die Nachricht verbreitete sich rasend schnell. Ich war Thema Nummer eins in der Bibliothek. Wann hatte sich mal jemand getraut, seine Stelle im Öffentlichen Dienst zu kündigen? Die Kollegen reagierten ganz anders, als ich annahm. Ich dachte, sie würden versuchen, es mir auszureden oder schlechtzureden, aber ganz im Gegenteil. Sie gratulierten mir für meinen Mut. Sie selbst erzählten mir, wie oft sie davon geträumt hätten, zu kündigen und etwas aus ihrem Leben zu machen, was sie sich schon immer wünschten.

So geht es den meisten Menschen: Sie verwirklichen selten oder gar nie ihre Träume und Wünsche, weil sie ihrer meist unbegründeten Angst nachgeben. Sie selbst haben viele Gründe sich ihrer Angst hinzugeben, statt etwas an ihrem Leben zu ändern. Doch diese Gründe helfen ihnen nicht dabei, ein schöneres Leben zu führen! Sie blockieren. Jeder ist für sein eigenes Leben verantwortlich und muss Taten walten lassen.

Es gibt drei Stufen:
1. *Der Gedanke oder Wunsch entsteht*
2. *Die Äußerung – es wird ausgesprochen*
3. *Das Handeln – umsetzen, was man sich wünscht*

Die meisten bleiben leider bei dem zweiten Punkt hängen, aber ich kann dir sagen, lieber Leser, dass man so niemals ein erfülltes Leben haben kann. Was man bekommt, ist ein Gefühl der Trauer und des Bedauerns, dass man es nicht doch gewagt hat. Diese Feststellung wird einen ewig verfolgen! Manchmal, wenn man ein gutes Gefühl in Bezug auf etwas Bestimmtes hat, sollte man vielleicht einmal etwas riskieren und zum dritten Punkt übergehen, nicht zu lange darüber nachdenken oder nur darüber reden...sondern einfach machen! Besonders dann, wenn du schon lange darüber nachgedacht hast.

Seit dem Tod meiner Mutter stellte ich mir immer wieder vor, dass ich irgendwann, wenn ich schon etwas älter bin, reflektierend auf diesen Zeitpunkt, in dem ich mich gerade befand, zurückblicke und entweder enttäuscht oder glücklich darüber bin.
Ich fragte mich, ob ich dann erkennen würde, dass ich bis zu diesem derzeitigen Moment alles erreicht hatte, bzw. es wenigstens versucht hatte, oder ich immer wieder Ausreden fand und Ängste hatte, es nie ausprobiert zu haben...

...und ich kann sagen, dass ich sehr stolz auf mich bin. Fang an, deine Gegenwart so zu leben, dass du ebenso stolz darauf zurückblicken kannst, und schick deine Ausreden und Ängste in den Urlaub!

Kapitel 20
Juni 2008 – Das Ende ist erst der Anfang

So kam es also, dass ich drei Monate später meinen letzten Arbeitstag hatte. Kurz nach meiner Kündigung im April kam mir die Erinnerung, dass ich Anfang des Jahres meinen Bausparvertrag gekündigt hatte. Das hatte ich zum Zeitpunkt meiner Kündigung völlig vergessen. Dieser Vertrag hatte damals absolut schlechte Konditionen und hätte mir später eh nicht viel gebracht. Jetzt kam er genau richtig. Nur, dass ich zum Zeitpunkt der Kündigung des Bausparvertrages noch nicht wusste, dass ich im selben Jahr noch eine andere Kündigung abgeben würde – die für meinen Betrieb. So wusste ich schon mal, dass der August abgesichert war, denn im Lande der Deutschen bekommt man, wie erwähnt, vom Arbeitsamt eine dreimonatige Sperre, bevor man Arbeitslosengeld bekommen kann, und auf Sozialhilfe wollte ich gerne verzichten. Man könnte das als versuchte Bestrafung, die nach einer Kündigung eben folgt, ansehen, was ebenfalls wieder zeigte, wie oft man in dieser Gesellschaft mit dem Thema Angst konfrontiert wurde. Eigentlich ganz schön traurig. Nun ja, bei mir hat das auf jeden Fall nicht funktioniert, da ich alles andere als Angst hatte. Schließlich war das der absolute Neuanfang vom Rest meines Lebens und den wollte ich nicht beginnen, indem ich Angst hatte, geschweige denn, mir von den Angestellten beim Sozialamt schlechte Laune bereiten lassen wollte! ‚So', dachte ich mir, ‚einen von drei Monaten hatte ich.' Außerdem hatte ich noch die Bürostelle im Tanzstudio. Da ich sehr sparsam war, wusste ich, dass ich damit auf jeden Fall über den August und halben September kommen würde. Für Juli hatte ich mein Gehalt vom Juni (Mein damaliger Arbeitgeber bezahlte immer erst am Ende des Monats).

Das hieß im Großen und Ganzen, dass ich kurz nach der Kündigung erfuhr, dass ich auf jeden Fall schon zweieinhalb von drei Monaten überleben würde. Dann berichtete mir das

Arbeitsamt, dass ich mein erstes Arbeitslosengeld erst am Ende des vierten Monats bekommen würde. Trotzdem machte ich mir keine Sorgen und bat Gott und meine Engel, sich darum zu kümmern. Drei Tage später bekam ich eine Anfrage, ob ich für kurze Zeit in einer Berliner Realschule Tanzunterricht geben könnte, und das zu super Konditionen und einem angemessenen Gehalt. Und somit hatte ich das Geld für genau vier Monate in Aussicht. Ich hätte es nicht geglaubt, wenn es mir nicht selbst passiert wäre. All diejenigen, die es damals mitverfolgt haben, konnten einfach nur lächeln. Es war mal wieder etwas in meinem Leben, das man nicht hätte erklären können: Zufall? Schicksal? Göttliche Führung oder sogar Glück? Ich sagte, dass es mein Vertrauen an Gott, an eine höhere Macht und meine positive Einstellung war.

Kann ich dir nur empfehlen!

Einige Tage vor meinem letzten Arbeitstag, Anfang Juni, reiste ich noch mit einer Freundin nach Barcelona und machte zehn Tage Urlaub. Ein wirklich großes Vertrauen hatte ich! Meine Kollegen waren einfach nur verblüfft. Ich hatte mich noch nirgends beworben, beschloss aber erst einmal Urlaub zu machen! ‚Schließlich', dachte ich mir, ‚würde ich eine halbjährige Urlaubssperre bekommen, wenn ich einen neuen Arbeitgeber habe.' Nun ja, und wenn nicht, war meine Ausrede, dass ich mir dann erst einmal keinen Urlaub mehr leisten könnte! *Grins*. Ich hatte schon immer einen Grund, es mir gut gehen zu lassen. Als ich damals vor meiner Führerscheinprüfung stand, beschloss ich, nach der Prüfung shoppen zu gehen: Als Belohnung, wenn ich bestehe, und als Trost, wenn ich durchfalle…es war eine Belohnung!

Zwischendurch beim Amt…

Natürlich darf man hier zu Lande nicht auf den letzten Tag warten, bis man den Staat darüber informiert, dass man die Arbeitsstelle verlässt! Also führte mich mein Weg rechtzeitig zum Arbeitsamt. Was mich dort erwartete? Jeder kannte die Aussagen von Staatsgelder-Hilfebedürftigen (übrigens ein tolles Wort für Scrabble), wie ich nun eine werden sollte, dass die Damen und Herren beim Amt nicht sonderlich gut auf uns zu sprechen waren. Das war natürlich meine Befürchtung. Meine kontragebende Aussage zu dieser Befürchtung war allerdings wie immer: ‚Einfach mal Gottvertrauen haben'! Aufgrund meiner Kündigung sprühte ich so sehr vor Glück, dass ich der Meinung war, selbst die Frau beim Amt überzeugen zu können. Und so kam es tatsächlich auch. Erst waren die Aussagen der Bearbeiterin die üblichen, die man sich denken kann: „Weshalb kündigten sie, ohne eine neue Stelle zu haben? Wissen Sie, wie schwer es in Deutschland ist, eine Stelle zu bekommen? Warum haben sie sich noch nicht beworben?“, etc. etc, schnarch und gähn…

Dann kam ich zu Wort und erklärte, wie sehr ich meinen Job mochte, nämlich gar nicht, dass ich täglich Kopfschmerzen hatte, wenn ich auf der Arbeit war und dass ich mehr drauf hatte, als das, was dort von mir gefordert wurde. Außerdem erzählte ich ihr, wie sicher ich mir war, dass alles gut werden und ich es nie bereuen würde, weil ich schon bald sicherlich einen tollen Job haben würde. Ich sagte, dass es nur ein starkes Gefühl war und ich nicht wusste, woher es kam, aber dass ich eins wusste und zwar, dass es stimmte, weil dieses Gefühl so stark war und mir ganz warm bei dem Gedanken wurde. Sie sah mich verträumt an, strahlte im ganzen Gesicht und stimmte mir zu. Die Frau vom Arbeitsamt, sie stimmte mir zu! *Kannst du das glauben?* Ich war erstaunt, dass sie ebenfalls erkennen konnte, was ich spürte. Eigentlich konnte das jeder, dem ich davon erzählte, aber bei den ganzen Geschichten vom Arbeitsamt hatte ich gedacht, dass es schwieriger geworden wäre! „Ich glaube Ihnen!“, sagte sie. „Ich bin auch der Meinung, dass Sie alles schaffen werden, was Sie sich vornehmen. Viel Glück dabei!“ Sie unterstützte mich auch danach, wann immer ich sie brauchte. Vielen Dank dafür!

Es sollte mir wieder einmal zeigen, dass alles von uns ausgeht! Wenn ich mit der Einstellung hingegangen wäre, dass ich einen Fehler begangen hätte oder dass mir ein schwerer Weg bevorstehen würde, dann hätte ich sicherlich eine andere Bearbeiterin zugeteilt bekommen oder sie hätte einfach nur meine Unsicherheit gespiegelt. Aber so konnte sie meinen Zauber erkennen und mir gegenüber <u>meine</u> innere Überzeugung widerspiegeln. Es zeigte mir wieder, dass Gott den perfekten Plan für mich und alle hier auf Erden bereit hielt! Man musste nur an ihn und an sich selbst glauben, seine Ängste loslassen und sich einfach auf das Resultat freuen. Sich darüber freuen, dass man IST, wie man IST.

Mein letzter Tag auf der Arbeit war sehr angenehm. Ich hatte bis zum Schluss überlegt, ob meine Noch-Kollegen und -Kolleginnen etwas für mich organisiert hatten, denn sie schienen es ziemlich gut vor mir verheimlichen zu können! Viele Kollegen aus dem ganzen Haus kamen, um sich von mir zu verabschieden. Vorgesetzte waren ebenfalls dabei. Meine Abteilung hatte sich liebevoll etwas ausgedacht. Sie hatte mir ein orientalisches Hüfttuch, eine CD und Blumen gekauft. Vereinzelt bekam ich noch andere Geschenke. Außerdem hatte man mir eine riesige Karte gebastelt, wo die Bilder ganz vieler Kollegen aufgeklebt waren. Einfach schön! Ein Vorgesetzter machte noch einen Spruch, dass er allen Kollegen Bescheid geben müsste, dass sie mich jetzt regelmäßig als Tänzerin buchen sollten, damit ich überleben könnte. Und eine andere Vorgesetzte meinte tatsächlich, ich könne immer wiederkommen und beim Büchereinstellen helfen, aber natürlich nur, wenn ich mich bewerben würde. Ich musste bei beiden nur lächeln und wusste, dass ich dort nie wieder arbeiten würde und dieses Gefühl machte mich überaus glücklich. Ein Jahr später hörte ich, dass beide in der Bibliothek ebenfalls gekündigt hatten.
Meine letzten Schritte aus diesem Gebäude führten mich an einigen Angestellten und den Pförtnern vorbei. Viele

Kolleginnen und Kollegen, meine Chefin aus der Benutzungsabteilung (Bücherausgabe), die Aushilfen und die Pförtner waren immer sehr nett zu mir und ich freute mich immer, wenn ich mit ihnen sprach. Umgekehrt war es genauso, denn die Pförtner und Aushilfskräfte erzählten mir einst, dass ich wohl in Sachen Freundlichkeit eine Ausnahme in diesem Haus darstellte. Ich persönlich hatte nie mitbekommen, dass andere Kollegen ihnen gegenüber nicht nett waren, aber so wurde es mir gesagt. Weiterhin waren sie froh darüber, sich in meiner Gegenwart wie gleichgestellte Kollegen zu fühlen. Ich sah auch nie etwas anderes in ihnen!

Menschen haben mir schon häufiger gesagt, dass ich, egal wo ich hinkomme, mein Licht dalasse. Ich liebe Menschen und ich liebe sie so sehr, dass ich ihnen sehr gerne zulächle. Egal ob auf der Arbeit, bei Festivitäten, in Geschäften oder auf der Straße. Wenn das Licht durch ein Lächeln geboren wird, dann haben wir Menschen unbegrenzte Kapazitäten! Ich fühle mich mit allem verbunden. Sogar wenn ich Personen oder Situationen nicht mochte oder man mich verletzt hatte, musste ich mir im Nachhinein immer eingestehen, dass ich mich auch hier verbunden fühlte. Es existieren Energielinien zwischen allen Menschen. Besonders stark sind sie bei denjenigen, die sich schon aus früheren Leben kennen. Wie könnte ich mich über jemanden stellen, wenn diese Person auch ein Teil von mir ist? Wenn er oder sie ein Teil meines Weges, meines Karmas, vielleicht sogar ein Teil meiner Vergangenheit aus alten Leben und definitiv ein Teil meiner Gegenwart ist? Wir alle sind Lehrer und Schüler…ein Leben lang!

Also verließ ich ein letztes Mal meine alte Arbeitsstelle und freute mich auf meine ganz persönliche neue Zukunft…

Kapitel 21
Oktober 2008 – Die Prophezeiung

‚TDL' war die Abkürzung für das Zusammentreffen von Amiras spirituellen Freunden. Sie kam auf die wundervolle Idee, solche spirituellen Treffen zu veranstalten! Wir saßen bei Kuchen und einem leckeren heißen Tee in ihrem Wohnzimmer und unterhielten uns. Als ob es so sein sollte, war es nur eines von wenigen Treffen, die zu Stande kamen. Doch das Ergebnis dieses Treffens sollte mir eine unglaubliche Voraussage bringen. Auch wenn ich mir selbst bereits von Anfang an Fragen zu meinem eigenen Leben stellen konnte, bzw. selbst channeln konnte, wollte ich meine Gabe lieber dazu benutzen, anderen zu helfen. Schon von klein auf wollte ich generell nichts über meine Zukunft wissen. Ich liebte es schon immer überrascht zu werden und war mir bewusst, dass es zu einem Lernprozess gehörte, auch negative Erfahrungen zu machen. Das schlimmste Erlebnis in meinem Leben war der Tod meiner Mutter. Das hatte ich überlebt und wusste daher auch, dass ich alles andere in dieser Inkarnation ebenfalls überleben würde. Doch natürlich gab es Momente, wenn ich, wie jeder andere normale Mensch, mal die eine oder andere Frage zum eigenen Leben hatte…

Als wir Frauen alle zusammen saßen und es um die Fragen jeder Einzelnen ging, die entweder ich, Amira oder jemand anderes beantworten konnte, kam tatsächlich auch in mir eine Frage auf. Ich war jedes Mal sehr frei in der Antwort. Das bedeutet, dass ich es niemandem übel nahm, wenn er keine Antwort geben konnte oder etwas vereinzelt nicht stimmte. Ich wusste durch meinen Geistführer, dass zig Faktoren in Frage kommen konnten, warum ein Mensch keine oder zunächst einmal eine ‚falsche' Antwort hören musste. Meine Frage lautete an die Runde: „Wo werde ich in diesem Leben beruflich landen?" Wie gesagt, wollte ich gerne in die Werbebranche oder als Eventmanagerin arbeiten. Das wussten alle Anwesenden. Da wäre immer was für mich zu tun gewesen und ich hatte die Qualifikationen dafür. Teilweise bekam ich zu hören, dass ich genau da landen würde: Eine starke Geschäftsfrau, voll im Leben und am Organisieren was das Zeug hielt, aber Samira, eine liebevolle und gute Freundin von Amira und mir, war als Einzige anderer Meinung: „Du wirst das machen, was du kannst und liebst! Du bist für Höheres bestimmt, Sabrina. Du wirst selbstständig sein und zwar als Tänzerin und Seherin!“ Meine Augenbrauen hoben sich gen Himmel. „Süße“, sagte ich zu ihr, „wenn das so kommen würde, wäre es ja so, als ob mir eine Fee meinen größten Wunsch erfüllen würde! Aber ich und selbstständig? Dafür bin ich ein viel zu extremer Sicherheitsmensch und ich glaube nicht, dass ich ein solches Glück haben könnte!“ Samira antwortete: „Süße, so ein Sicherheitsmensch bist du gar nicht mehr! Falls es dir noch nicht aufgefallen ist: Du hast gekündigt, ohne einen neuen Job zu haben, und wenn du an dich glaubst, wirst du automatisch Glück haben!“ Da hatte sie natürlich recht, aber glauben konnte ich ihr nicht. Es war einfach zu absurd…

Währenddessen hatten sich auch Amiras Gaben durch die Ausbildung in der geistigen Welt und mit meiner Hilfe so intensiviert, dass wir beide ständig in Aufregung waren, welche Wunder uns täglich zu Teil wurden. Dank Gott hatte ich nicht nur das Glück, eine solche Begabung zu haben, sondern mir wurde zudem eine beste Freundin an die Seite gestellt, die unter anderem durch mich, ihre Gabe ebenfalls sehr gut beherrschte. Sie schien die Menschen um uns herum ebenfalls zu aktivieren: Samira, die mir meine Prophezeiung gab, überraschte uns später noch mit vielen ihrer genauen Vorhersagen; Amiras Mama und ihre Freundin Moni mit ihren Heilfähigkeiten und ihren Verbindungen zu den aufgestiegenen Meistern, zeigten uns ebenfalls neue Wunder. Stück für Stück offenbarten uns unsere Seelen, die Engel und Gott, unsere neuen Aufgaben, Fähigkeiten, neue Wege, unseren Ursprung und brachten uns zu neuen Menschen…

So kam der Tag, als ich wieder einmal verzweifelte, doch Gott mir meinen Ursprung offenbarte und zwar durch Amira. Ich wollte endlich eine Antwort darauf erhalten, warum ich so oft litt, warum ich immer mehr an andere dachte als an mich, warum ich diesen schwierigen Weg wählte, der hinter mir lag, und bekam sie:

Amira: „Süße, ich weiß, was deine Aufgabe ist, aber ich weiß nicht, ob du es hören möchtest…“

‚Oh, nein‘, dachte ich, ‚hoffentlich war meine Aufgabe nicht, für andere zu leiden oder, um Gottes willen, hoffentlich erwartet mich nicht noch eine große Krankheit, weil ich für ein altes Leben büßen musste…‘

Sabrina: „Bitte sag es mir! Es kann nicht schlimmer sein, als die Ungewissheit oder die Angst, die ich jetzt im Augenblick darüber empfinde!“

Sabrina in Gedanken: ‚Bitte lieber Gott, lass es nicht ganz so schlimm für mich aussehen! Ich mach auch alles wieder gut!‘

Amira: „Süße, deine Seele sagt mir, dass du ein wahrer Engel bist! Ich höre, dass du von den Seraphim-Engeln abstammst und die Aufgabe hast, den Menschen zu helfen, aber auch dir selbst!“

An so etwas hätte ich nie gedacht! Da reagierte ich wie jeder Durchschnittsmensch: Ich dachte, ich wäre eine Sünderin, die büßen musste. Aber ein Engel?

Sabrina: „Bist du dir da sicher? Ich weiß nicht…ein Engel?“

Amira: „Es ist doch offensichtlich! Aber deine Seele sagt, du sollst recherchieren und die Ergebnisse werden dich überzeugen!“

So setzte ich mich ans Werk und war tatsächlich verblüfft. Ein neues Buch von Doreen Virtue kam damals heraus, jedenfalls war es mir vorher nie aufgefallen: ‚Engel der Erde‘. Ich hatte es in einem Atemzug durch und war erst einmal verblüfft! Ihre Aussagen, woran man einen Erdenengel erkannte, trafen zum Großteil auf mich zu. Ich hatte in diesem Leben nie Drogen genommen, daher waren es nur neunundneunzig Prozent. Da war mein Drang zu helfen, Menschen vertrauten mir sofort vieles Private an, ich wählte einen Lehrerberuf und hatte schwierige Beziehungen, ich glaubte immer an das Gute, hatte blondes Haar, Lippen wie Amorbögen, blaue Augen und zu Hause viele Engel als Figuren und Bilder von Engeln und vieles mehr… es haute mich schlichtweg vom Hocker. Alles ergab jetzt einen Sinn… ich musste nur noch lernen, wie man es besser machen konnte, denn auch wenn ich eine Engelseele hatte, so hatte ich immer noch einen Menschenkörper! Daher beschloss ich, nicht mehr den Weg des Leidens zu gehen, aber gerne weiterhin den Weg des Helfens,…wie auch immer das aussehen mochte…

Kapitel 22
Oktober 2008 – Januar 2009 Warum klappt es nicht?

Ab und zu kamen mir Samiras Worte in den Sinn, aber ich blieb bei dem Standpunkt, dass ich gerne in die Werbung gehen wollte. Ich wollte ein regelmäßiges Einkommen und mir keine Sorgen über meine Existenz machen müssen. Ich hatte schon so viel Schlimmes über Selbstständige gehört. Wie viel Schulden sie machten und was sonst alles noch Tragisches passieren konnte…eben das, was die ‚Masse' dachte und verbreitete!

Ich möchte hier gerne noch einmal erwähnen, dass ich spirituell nicht unbedingt als Dalai Lama auf die Welt gekommen bin oder als Heilige oder Erleuchtete, meine Gabe erhalten habe. Sie ist ein Bestandteil meines Lebens und ich lernte täglich, an mir zu arbeiten und mit mir meinen Frieden zu schließen...auch heute noch! Weiterhin kann ich mir gut vorstellen, dass der eine oder andere sich sicherlich fragt, wenn ich doch meine Gabe auch für mich anwenden konnte und heute noch kann, warum ich die Aussage von Samira nicht gleich hinterfragt oder von vornherein gleich selbst getroffen hatte! Nun ja, darauf gibt es eine ganz einfache Antwort: Ich wollte es nicht! Wozu auch? Ich spüre meine Seele und meinen Weg, auch wenn ich mir dessen nicht immer bewusst bin. Das können alle Menschen, wenn sie wollen: in sich hineinhören und erkennen, was sie wirklich wollen! Meine Seele, ich oder wir beide zusammen meinten, dass es unwichtig war, es zu wissen, denn es würde ja eh auf mich zukommen. Wichtig ist, die Dinge anzugehen und umzusetzen. Ich hatte immer wieder erfahren und gelernt, wie wichtig es war, in der Gegenwart zu leben, und ich bin glücklich, genau das damals gemacht zu haben.

Meine Gegenwart war damals die, dass ich als Mensch Sabrina in die Werbung wollte. Irrelevant, was andere in mir sahen, was mein Weg sein konnte oder was mir bevorstehen würde! Ich war einfach noch nicht soweit! Mit meinem menschlichen Entwicklungsstand hätte ich damals noch nicht selbstständig sein können. Ich hatte noch zu oft an mir und meiner Gabe gezweifelt, war zu ängstlich und noch nicht bereit. Daher nahm ich alle Aussagen erst einmal auf und legte sie in meine berühmte Schublade: ‚Schau nach einem Jahr zurück und denk dran!' Denn eins fiel mir im Leben auf: Man darf dem Menschen seinen Weg und seine eigenen Erfahrungen nicht vorwegnehmen!

Hätte ich Samiras Aussage aufgegriffen und umgesetzt, hätte mir zu diesem Zeitpunkt etwas Entscheidendes gefehlt: Meine zweihundert-prozentige Überzeugung, dass es zu mir passte und ich mich damit identifizieren konnte.

Denn wenn man nicht mit einer solchen Einstellung in die Selbstständigkeit geht, ist sie wirklich dem Untergang geweiht! Geduld ist eine Tugend!

So kam es also, dass ich angefangen habe, mich bei Eventagenturen und in der Werbebranche zu bewerben. Hier passierte mir etwas ganz Mystisches. Zuerst schien alles sehr positiv: Entweder hatte man mich einer Firma empfohlen oder sie waren durch meine Bewerbung so beeindruckt, dass man mich zu verschiedenen Vorstellungsgesprächen einlud. Eine dieser Firmen war eine Modelagentur, bei der mir meine enge Seelenverwandte und Freundin Shivani ein Vorstellungsgespräch ermöglichte. Ich sollte dort im Büro arbeiten und unter anderem für den Eventbereich zuständig sein. Shivani erzählte mir, dass die Chefin und ich uns sehr gleich waren und dass sie ständig an die andere dachte, wenn sie mit der einen redete. Ich war sehr aufgeregt und gespannt, ob das meine zukünftige Arbeitsstelle sein würde. Die Chefin, nennen wir sie Dorothea, war sehr offen und freundlich, aber ganz und gar nicht das, was man sich unter einer Frau vorstellen würde, die eine

Modelagentur leitete. Sie war normal gekleidet, trug ihr langes Haar zusammengebunden in einem lockeren Zopf und hatte eine Brille. Durch Shivani und später beim Vorstellungsgespräch stellte sich deutlich heraus, dass sie ebenfalls spirituell war und wir uns sehr gut verstanden. Und dann begann der mystische Teil: Trotz ihrer Begeisterung für mich, schien ich doch nicht wirklich dorthin zu gehören. Verschiedenste Aspekte, die ich hier nicht aufführen möchte, stellten sich in diesen Weg. Unter anderem auch die Aussage, dass sie eigentlich niemanden für ihr Team bräuchte. Nach langem Hin und Her erkannte ich, dass ich dort nicht arbeiten sollte und bewarb mich weiter, aber immer noch mit voller Motivation! Ich hatte weiterhin meinen Spaß und mein Vertrauen an der Sache.

Ich landete bei einem Vorstellungsgespräch in einer Werbefirma, die ebenfalls hellauf von mir begeistert war und es kaum erwarten konnte, dass ich dort anfange. Nach einem letzten Gespräch mit dem Chef wollten sie mich anrufen und mir den Vertrag zukommen lassen. Allerdings ging bei mir kein Anruf ein! Ich erkundigte mich und erfuhr, dass man meinetwegen eher ziemlich überrascht sei, denn sie erinnerten sich zwar an mich und das Gespräch, sagten aber plötzlich ebenfalls, dass sie eigentlich gar niemanden für ihr Team bräuchten. Das war schon merkwürdig, denn diese kuriosen Aussagen setzten sich fort: Danach hatte ich noch ein weiteres Vorstellungsgespräch bei einer Werbeagentur, wo mich die Chefin ablehnte, weil ich mich zu gut kleidete. Lustig oder? Es stellte sich nach fünf Minuten heraus, dass diese Dame Angst hatte, ich würde ihren Geschäftspartner und Lebensabschnittsgefährten vielleicht verführen, sie sah in mir eine Art Konkurrenz. Mensch, da war ich in Sekundenschnelle wohl ein sehr gut gekleideter Spiegel für sie. Also wurde daraus ebenfalls nichts.

Die letzte Bewerbung, die ich schrieb, war tatsächlich bei einer Filiale einer großen Backfirma! Warum ich mich dort bewarb?

Die Firma wollte eine Filiale bei mir um die Ecke eröffnen und ich dachte, bevor ich eine ‚Maßnahme' vom Arbeitsamt bekommen würde, wollte ich lieber einen kleinen Nebenjob haben und von dort aus weitersuchen. Das Gehalt lag weit, wirklich weit unter dem, was ich gewohnt war und ich wollte auf keinen Fall in alte Minderwertigkeits-Muster verfallen. Diesmal lehnte ich ab, setzte mich an einem sonnigen Winterabend auf mein Bett und fing an zu überlegen. Warum klappte es nicht? Ich hatte zwar immer noch dieses Gottvertrauen in mir, das alles gut werden würde, aber erklären konnte ich das nicht. Ich war immer noch der vollen Überzeugung, dass meine Kündigung absolut richtig war und mein Weg ein anderer sein würde, als Bücher zu verleihen. ‚Es ist ein viel aufregenderer und schönerer Weg, der mir bevorstehen würde, aber warum klappte es nicht? Was hatte ich übersehen?', fragte ich mich und kam einfach nicht darauf. Dabei konnte es klarer nicht sein…

Kapitel 23
Januar 2009 – März 2009 Die Erkenntnis

Eines Tages bekam ich einen Brief vom Arbeitsamt. Auch wenn die Bearbeiterin an mich glaubte, musste sie trotzdem den formellen Weg gehen und mir eine ‚Arbeitsbeschaffungsmaßnahme' aufdrücken. Ich sollte doch tatsächlich von März bis August 2009 lernen, wie man Bewerbungen schrieb. Ich war völlig entrüstet, weil ich eine ganz individuelle und fantastische Bewerbung entworfen hatte und bereits wusste, dass mir die Frau von der Maßnahme nicht mehr allzu viel dazu zeigen könnte. Dass ich zu dieser Maßnahme musste, gefiel mir gar nicht und ich wusste, dass es Zeit war, zu handeln. Ich überlegte nochmals, warum ich keinen Job in der Werbung oder im Event bekam, und kam mit einem Schmunzeln zu einer ganz klaren, einfachen Antwort: Weil es einfach nicht mein Weg war!

Gott hat uns viele Talente geschenkt, aber ein Leben reicht einfach nicht dafür aus, alle anzuwenden. Dafür haben wir ja die Möglichkeit der Wiedergeburt.

Jetzt war ich mir immerhin schon bewusst, dass ich nicht in die Werbung oder in den Eventbereich gehen sollte und kannte den Grund. Denn wenn ich ehrlich war, wollte ich nicht schon wieder einen Job, der mir auf die ‚Knochen gehen würde'. Ich hätte mich erneut für wenig Geld abgerackert und wäre nicht glücklich geworden. Vielleicht wäre ich sogar wieder in das Muster meiner Ahnen gefallen: ‚Um im Leben etwas erreichen zu können, muss man schwer arbeiten'. Genau das wollte ich eben nicht mehr, daher konnte es mit diesen beiden Bereichen gar nicht klappen! Außerdem wollte ich weder an der Maßnahme teilnehmen, noch ab Juni Hartz IV beziehen. Nun ja, da blieb nun nicht mehr viel übrig. Kurzerhand beschloss ich, darüber nachzudenken, was mir Samira damals prophezeite:

„Du wirst das machen, was du kannst und liebst! Du bist für Höheres bestimmt. Du wirst selbstständig sein und zwar als Tänzerin und Seherin!“

Warum eigentlich nicht? Bei meinem nächsten Besuch beim Amt informierte ich mich bei meiner Bearbeiterin, ob es möglich wäre, in die Selbstständigkeit zu gehen, und ob ich unterstützt werden würde. Ich freundete mich plötzlich sehr schnell mit diesem Gedanken an und machte ein Arrangement mit Gott: ‚Wenn es mein Weg ist, Tänzerin und Seherin zu sein, dann kümmere dich um mich und darum, dass es mir gut gehen wird! Ich bin gerne dafür bereit, ins absolute Gottvertrauen zu gehen, aber diesen Beweis brauche ich von dir!‘
Mir war absolut bewusst, dass es bei meiner Entwicklung nicht nur Höhen geben würde, aber ich wollte eine gewisse Stabilität, und zwar, dass mir stets in brenzligen Situationen Unterstützung zu Teil werden würde!

Meine Bearbeiterin gab mir alle Unterlagen zum Ausfüllen und die Ablauffrist mit. Ich glaubte nicht an Zufälle, aber ‚zufälligerweise‘, war ich mit meinem neuen Berufswunsch gerade noch rechtzeitig bei ihr, um diesen Antrag stellen zu dürfen. Sogar auf die letzten Tage genau.
Wenn ich etwas nicht mochte, war es Unterlagen ausfüllen! Wer mag das schon? Aber ich hatte das göttliche Vertrauen, dass es sich lohnen würde. Nach dem Ausfüllen spürte ich eine innere Stimme, nach der ich das ein oder andere nachrecherchieren sollte, da ich sonst keine Bewilligung erhalten würde und stieß tatsächlich auf Tipps, die mich in letzter Sekunde retteten! Außerdem brauchte ich die Unterschrift einer fachkundigen Stelle, einem Steuerberaters und einen Businessplan. Im Internet fand ich eine Stelle, die kostenlose Unterstützung bei der Erstellung von Businessplänen anbot, und erkundigte mich nach dem Honorar eines mir bekannten Steuerberaters. Dieser verlangte mehrere Hundert Euro für eine einfache Unterschrift.

Jesus! Es war teilweise wirklich unglaublich, womit die Menschen Geld machten, sei es drum, dass sie mit ihren Namen als einfache Unterschrift Geld verdienten! Wie auch immer… Er meinte, er wäre vergleichbar sehr günstig. Trotzdem behielt ich mein Gottvertrauen, dass es noch eine andere, eine bessere Lösung da draußen gab. Mein Wunsch war es, entweder einen günstigeren Sachverständigen zu finden, da ich leider einen brauchte, oder genug Geld zu haben, um diesen bezahlen zu können. Ich beschloss noch etwas zu warten, bevor ich diesen, total überteuerten Sachverständigen engagieren würde.
Kurze Zeit später rief mich die Firma, die meinen Businessplan entwarf, an und, siehe da, diese Firma hatte hauseigene Sachverständige. Diese würden mir innerhalb kurzer Zeit die Unterlagen ausfüllen und bestätigen, und zwar alles rechtens und für viel weniger, als was der Herr Steuerberater von mir verlangte! Ich war heilfroh, dass das ebenfalls geklärt war! Es war alles sehr aufregend für mich, da anscheinend alles glatt zu laufen schien. Ich hatte jedoch noch lange nicht alles beisammen und erledigt! Als nächstes benötigte ich, ebenfalls verbunden mit einer Gebühr, eine Gewerbeanmeldung. Diese besorgte ich mir und gab dann schließlich alle Unterlagen fristgerecht und glücklich beim Amt ab. Die Frau vom Gewerbeamt staunte gar nicht, dass ich ‚Tänzerin und spirituelle Beraterin' als Berufsbezeichnung hingeschrieben hatte. Heute wünschte ich, ich wäre komplett ehrlich gewesen und hätte ‚Seherin' oder ‚Seelenkommunikatorin' geschrieben, aber alles zu seiner Zeit! Denn auch das hatte seinen Sinn!
Ab dem Moment der Abgabe war ich so unendlich glücklich, ich konnte es kaum erwarten, eine positive Antwort vom Amt zu erhalten und damit zu wissen, dass ich jetzt vollständig selbstständig sein würde! Vorher war ich nur neben meinem Hauptberuf als Selbstständig gemeldet, aber jetzt würde ich diesem Bereich meine volle Aufmerksamkeit spenden.
Schon nach kurzer Zeit war es endlich soweit! Draußen schien die Sonne, als ich gerade mit einer Freundin telefonierte und den

Briefschlitz an meiner Wohnungstür vernahm. Ein großer Umschlag vom Arbeitsamt Reinickendorf fiel hindurch und direkt auf den Teppich in meinem Flur. Ich entschuldigte mich gerade bei meiner Freundin, dass ich ihren Geburtstag vergessen hatte.

Lieber Leser, auch wenn ich hellsichtig bin, bin ich dennoch in erster Linie ein Mensch und, wie gesagt, wirkte die Gabe leider nicht vierundzwanzig Stunden am Tag und verlieh mir leider auch keine ständige Allwissenheit... zusammenfassend: Geburtstage konnte ich mir schon immer schlecht merken...

Ich verzieh mir diesen Fauxpas und sie mir ebenfalls. Daraufhin beschloss ich freudestrahlend den Brief zu öffnen. Nun war es soweit... gleich würde ich lesen, dass ich... abgelehnt wurde! Ich war absolut verwirrt, als ich las, dass mein Antrag tatsächlich abgelehnt wurde! Ich las es immer wieder durch und musste meine Freundin am Telefon erst einmal vertrösten, um den Schock zu überwinden und wieder zu mir zu finden. Ich rief sofort beim Arbeitsamt an, um das zu klären. Wenn ich mir etwas in den Kopf gesetzt hatte, konnte man mich nicht so leicht aufhalten! Ich wollte die Selbstständigkeit unbedingt und sofort und ich würde sie bekommen. Im Brief stand, dass ich die Frist der drei Monate vor Beendigung meiner Leistungen nicht eingehalten hatte. Trotzdem hatte ich wieder dieses innere Vertrauen, dass es sich nur um einen Bearbeitungsfehler handeln konnte, der wiedergut gemacht werden würde, und sich mir niemand in den Weg stellen könnte! Es handelte sich gerade mal um lausige fünf verspätete Tage. ‚Hach‘, dachte ich mir, ‚Diese Beamten! Mal wieder typisch Deutschland!‘ Nach einigem Hin und Her kam tatsächlich heraus, dass es sich um einen kleinen Fehler handelte und es sich klären ließe. So kam es, dass ich durch mein absolutes Gottvertrauen, Ummeldungen bei bestimmten Ämtern und leider aber auch Doppelzahlungen meinerseits wieder vor meiner Bearbeiterin stand und erneut

einen Gewerbeschein abgab. Ich war teilweise schon ziemlich wütend, dass ich doppelte Wege und Zahlungen in Kauf nehmen musste. Aber was sollte ich denn anderes machen? Ich wusste, dass es wichtig war, nett zu bleiben. Von meinen Gefühlen her verblieb ich weiterhin in Dankbarkeit für diese Möglichkeit der Erfahrung, im Gottvertrauen und in Liebe.
„Hat alles geklappt?“, fragte sie mich bei der Abgabe. „Ja, in gewisser Weise schon. Nur leider musste ich bei den Ämtern wiederholt bezahlen, da das wohl so üblich ist, auch wenn man nur zwei klitzekleine Zahlen ändern muss. Naja, kann man nicht ändern!“ Mittlerweile war ich nicht mehr wütend, sondern eher ein wenig müde. „Oh!“, sagte sie plötzlich und machte mir einen Vorschlag, mit dem ich absolut nicht rechnete: „Na das ist doch gar kein Problem! Ich gebe Ihnen die Unterlagen für eine Rückerstattung vom Arbeitsamt mit. Die füllen Sie aus und geben sie hier ab. Dann bekommen Sie sicherlich Ihr Geld zurück!“ Ich war total verblüfft und traute mich, da ein wenig nachzuhaken:
„Kann ich dort auch die alten Ausgaben zu meiner Selbstständigkeit eintragen, sprich, die ersten Amtsgänge oder nur die doppelte Zahlung?“ Sie antwortete mit einem liebevollen Lächeln: „Ich würde es einfach versuchen!“ Und was passierte? Ich bekam nicht nur die Bewilligung meiner Selbstständigkeit, sondern war auch überglücklich über die komplette Erstattung meiner Ausgaben! Damit hatte ich dann wieder ein bisschen Geld, um Lebensmittel zu kaufen, denn vor meiner Selbstständigkeit, war es ab und zu ein bisschen knapp mit den Moneten. Aber das kannte ich schon seit Jahren. Vielen Dank, Gott und in dem Falle auch vielen Dank an das Arbeitsamt und die Bearbeiterin! Ich wusste, dass es ein Test war, ob ich nett bleiben würde und Vertrauen behalten würde und ich bin glücklich, ihn bestanden zu haben! Dies zeigte mir, dass auch das Arbeitsamt und alle anderen Ämter in dieser Gesellschaft einen Beitrag zu der Entwicklung dieser Welt leisten! Außerdem gab es so ein viel besseres Ende: Ich bekam alle Ausgaben

erstattet, was bei einer sofortigen Bewilligung nicht erfolgt wäre!
Wo Schatten ist, da ist auch Licht!

So ist es mit allem im Leben: Claudia B. war zu vielen Kollegen, inklusive mir, sehr ungerecht, aber zu Amira ganz lieb. Das Arbeitsamt ist zu vielen Arbeitssuchenden ungerecht (was man so hört), aber war zu mir und sicher auch zu vielen anderen ganz lieb! Es begegnen uns Menschen und Situationen, die wir anziehen, wir und kein anderer! Nichts kann verallgemeinert werden! Es liegt alles in unserer Verantwortung: unser Handeln und unsere Einstellung! Unser Gegenüber ist unser Spiegel, damit wir uns selbst besser sehen können, heilen, lernen und weiter kommen können! Die Einstellung, die wir unserem Gegenüber entgegenbringen, unsere Entscheidungen, wie wir reagieren, fühlen oder handeln, geben uns das zurück, was wir aussenden. Es liegt immer an unserer Entscheidung, ob wir Liebe geben oder eben ein Stückchen Ego mit den verbundenen Emotionen...

... Diese Entscheidung bewirkt, ob wir Liebe oder ein Stückchen Ego verbunden mit Emotionen anderer zurückerhalten...

Kapitel 24
Wir schreiben den Zeitraum 2010-2013

So schnell konnte es gehen. Es war genau ein Jahr her, dass ich selbstständig wurde, zwei Jahre, dass ich in der Bibliothek gekündigt hatte, vier Jahre, dass ich meine Gabe wiederbekam, sechs Jahre, dass ich endlich angefangen hatte, für mich einzustehen und elf Jahre, dass meine Mama ins Licht gegangen ist. So viele Jahre der Erinnerungen – und ich bin dankbar für jede gute und schlechte, denn sie hatten aus mir das gemacht, was ich heute bin:

Gott und meine Seele hatten mich nie im Stich gelassen. In dem einen Jahr hatte sich bei mir viel ergeben. Es war damals die beste Entscheidung meines Lebens, das zu tun, wonach mein Herz verlangte! Ich liebe meine Aufgabe im Leben, zu tanzen und helfen zu können. Seitdem gab es nur Tage des Glücks, der Freude und der Erfüllung!

Ich kann es jedem nur empfehlen!

Natürlich löste ich immer noch, was das Zeug hielt, wie bei einem Marathonlauf mein Karma auf und immer noch traten mit Freude meine Schattenanteile wieder auf und wollten von mir angenommen und geliebt werden. Und es ging noch eine Weile so weiter, aber es war ein Unterschied zu meinem tristen und grauen Leben von damals! Heute entscheide ich mich aktiv für mein Leben und lebe nicht mehr nach der Masse. Heute lebe ich in der Position der Beobachterin und fühle mich, seitdem ich Verantwortung für mein Leben übernommen habe, nicht mehr als Opfer. Ich weiß, dass dies wahre Freiheit bedeutet!

Mit meinen Klienten hatte ich noch viele weitere wundervolle heilende Ergebnisse erzielt und dank meines Geistführers und der Engel wurde ich immer richtig angeleitet, um ihnen das

Richtige von ihrer Seele zu übermitteln.

So vieles ist in diesem Jahr 2010 bereits passiert. Ich eröffnete meine eigene Praxis in Berlin Tegel und veröffentlichte meine eigene Homepage:

www.sabrina-diangelo.com

Erst erstellte ich sie selbst. Ich hatte mir damals Web- und Fotodesign selbst beigebracht, weil ich nicht genug Geld und leider niemanden im Bekanntenkreis hatte, der das hätte für mich erledigen können. Eines Tages fühlte ich, dass ich eine neue Seite brauchte. Das geschah ungefähr im Jahr 2011. Ich weiß noch, wie ich Ideen vom Außen bekam, dass es wohl ganz trendy wäre, einen ‚Blog' zu haben. Ich bat Gott darum, dass wenn ich eine neue Seite haben sollte, sie mir irgendwie gesendet werden sollte. Am nächsten Tag, einem Mittwoch, rief mich tatsächlich ein fremder Mann an und sagte am Telefon:

„Brauchen Sie zufällig eine neue Website?"

Ich war, wie du dir vorstellen kannst, total verblüfft, dass es so schnell ging, sah hoch zur Decke und sagte zu Gott: „Nicht schlecht!"

Bearbeiter: „Wie bitte?"

Ich: „Ja, das brauche ich, woher wissen Sie das und woher haben Sie meine Telefonnummer?"

Bearbeiter: „Unsere Firma ist zufällig auf Ihrer Website gelandet und da hab ich Ihre Telefonnummer gefunden…"

Da war es wieder: ‚ZUFÄLLIG' – eigentlich bedeutet das nichts anderes, als dass es einem zufällt, oder? Immer her damit!

Ich: „Aha! Und was haben Sie mir zu bieten?"

Bearbeiter: „Ich sende Ihnen mal die Möglichkeiten, die wir haben, per Mail zu, verbunden mit einigen Vorlagen und Designvorschlägen, außerdem mit einem unverbindlichen Kostenvoranschlag."

Ich: „Ja, gerne!"

Ich war von den Vorschlägen und dem Design sehr begeistert. Dieser Webdesigner gab mir so viele Ideen und Inspirationen, dass ich unbedingt solch eine Website wollte, aber der Preis, den er mir nannte, war für mich absolut nicht bezahlbar. Also sagte ich ihm ab und sprach noch einmal ein Wörtchen mit Gott:

„Liebes Universum und lieber Gott, ich möchte unbedingt solch eine Website, aber entweder günstig oder umsonst! Wie ihr das macht, ist mir egal!"

Am nächsten Tag, es war Freitag, hatte ich abends eine neue Telefonklientin. Nach der Sitzung wollte ich schon auflegen, aber sie wollte mir noch etwas sagen:

Klientin: „Sabrina, ich danke dir von ganzem Herzen. Diese Sitzung hat mein Leben verändert! Ich hoffe, dass dich ganz viele Menschen finden, damit du ihnen allen so helfen kannst, wie du mir geholfen hast!"

Ich: „Oh, vielen Dank! Das ist so lieb von dir! Deshalb hab ich auch meine Website!"

Klientin: „Ach ja, wenn du da mal Hilfe brauchst, bin ich gerne für dich da!"

Ich: „Ach wirklich? Was kannst du denn?"

Und dann fielen mir fast die Augen aus dem Kopf, weil sie genau das konnte, was ich mir tags zuvor von Gott gewünscht hatte. Und das Ende vom Lied? Sie erstellte mir die Website umsonst und ich gab ihr dafür Readings. Ich war so überrascht, dankbar, glücklich, froh und wieder überrascht!

Danke Gott! Deine Wege und Mittel sind unergründlich! Wenn man weiß, was man ungefähr möchte, sollte man sich öffnen und die Sinne wachsam halten. Wenn man dann genau weiß, was man möchte, kommt es viel schneller und klarer zu einem!

Mit dieser Website konnte ich eine viel bessere Übersicht für alle Besucher präsentieren! Natürlich stand hier das Übliche: was ich so konnte und machte, und wann meine nächsten Projekte stattfanden, aber es entstand auch ein ganz toller neuer Blog! Dieser war wirklich ein Segen Gottes, weil ich hier Artikel und Videos veröffentlichen kann, die allen helfen, auch denen, die sich keine Sitzung bei mir leisten können!

www.sabrina-diangelo.com/blog

Ich freute mich immer sehr über Rezensionen, Ideen und liebevolle Worte in meinem Gästebuch!

Zwischenzeitlich hatte ich erfahren, dass meine Gabe in meiner Ahnenreihe immer wieder auftauchte: Meine Mutti, mein Cousin und ein gewisser Onkel Ernst, den ich leider nie persönlich kennengelernt habe, der aber wegen seiner Fähigkeiten einen unheimlichen und unvergesslichen Eindruck in meiner Familie hinterließ! Mal sehen, was ich noch so erfahren werde! Es bleibt spannend… mein Cousin erzählte mir Sachen, bei denen mir die Kinnlade herunterfiel. Er konnte die Laster der Menschen ganz klar sehen: Kreuze, die sie auf dem Rücken trugen, Menschen, die sie belasteten, und ihr Leid. Auch sah er alte Leben. Doch trotz seiner Gabe entschloss er sich, in der ‚normalen‘ Welt einem ‚normalen' Beruf nachzugehen und bis auf mich, weiß kaum jemand über seine Fähigkeiten Bescheid.

Es ist egal, was man als Beruf oder Berufung im Leben gewählt hat, man braucht immer einen Ausgleich…aber was war eigentlich meiner? Das Tanzen und Sehen gleichen sich bei mir einfach gegenseitig aus und ich freue mich verkünden zu dürfen, dass ich von Herzen gerne beides mein Leben lang verfolgen werde: Tanz und Spiritualität!

Alte und neue Bekanntschaften, denen ich von meiner Gabe erzählte, reagierten in Gänze anders, als ich es erwartete. Entweder waren sie interessiert, hatten selbst Erfahrung mit spirituellen Themen oder kannten jemanden, der mit Spirituellem zu tun hatte. Ich hatte diesbezüglich meine Angst und mein Ego schließlich in den unbefristeten Urlaub geschickt. Denn nur wenn man von meiner Gabe wusste, wusste man auch, dass man sich bei mir Hilfe holen konnte… wenn man bereit war. In meiner Vorstellung von einem Leben als spiritueller Mensch stellte ich mir immer Gegner mit Fackeln und Heugabeln vor, die mich jagen würden… Das war wohl ein altes Leben, was mir diese Angst schickte. Danke, Gott, denn die Leute reagierten heute sehr liebevoll und interessiert. … und wenn sie mal nicht interessiert waren oder nicht daran glaubten, so war das für mich auch völlig in Ordnung.

Jeder muss seinen eigenen Weg zum Glück finden. Und wer hat das Recht zu bestimmen, was richtig und was falsch ist? Gott selbst wertet nicht, daher versuchte ich es immer unkompliziert und offen anzusehen: Es ist immer alles richtig, und wenn man mal nicht das Gefühl hat, wird einem (schon) irgendwie Hilfe zu Teil… früher oder später…

Natürlich fiel ich vielleicht ein wenig aus der Reihe, da ich mit meinen siebenundzwanzig Jahren ein bisschen anders war als vielleicht eine durchschnittliche Siebenundzwanzigjährige. Ich lebte vegan, ging viel auf Reisen, machte Yoga, tanzte den Orientalischen Tanz, war selbstständig als Seherin, hatte ein rosa Auto (ich nannte es Rose-Pearl), war erwachsen und jugendlich gleichermaßen und habe gelernt nur noch das zu machen, was ich mochte und meine Meinung kundzugeben. Mein Vorteil: Ich ersparte mir dadurch viele Sorgen und Krankheiten! Mein Nachteil: Ich war auch oft ein Spiegel für andere und ihnen damit ein Dorn in Auge – aber nicht immer, sondern manchmal genauso auch eine Hilfe!

Mein Fazit: Ich liebe mich, wie ich bin, und ich liebe alle anderen, wie sie sind!

2013
Hat es was gebracht?

Mittlerweile hatte ich dieses Buch öfters überarbeitet und sitze gerade in Indien, um es ein letztes Mal zu korrigieren und zu aktualisieren…ja, du liest richtig: Indien! Eines Tages offenbarte mir Shivani, das sie nach Indien ziehen würde und lud mich ein, sie zu besuchen. Ich flog hin und verliebte mich sofort in die Menschen und in das Land. Hier konnte ich super an meinen Büchern schreiben und meine Kreativität stieg stetig an. Es ergaben sich neue Beziehungen, neue Entwicklungen und neue Bewusstseinsstufen in mir. Wenn man glaubt, dass das Auflösen seines Karmas, seiner Ängste und Blockaden irgendwann aufhört, liegt man falsch. Ich bin aber immer noch unendlich dankbar für all die Dinge, die in mir zum Vorschein kamen, waren sie auch noch so groß, kompliziert und unerträglich. Das Arbeiten an mir hat mir eine Stabilität gegeben, die nicht zuließ, dass ich zu tief fiel. Ein wundervoller Freund sagte mir einmal Folgendes:
„Du darfst leiden, traurig und deprimiert sein, aber halte die Augen für das offen, was das Leben dir zu bieten hat! Denn es hat dir so viel zu bieten!“

In bestimmten Bereichen hatte ich keinerlei Probleme oder Zweifel mehr, und kamen einmal welche auf, konnte ich sie auflösen und heilen. Durch die innere Stabilität kam es schlussendlich doch immer dazu, dass alles seinen Sinn hatte.

Aber hat es etwas gebracht? Hatte all das, was ich so gemacht hatte, woran ich zu glauben anfing, die Blockaden, Muster und Ängste, die ich in mir auflöste und in mir ansah, wirklich etwas gebracht? Aber natürlich!!! Mehr, als ich mir je habe träumen lassen. Die Liebe, die mich immer wieder hielt, egal ob ein Partner oder andere Menschen da waren oder nicht, das Vertrauen, das mich nicht mehr im Stich ließ, und die göttliche

Führung, die mir immer noch täglich Wunder brachte, hätte ich um nichts in der Welt eintauschen wollen!

Ich empfehle Dir nur eines:

LEBE IM HEUTE!!!! Löse dein Karma, deine Blockaden und Ängste heute und widme dich dir selbst und deiner Spiritualität! Ist der Schatten aufgelöst, ist viel mehr Platz für das Licht. Nichts, was einem dann passiert, kann das Licht erlöschen. Du hast dadurch viel mehr Kraft, wirst stärker und deine Liebe, dein Licht und diese Wunder, die dir ständig widerfahren, wachsen!!! Es kann dir widerfahren und das jeden Tag!! Halte deine Augen und Ohren und vor allen Dingen dein Herz offen! Denn DU bist ein Teil vom Ganzen! Danke, dass es dich gibt!

DENN IM HERZEN SIND WIR ALLE ENGEL, DIE WIEDER LERNEN WOLLEN ZU FLIEGEN!!

In herzlicher engelsreicher Liebe,
EINE VON EUCH,
Sabrina DiAngelo

Nachwort

Liebe Freunde und Leser,
hiermit möchte ich dieses Kapitel meines Lebens erst einmal abschließen. Ich bin jetzt zwar erst etwas über sechs Jahre selbstständig, aber so glücklich wie noch nie in meinem Leben! Mir geht es seelisch, körperlich, beruflich und finanziell sehr gut und ich bin dankbar für jede Möglichkeit, die mir Gott gab und gibt, mich zu entwickeln und für alle wunderbaren Menschen, denen ich durch meine Berufung begegnen darf. Ich danke Gott und seinen Helfern, den Engeln und meinen Seelengeschwistern für ihre Unterstützung in allen Lagen, ob positiv oder negativ. Beides hat mich zu dem freien, glücklichen Menschen gemacht, der ich nun bin. Ich sage gerne und wahrheitsgemäß: „Nicht ich spreche, sondern das Göttliche spricht durch mich!"

Und wie kam ich dazu, dieses Buch selbst zu verlegen? Ja, selbstverständlich auf einem mystischen Weg. Ich hatte mein Buch bereits an einige große Verlage gesendet, die es ablehnten. Auch spirituelle Verlage, die ich auf einer spirituellen Messe angesprochen hatte, lehnten es mit der Begründung ab, dass ich noch nicht berühmt genug sei und sich niemand für meinen Weg interessieren würde. Ich möchte nicht wissen, wie viel Bücher es gibt, die sehr hilfreich wären, aber aus diesem Grund niemals publiziert werden! Dabei geht es mir doch nicht darum eine Massenproduktion aus meinem Buch herauszuholen. Mein Ziel mit dem Buch ist einfach nur folgendes: Wenn ich nur einem Menschen damit dabei helfen kann, wieder an sich zu glauben und etwas aus sich zu machen, so wie ich es geschafft habe, dann hat es sich gelohnt, diese Zeilen hier zu schreiben! Eine kleine Inspiration oder einen Denkanstoß geben zu dürfen, ist das beste Geschenk, dass ich dadurch bekommen kann. Aber zurück zu meinem Weg des Verlegens…

Ich war gerade im Süden Goas – in Indien – und lebte in einem kleinen Haus am Meer, mit einigen Mädels, die ich aus Deutschland kannte. Leider ging es mir dann eine Zeit lang auch mal richtig schlecht. Viel Urschmerz kam damals hoch und wollte gesehen und transformiert werden. Später hörte ich, dass es vielen Menschen in Deutschland gleichzeitig so erging. In meiner Not fragte ich Helena, meine Zweitmama, um Rat. Sie sendete mir Folgendes:

„Ein Andreas wird bald auf dich treffen. Er ist Deutscher, hat ein Motorrad, ist bereits in Goa und wird dir helfen. Du kannst ihm vertrauen! Er wird dich finden."

So gab ich die Hoffnung nicht auf und versuchte so gut wie möglich durchzuhalten…da kam aber kein Andreas. So langsam ging es mir besser und ich kam aus dem Tief wieder heraus. Die Vorhersage war nun ungefähr vier Wochen alt. Ich lebte immer noch in Goa, aber bei einer neuen Freundin im Norden, die ich bei meinem ersten Indien-Besuch kennengelernt hatte. Als wir in ein veganes Restaurant fahren wollten, hielt sie noch kurz bei einem sehr guten Freund an, um etwas abzuholen. Er lebte in Goa und es war sein letzter Tag in Indien, bevor er nach Deutschland reisen wollte. Ich war so hungrig, dass ich nichts wirklich mitbekam – nicht einmal, wie er hieß. Er hatte uns schon zweimal in ihrem Haus besucht, aber der Name war mir nicht im Gedächtnis geblieben. Irgendwann, während ich in seiner hübschen roten Goa-Villa saß und mich hungrig umsah, ob es irgendetwas Essbares bei ihm im Haus gab, was ich schnell essen konnte, um das Knurren in meinem Magen zu unterdrücken, ergab sich folgender Dialog:
Meine Freundin sagte zu ihm: „Wo ist eigentlich dein Motorrad?"

Er: „Grad in der Werkstatt." Dann sah er zu mir hinüber: „Was machst du eigentlich hier in Goa?"

Ich: „Ehrlich gesagt… keine Ahnung… aber warte – gestern habe ich die letzten Aktualisierungen an meiner Autobiographie vorgenommen! Man kann also sagen, dass ich unter anderem dafür hier bin!“ Und lächelte ihn an.

Er: „Autobiographie? Macht man das nicht eigentlich erst am Ende seines Lebens?“

Meine Freundin: „Eigentlich schon, aber es kommt darauf an, was man so erlebt hat, und ihr Weg ist wirklich sehr besonders und spannend!!“

Er: „Ach, das ist ja interessant! Stell dir mal vor – ich bin Verleger!“

Meine Freundin: „Ach stimmt ja, das hatte ich völlig vergessen!“

Ich: „Ich hab letzte Nacht von dir geträumt!“, sagte ich plötzlich zu ihm.

Er sah mich verdutzt an. „Ach wirklich? Was denn?“, fragte er.

Ich: „Du hast uns zu dir eingeladen…aber da war eine riesige Halle und wir sollten mit dir dort Ski fahren. Ich kenn dich ja gar nicht… aber wohnst du zufällig in Deutschland an einem Ort, wo es Berge gibt?“

Er schmunzelte in Richtung seines PCs und antwortete: „Ja. Ich wohne in München. Und stell dir vor: Heute Nacht geht's zurück nach Deutschland und nächste Woche mache ich einen Ski-Urlaub. Bist du Hellseherin?“

Meine Freundin schmunzelte: „Ja, das ist sie und darum geht es in ihrem Buch! Ich weiß, dass du ja eigentlich nicht daran glaubst, aber vielleicht passt es ja trotzdem…?"

Er zückte seine Visitenkarte und sagte: „Wenn du wieder in Berlin bist, kontaktiere mich mal. Mal sehen, was sich machen lässt!"

Und sein Vorname auf der Visitenkarte lautete: ANDREAS!!!!

Zwar konnte er mir bei meinen seelischen Hürden nicht helfen, doch vielleicht beim Verlegen dieses Buches? Und wie es sich herausstellte: Nein! Denkste! Durch den freien Willen kann man einen Teil seines Schicksals selbst bestimmen. Seine Seele hatte sich umentschieden, denn seine Vorstellung des Verlegens war weit von meiner entfernt. Allerdings erklärte er mir, dass es gar nicht so schwer ist, ein Buch selbst zu verlegen und erklärte mir in wenigen Sätzen, wie und wo ich das machen könnte. Ich hatte schließlich nun doch den Mut und den Willen mein Buch selbst zu verlegen.

Es ist unglaublich, was Gott und das Universum bewirken können, wenn etwas sein soll! … wie das bekannte Sprichwort besagt: „Viele Wege führen nach Rom!"

*

Alle Menschen und Situationen um dich herum sind Reflexionen deines Selbst. Man ist nicht immer erfreut über das, was man darin sieht. Du kannst dich aber über die schönen Dinge, die dir gespiegelt werden, freuen! Diese Dinge sind ‚karmisch' bereits erledigt! Und das Negative? Das sind Sachen, die du mit Bravur bestehen wirst, weil deine Seele sieht, dass du bereit bist, weiter zu gehen und dich dieser Herausforderung zu stellen! Deshalb: Erschaffe dir die Vorfreude über das Wissen, dass du alles Negative in deinem Leben früher oder später eh bewältigen und verbessern wirst, anstatt dich darüber zu grämen, was dich heute oder gestern belastete! Hole die Sonne in dein Herz! Das ist keineswegs Verdrängen! Es ist eine Möglichkeit, Kräfte zu sammeln, um das Negative überhaupt erst bewältigen zu können!

Ich hoffe, mein Buch ist dir eine kleine Hilfe bei der eigenen Lebensgestaltung und zeigt dir, dass man nicht perfekt sein muss, um etwas zu erreichen, dass man weder die perfekte Familie, das perfekte Leben oder finanzielle Mittel haben muss, sondern einzig und allein nur Folgendes:

Man muss an sich glauben, Gottvertrauen haben und darauf vertrauen, dass da draußen nur das Beste auf einen wartet, auch wenn man es noch nicht sehen kann!

Was gebe ich dir mit auf den Weg?

Genieße das Leben, jede Stunde und Minute! Fahre in den Urlaub! Wenn dich etwas stört, denke nicht so lange darüber nach, sondern ändere es! Es gibt keine Probleme, sondern nur Herausforderungen, die du mit Bravur bestehen wirst! Strebe immer das Beste an! Handle in Liebe – in erster Linie in Liebe für dich selbst und folgend in Liebe für alle Lebewesen dieser Erde, denn was du aussendest, bekommst du zurück! Spreche und handle in Liebe, anstatt dich von deinem Ego beeinflussen zu lassen! Lebe bewusster – esse bewusster! Rufe deine Schutzengel zur Hilfe, wenn du sie brauchst! Vergleiche dich nicht – niemand ist besser oder schlechter! Denke immer daran, dass wir alle Eins sind und du dich jederzeit dazu entscheiden kannst, mit der anderen Seite in Verbindung zu treten!

Das Universum, Gott, die Göttin* und ich segnen dich! Du bist etwas Besonderes! Vergiss das nie!

Danksagung

Als erstes Danke ich meiner Mama, die als Seele immer an meiner Seite steht und auch zu Lebzeiten immer für mich da war.

Ich danke meinem Papa für seine Liebenswürdigkeit, und dass er mich immer so akzeptiert hat, wie ich war, und meinem älteren Bruder Michael für sein großes Herz! Ich freue mich, dass wir uns seit Jahren wieder so gut verstehen! Außerdem danke ich meiner Schwester, dass sie sich damals meiner angenommen hat, und natürlich auch meinem anderen Bruder. Danke, liebe Familie, dass ihr mir geholfen habt weiterzukommen und für mich da wart…insbesondere danke ich meiner Tante Ursel, die immer an mich geglaubt und mich unterstützt hat, sowie meinen Freunden, die zu meiner Familie wurden. Danke, liebe Amira, dass du so lange an meiner Seite warst und wir gemeinsam alle guten und schlechten Zeiten durchgemacht haben. Ein großer Dank gilt auch Heike, die mir so oft weitergeholfen hat, als ich nicht weiterwusste! Danke, Sarah, für deine Authentizität, liebenswürdige und lustige Art… durch dich wurde alles in die Wege geleitet! Danke, Marco, Yvonne und Carola, dass ihr immer für mich da wart und an mich geglaubt habt. Danke, liebe Katharina und Mandy, dass ihr mir mit eurem Gottvertrauen ein Vorbild wart und danke dir, Sheela, meine liebe Seelenschwester, dass du bist, wie du bist, und mir geholfen hast, an mich zu glauben und selbstbewusster zu werden. Dank dir konnte ich viele Blockaden lösen! Ein Dank geht an eure Familien, die mich behandelt haben, als wäre ich auch ein Teil der Familie. Danke, Samira, dass du meine derzeitige Gegenwart schon damals erkannt hast und immer an mich geglaubt hast!
Ich danke auch allen lieben Freunden, Klienten und Fans, die meinen Weg begleitet haben. Jeder ist ein Teil vom großen Ganzen!
Danke, Cassandra, dass du an mich und meine Gabe geglaubt

hast, mich immer unterstützt und so oft geheilt hast!

Einen liebevollen Dank an Tina aus Goa, dass ich bei dir meine Bücher schreiben durfte und du solch eine wunderbare Inspiration bist!

Danke, Horacio, du warst mir durch deinen wundervollen Unterricht der beste Lehrer, den man nur haben kann! Ich werde nie vergessen, was du für mich getan hast! In meinem Herzen bleibt für ewig die gewaltige Energie der Dankbarkeit an dich!

Ich danke meiner Assistentin Karolina, die mir als Engel zur Seite stand und mich so wunderbar in meiner Berufung unterstützt hat und meiner Lektorin Irene für ihre Geduld und wunderbaren Korrekturen! Daher auch einen Dank an Jasmin, ohne die ich Irene nicht kennengelernt hätte. Ein großes Dankeschön auch an den letzten Korrekturleser Thilo! Danke dass es dich gibt und für deine tollen Anregungen, deine Zeit und Aufmerksamkeit.

Und nicht zu vergessen: Danke, Serano – in allen Dimensionen und auf allen Ebenen!!!! Ohne dich wäre ich heute nicht die, die ich bin – ohne dich wäre ich nie zu dem Glück gekommen zu fühlen, was es bedeutet, seine Berufung zu leben und glücklich mit sich zu sein!

Vielen Dank an alle meine Schutzengel, alle Meister und danke dir, Gott, dass du mich nie im Stich gelassen hast und mich auf allen Wegen begleitet und unterstützt hast!

Und zu guter Letzt:
Danke an alle Seelen dieser Welt, denn wir alle zusammen ergeben das gesamte Bild!
Was wäre ich bloß ohne euch!
Danke, dass es Dich gibt, lieber Leser!

Glossar

3D-Welt: Dieses Wort steht für das alltägliche dreidimensionale Denken, dass der Durchschnittsmensch hat. Dass es zum Beispiel nicht mehr gibt, als man sich vorstellen kann, dass das Leben an sich schon schwer ist, dass man schwer arbeiten muss, um Geld zu verdienen, dass es normal ist, dass man krank wird und vieles mehr.

Abtrennen: Energetisch ist alles miteinander verbunden. Mit seiner eigenen Vorstellungskraft kann man sich von den Energien anderer Menschen, Seelen oder sogar Orten abtrennen. Durch die bewusste Entscheidung, sich von etwas oder jemandem energetisch zu lösen, fühlt man es auch gleich im Körper und man ist dann damit mehr bei sich selbst angekommen. In einer Sitzung trenne ich mich am Ende von dem Klienten ab, mit dem ich zuvor energetisch eine Verbindung aufgenommen habe, um ihm seine Fragen in der Sitzung zu beantworten.

Andere Welt: Jenseitige Welt, Jenseits, die Welt der Engel, Seele und anderer Energien.

Auflösen: Wir bringen alte Laster wie Schuldgefühle, Ängste, Blockaden, Druck, Sorgen und vieles mehr aus alten Leben mit in unsere neue Inkarnation. Diese führen uns in Leidthemen. Diese Leidthemen können wir entweder im Alltag erleben, damit sie wahrgenommen und losgelassen werden können, oder sie in einer Sitzung, Meditation oder Eigenbetrachtung bewusst auflösen. Das können wir mit Hilfe der Engel, in Demut und Liebe direkt angehen. Ein Leidensweg ist heutzutage nicht mehr nötig.

Channeling/ Channeln: Ein Channeling zu haben, bedeutet selbst oder durch einen Menschen, ein sogenanntes

Channelmedium, Verbindung zur eigenen Seele, zu den Engeln oder anderen geistigen oder feinstofflichen Wesen aufzunehmen. Channeln bedeutet einen ‚Kanal' herzustellen, um die Botschaften empfangen zu können.

Dualität/ duale Welt: In der Welt, in der wir leben, gibt es zu allem ein Gegenstück. Zum Beispiel Sonne-Mond, Tag-Nacht, Mann-Frau, glücklich-traurig etc. Das dient dazu, sich selbst besser betrachten zu können, zu entscheiden, zu welcher Seite man sich hingezogen fühlt, und Frieden mit beiden Anteilen zu schließen: Gut-Böse. Denn nur dann fühlt man sich vollkommen.

Engel: Helfer Gottes. Wenn wir Hilfe brauchen, können wir sie rufen, damit der Weg, der vor uns liegt, leichter wird.

Energien: Energien sind der feinstoffliche Teil, den wir mit unserem bloßem Auge zwar nicht sehen können, aber dennoch fühlen und wahrnehmen können. Eine Energie kann entweder von einem lebenden oder auch von nicht lebenden Wesen, Objekten und anderen Dingen ausgehen, da wir alle aus Energie bestehen.

Feinfühligkeit/ feinfühlig: Feinfühlig sind die Menschen, die auch ohne Worte im anderen lesen können, wie in einem Buch. Durch ihre Intuition haben sie eine sehr gute Menschenkenntnis und fühlen, was im anderen vor sich geht. Allerdings sind sie nicht nur Menschen gegenüber feinfühlig, sondern auch anderen Energien, sowie Geistern, Orten, Situationen und mehr. Sie fühlen mehr als andere.

Feinstoffliche Welt: Das ist die Welt, die wir verlernt haben wahrzunehmen. Man kann sie durch die Erweiterung unserer Sinne wahrnehmen, durch das Hellsehen, Hellhören, Hellfühlen etc., ohne es bewusst zu merken. Manchmal können wir jemanden nicht riechen, hören Stimmen, die sonst niemand hört, oder fühlen uns an Orten unwohl, die andere vielleicht ganz wunderbar finden. Wir haben verlernt, mit dieser Welt zu arbeiten, denn sie ist die Energie, die uns umgibt und die alle Informationen enthält, die über den normalen Verstand hinausgehen und dennoch existieren.

Geist: Der Bestandteil von ‚Körper, Geist und Seele', der mit dem Verstand verbunden ist.

Geister: Verstorbene Seelen, die noch nicht ins Licht gegangen sind.

Gott: Damit meine ich nicht den religiösen/ kirchlichen Gott, sondern eine pure Energie der Liebe und des Lichts, für den männlichen Anteil in uns.

Göttin: Damit meine ich nicht die heidnische Göttin oder eine bestimmte Göttin aus den griechischen oder anderen Mythologien (auch wenn ich sie persönlich gerne Venus nenne), sondern eine pure Energie der Liebe und des Lichts, für den weiblichen Anteil in uns.

Göttlichkeit: Wir alle wurden nach dem Ebenbild Gottes und der Göttin erschaffen und tragen die pure Göttlichkeit bereits in uns. Das Universum bewertet und verurteilt uns nicht – das machen wir nur selbst. Göttlichkeit bedeutet, das Höchste und Schönste in sich selbst wieder zu entdecken und zu leben.

Höheres Selbst: Das ‚Höhere Selbst' ist der Anteil in uns, der in der Mitte zwischen Seele und unserem Körper steht. Es kann sowohl den Menschen verstehen, mit seinem Drama, seinem Lebensweg und seinen Schmerzen, als auch den größeren Plan, der vor der Inkarnation von der Seele festgelegt wurde.

Inkarnation: Das Leben in einem Körper auf der Erde.

Karma: Alles, was wir machen, hat eine Reaktion. Karma ist die Reaktion unserer Handlungen und Entscheidungen.

Gutes und schlechtes Karma: Gute Handlungen bringen uns gutes Karma und schlechte bringen uns schlechtes Karma. Helfen, unterstützen wir und sind wir der Welt freundlich geöffnet, dann erhalten wir das im Gegenzug auch zurück. Tun wir anderen Schlechtes, betrügen und lügen wir und versuchen, uns am Leid anderer zu bereichern, wird uns Ähnliches oder Gleiches wiederfahren, um erfahren zu können, warum es nicht gut war, was wir taten, und uns zum Positiven ändern zu können.

Karma auf sich nehmen: Manche Seelen nehmen Karma auf sich, um anderen zu helfen. Solch eine Seele könnte eine ganz schlimme, gemeine, fiese Person sein, aber durch ihre Art lernt eine andere Seele Grenzen zu setzen, zu ihrem Wert zu stehen und Nein zu sagen. Damit nimmt die besagte Seele Karma auf sich, denn alles, was man anderen antut, bekommt man früher oder später (auch in den nächsten Leben) zurück.

Karma klären/ Karma auflösen: Das bedeutet, sich über sich selbst bewusst zu sein und alles Negative, das in einem lauert, anzugehen und zu transformieren; alte Schuldgefühle loszulassen, negative Wiederholungen im Leben zu verändern und anzufangen sich selbst zu lieben; quasi das Leben in die Hand zu nehmen und zum Positiven zu verändern.

Karma/ wenig oder viel Karma: Hat eine Seele viele Inkarnationen gehabt, dann hat sie auch mehr Karma. Eine junge Seele bringt wenig Karma mit sich. Klärt man allerdings sein eigenes Karma, so kann man mit viel gutem Karma in die nächste Inkarnation starten und bekommt dadurch ein schöneres und leichteres Leben.

Lebensplan: Anders als der Seelenvertrag ist hier nur die Abfolge der gewünschten Erfahrungen festgelegt. Der Lebensplan ist Teil des Seelenvertrages.

Mental: Bedeutet geistig. Hier arbeitet man mit der geistigen Vorstellungskraft, hat Visionen und konzentriert sich auf innere Bilder.

Pescetarier: Menschen, die kein Fleisch essen, aber Fisch.

Reading: Eine Sitzung, in der man in der Seele, im Seelenplan oder im Lebensweg ‚liest'. Ein Channeling, in dem man die Seele hört, Bilder sieht oder Dinge fühlt, kann man ebenfalls als Reading bezeichnen.

Reinkarnation: Wir durchlebten bereits alte Leben und werden in ein neues Leben geboren. Das bedeutet: reinkarniert werden.

Seele: Die Seele ist unser Ursprung und gleichzeitig das, was wir derzeit sind. Sie beinhaltet alle alten Leben, Erfahrungen, Pläne, Ziele, Ideen und den Wunsch nach Erfahrung und Weiterentwicklung, was nur in einem Körper (auf der Erde – in einer Inkarnation) möglich ist. Die Seele ist eine reine Essenz der Liebe in der feinstofflichen Ebene und ist die Verbindung zwischen Gott, dem ‚Höheren Selbst', unserem Geist und Körper. Sie hat alle Antworten und kennt uns mit allem drum und dran.

Seelenreife: Es gibt alte Seelen und junge Seelen. Je nachdem, wie viel Inkarnationen eine Seele schon erlebt hat, trägt sie Erfahrungen mit sich und wird reifer in ihrer Präsenz und Darstellung. Menschen, wie der Dalai Lama zum Beispiel, sind alte Seelen und haben eine sehr hohe Seelenreife. Diese Reife spürt man durch ihre Handlungen, Lebenseinstellungen und Ausstrahlung.

Seelenvertrag: Bevor eine Seele in eine Inkarnation geht, legt sie in einem Seelenvertrag fest, was sie lernen möchte, welche Erfahrungen sie machen will, wen sie treffen wird und vieles mehr. Bestimmte Eckpunkte sind festgelegt, doch wie der Mensch dahin kommt, wird seinem freien Willen überlassen. Seelenverträge können während der Inkarnation auch verändert werden, wenn die Seele einverstanden ist.

Urkarma: Ein Urkarma ist ein Thema, das wir durch mehrfache Inkarnation als Last mit uns herumtragen und das uns negativ immer noch sehr zusetzt. Wir haben es noch nicht geheilt, transformiert oder aufgelöst. Daher ist es meist sehr heftig und belastend und kann sich durch schlimme Ängste, Druck oder Depressionen zeigen.

Vegan/ Veganer: Menschen, die keinerlei tierische Produkte zu sich nehmen: weder Fleisch, noch Fisch, Meeresfrüchte, Eier, Milch, Käse, Honig, Butter, Sahne oder sonstiges, was aus Tier besteht oder vom Tier kommt. Viele Veganer tragen ebenfalls keine Lederschuhe oder -gürtel, haben keine Felle zu Hause auf dem Boden oder an der Wand und achten ebenfalls auf vegane Kosmetika, die frei von Tierversuchen und Tierbestandteilen, wie zum Beispiel Honig oder Gelatine, sind.

Vegetarier: Menschen, die kein Fleisch und Fisch essen.

Wesenheiten: Hierunter zähle ich alle Energieformen, die sich einem Medium oder feinfühligen Menschen mitteilen können, wie zum Beispiel Geister, Engel, Seelen etc.

Auf meiner Homepage findest du noch weitere kostenlose Infos, Seminartermine, Artikel und Videos, die dir im Alltag helfen:

www.sabrina-diangelo.com

Außerdem findest du mich auch auf:

Youtube:
http://www.youtube.com/user/SabrinaDiAngelo

Instagram:
http://www.instagram.com/sabrinadiangelo

Twitter:
https://twitter.com/Channelmedium

Momanda:
http://www.momanda.de/profil/SabrinaDiAngelo

Pinterest:
https://www.pinterest.com/lightarchangel/

Facebook:
http://www.facebook.com/sabrina.diangelo

***

Die Profile in den Foren, meine Videos auf Youtube, Blog und der Newsletter auf meiner Website stehen für dich kostenlos zur Verfügung.

Eine Sitzung bei Sabrina DiAngelo ist persönlich, telefonisch, über Skype und via Mail möglich.

Außerdem gibt sie kostenfreie und kostengünstige Webinare. Weitere Infos hierzu finden Sie auf:

www.sabrina-diangelo.com/termine

18186363R00166

Printed in Poland
by Amazon Fulfillment
Poland Sp. z o.o., Wrocław